JN012651

金融検査マニュアル廃止後における

信用リスク・資産査定管理態勢

一般社団法人金融財政事情研究会 ［編］

一般社団法人 **金融財政事情研究会**

改訂新版刊行にあたって

　金融庁では、検査・監督方針を大きく転換し、形式的に金融機関を細部に至るまで管理する従来型の金融行政から、一律の目線ではなく、金融機関の個性・特性に即した検査・監督を行っていくこととしております。また、その一環として、20年前に策定された金融検査マニュアルが2019年12月に廃止されました。個々の金融機関がとるリスク水準や採用するリスク評価・管理手法は、本来、金融機関の経営戦略・経営目標、業務の多様性、リスクの複雑さによって判断されるべきものですが、金融検査マニュアルによる画一的な対応が、金融機関の創意工夫を妨げておりました。このことが金融検査マニュアル廃止の趣旨であり、今後はリスク管理のあり方にも創意工夫が求められることになります。すなわち、金融検査マニュアルの規定による思考停止から脱却し、ビジネスモデルに見合った、より適切かつダイナミックなリスク管理の構築が期待されています。とはいえ、金融検査マニュアル廃止後も現状の実務のあり方は尊重されることから、金融検査マニュアルに関する記述も残しつつ、検査・監督の方向性や金融モニタリングの方向性について解説し、とりわけ当局の課題認識・政策意図に紙面を割きました。

　今回の改訂作業にあたって、ご多忙中にもかかわらず快くご協力いただいた実務家の方々に対し、あらためて厚く御礼申し上げます。

　本書が、実務に携わる方々をはじめ、金融機関業務に従事されている多くの方々に、従前以上に活用され、お役に立てれば、まことに幸いです。

　令和2年2月

著者代表

旧版　はしがき

　わが国の金融機能の安定・再生を図り、内外の信認を回復するための主要施策の一つとして、金融検査マニュアル等の整備を通じて検査・監督体制の一層の充実を図り、もって、金融機関に対し実効性ある監督を行っていくことが各方面から要請されています。

　こうした観点から、金融監督庁（平成12年7月1日より金融庁）は、検査官が金融機関を検査する手引書（マニュアル）を整備するため、平成10年8月、同庁検査部内に、法律家、公認会計士、金融実務家等をメンバーとする「金融検査マニュアル検討会」を設置し、同年12月にはその成果として「中間とりまとめ」が、そして平成11年4月に「最終とりまとめ」が公表されました。

　当該マニュアルは、「本来的には検査官のための手引書」との位置づけですが、「最終とりまとめ」にも触れられていますように、「金融検査マニュアル等を整備・公開することは、監督当局の検査監督機能の一層の向上に資するだけでなく、金融機関の自己責任に基づく経営を促し、もって金融行政全体に対する信頼の確立につながると期待される」との考え方から、本マニュアルを前提とした、各金融機関の具体的な対応策が求められているところと思われます。

　本マニュアルは、金融機関の自己管理にも使用しやすいチェックリスト方式を中心とするもので、具体的な期待水準、判断基準等が網羅的・体系的に示されています。

　本書は、リスク管理全般を統轄する本部スタッフのほか、資産自己査定・与信管理セクションや個々の実務に携わる一般営業店職員の方々にも理解を深めてもらうべく、上記「最終とりまとめ」で盛り込まれた金融検査マニュアルをわかりやすく解説したものです。特に、本マニュアルのう

ち、信用リスク管理に係る部分に重点を置いて、資産査定や引当・償却作業を実施するうえで一般共通知識として理解しておくべき実務面の具体的対応策について、わかりやすく解説されています。

ただし、本書はあくまで現時点での情勢・情報を前提とした一般的な考え方であり、その内容は将来とも固定的ではありませんし、個別金融機関において有する特殊性、規模、地域性等の考慮をしたうえ、画一的・硬直的でない運用を実施することを否定するものでもないことは申すまでもありません。

当局もベスト・プラクティスの追求に向けた対話を重視していますので、本書の活用を通じ、自己管理の高度化を図っていただきたいと存じます。

なお、本書の刊行にあたっては、金融界の第一線で活躍しておられるベテラン実務家の方々に執筆をお願いいたしました。ご多忙中にもかかわらず快くご協力いただきましたことに、ここにあらためて厚く御礼申し上げます。

本書が、自己査定や償却・引当に関連する実務に携わる方々をはじめ、広く金融機関に従事されている方に活用され、いささかなりともお役に立てれば、まことに幸いです。

目　　次

I　総　　論

Ⅱ 旧検査マニュアル編

1 信用リスク管理態勢の確認検査用チェックリスト

2 資産査定管理態勢の確認検査用チェックリスト

A 総論

目　　次　　　9

I

総　　　論

━━━━━━━━━━━━━━━━━

金融庁の検査・監督の方向性について説明してください

　金融庁の検査・監督は、従来の「ルール重視の事後チェック型行政」から、個々の金融機関の状況や金融機関を取り巻く経済・市場の動向をモニタリングしつつ、必要な対話と対応を行い、将来にわたって金融機関の仲介機能発揮と金融システムの健全性維持を目指す動的検査・監督へと移行しつつあります。具体的には、「形式から実質へ」「過去から未来へ」「部分から全体へ」の三つを新しい検査・監督の考え方の柱として、金融機関の創意工夫を促す対話や、ベスト・プラクティスの追求に向けた対話を通じ、新しい環境や課題に対応しつつ、金融行政の目標の実現を目指すこととしています。

解　説

⑴　従来の検査・監督行政と問題点

　金融庁は発足当初、不良債権問題の解決など、当時の緊急課題に対応するため、「ルール重視の事後チェック型行政」を打ち出し、厳格な資産査定や法令遵守状況の確認を中心とする検査・監督手法を確立しました。これにより、当時の課題であった金融行政への信頼回復や、不良債権問題の克服および利用者保護のためのミニマム・スタンダードの徹底が確保されました。

　一方、こうした手法は、以下のような副作用を生じさせました。

① 融資において、借り手の事業内容ではなく、担保・保証があるかといった形式を必要以上に重視するといった傾向

② 顧客ニーズに即したサービス提供より、金融機関はルール遵守の証拠づくりに注力するといった傾向

③ 将来の経営の持続可能性よりも、過去の経営の結果であるバランスシートの健全性ばかり議論するといった傾向

④ 顧客ニーズの変化への対応よりも、過去のコンプライアンス違反の議論に集中するといった傾向

⑤ 金融機関の経営全体のなかで真に重要なリスクを議論するのではなく、個別の資産査定にもっぱらリソースを投入するといった傾向

⑥ 個別の法令違反行為だけをとがめて、問題発生の根本原因の究明や必要な対策の議論を軽視するといった傾向

(2) 新しい検査・監督の考え方・方向性

　金融機関をめぐるリスクの形態と所在の変化スピードは年々加速しており、金融庁では、従来型のリスクのチェックや最低基準の充足状況のチェックだけでは新しいリスクを把握し機動的に対応できないとの問題認識をもっています。そこで、以下の三つを新しい検査・監督の考え方・方向性の柱として、個々の金融機関の状況や金融機関を取り巻く経済・市場の動向をモニタリングしつつ、金融機関の創意工夫を促す対話や、ベスト・プラクティスの追求に向けた対話を通じ、将来にわたって金融機関の仲介機能発揮と金融システムの健全性維持を目指す動的検査・監督へと移行しつつあります。

① 形式から実質へ（ルールからプリンシプルへ）

　　これは、ルールを単に表面的・形式的に守ることから、ルールのもととなるプリンシプル、たとえば、顧客の利益のために最善を尽くすことが実質的に実現できているか、といったことに重点を置く検査・監督を

いいます。金融庁では、金融機関が法令上の規制といったミニマム・スタンダードを満たすことに満足するのではなく、ベスト・プラクティスを各金融機関が様々な形で競い合うことによって、全体としてわが国金融の質の向上につながるような仕組みをつくりたいとしています。

② 過去から未来へ

　従来の検査は、過去の一時点や期間を振り返って、事後的に金融機関の財務やコンプライアンスの状況を把握し、それに基づき必要な改善を求めるという手法が中心でした。しかし今後は、将来に向けて金融機関のビジネスモデルの持続性が維持されるのか、また、様々なリスクが顕在化した場合でも、金融機関の健全性が維持できるかについて継続的に検査・監督することとしています。ビジネスモデルが金融行政にとってなぜ重要かといいますと、持続可能性に問題のある金融機関は、近い将来、健全性問題につながったり、米国のサブプライムローンのように利用者保護の観点から問題を引き起こすおそれがあるからです。

③ 部分から全体へ

　特定の個別問題への対応に集中するより、真に重要な問題への対応ができているか等に重点を置いたモニタリングをすることとしています。

　従来の検査では、個別の貸出資産の査定を中心に金融機関の健全性のチェックが行われてきました。貸出資産の質や適切な引当は金融機関の健全性を担保する重要な要素ではありますが、金融機関の経営上の課題は不良債権だけに限られるものではなく、経営環境の構造変化に伴う収益性の低下、リスクの集中等、経営を左右しかねない重要な問題はほかにも存在します。また、業務面では、従来は金融検査マニュアルに基づき業務チェックを行い、発見した個々の事案を是正することに検査・監督の重点が置かれていましたが、そうした問題事案が発生した根本原因にさかのぼって改善策を検討することが必要です。たとえば、問題が単なるコンプライアンス上のミスであるのか、それとも不適切な目標設定

や業務評価といった経営上の問題が根幹にあるのかによって必要な対応が異なります。そのため、単に形式的なやりとりに終始しないように留意するとともに、各金融機関の経営において最大のリスクは何かを考え、重要性の原則に基づいてモニタリングを行うこととしています。

(3) 具体化に向けた課題

「形式・過去・部分」から「実質・未来・全体」の方向で検査・監督を見直すにあたり、金融モニタリングの具体的なオペレーションにどう落としていくかについて、「金融モニタリング有識者会議」（平成28年8月設置）において議論が行われました。具体的には、①ベスト・プラクティスの追求に向けて、金融機関の主体的な取組みを軸にした対話を実現するためにどのようなツールが考えられるか、②金融システムの安定を目指すための手段として、多くの海外当局はストレステストやマクロ・プルーデンス政策を重視する姿勢を示しているが、動的な検査・監督を実現していくために、これらをそのまま取り入れるだけでよいのか、③最低基準の充足の確認は引き続き必要であるが、これを「形式・過去・部分」ではなく、「実質・未来・全体」の観点から行えるようにするにはどうしたらよいか等について議論が行われ、平成29年3月17日に報告書が取りまとめられました。

報告書では、今後の目指すべき方向として、以下の3点を提言しています。

① 金融行政の究極的な目標との整合性を確保すること
② 「形式・過去・部分」から「実質・未来・全体」へと視点を広げること
③ 「最低基準の充足状況の確認」にとどまらず、「ベスト・プラクティスに向けた対話」や、「持続的な健全性を確保するための動的な監督」に検査・監督の重点を拡大すること

さらに、こうした方向を実現するための課題として、検査・監督の手法、組織・人材・情報インフラ、検査マニュアル・監督指針、幅広いステークホルダーとの対話、内外一体の対応などの面で取り組むべき点を示しています。

⑷　検査マニュアル・監督指針の見直し

　上記報告書のなかで、検査マニュアルや監督指針については、検査・監督の見直しの基本的な方向性や、手法の深化を踏まえて、以下のような点に留意して抜本的な見直しを図ることが適当であるとしています。

① 　形式・過去・部分への集中を排し、実質・未来・全体への視野の拡大を可能にするため、また、金融機関の多様で主体的な創意工夫が発揮されるよう、ルールとプリンシプルの適切なバランスを確保するとともに、事例なども用いて、基本的な考え方や趣旨を重視した記述とすること

② 　従来の「最低基準の充足状況の確認」に加え、「ベスト・プラクティスの追求に向けた対話」や「持続可能な健全性を確保するための動的な監督」といった領域について、手法の工夫や経験・知見の蓄積を反映して随時進化させていくこと

③ 　金融機関の多様で主体的な取組みを尊重した対話の進め方を示すこと（当局による不適切な経営介入を防ぐための原則を含む）

④ 　金融機関が、より実質的なリスク管理やガバナンスの向上を自主的に行う際にも活用できるものとすること

⑤ 　検査マニュアル・監督指針等を統合し、オン・オフ一体の継続的モニタリングのプロセスの全体像を示すこと（Ｑ６参照）

　また、検査マニュアル等の文書に加え、以下のような文書を組み合わせて活用することが望ましいとしています。

① 　まだ考え方や着眼点が確立しておらず、熟度が低いものについて、意

見交換の材料とするための文書（ディスカッション・ペーパー）

② 一定の局面下でタイムリーな意見発信や注意喚起を行うための文書（事務連絡、意見交換会の発言概要）

③ 事務年度ごとの重点課題を示す文書（金融行政方針）

(5) 検査・監督基本方針の公表

「金融モニタリング有識者会議」の議論を踏まえ、金融庁は平成30年6月、新しい検査・監督を実現するために基本的考え方と進め方を整理した「金融検査・監督の考え方と進め方（検査・監督基本方針）」を公表しました。基本的な考え方は以下のとおりですが、全体として「実質重視」「見える化」「探究型対話」「根本原因」「将来」がキーワードになっています。

① 「実質・未来・全体」を実現するための三つの手法

(a) 普段から金融機関についての理解を深め、重点課題に焦点を当てる「全体を見た、実質重視の最低基準検証」を実施する。

(b) 将来の健全性を分析し、前広に対応を議論する「動的な監督」（注）を実施する。

(注) 「動的な監督」とは、将来の環境と金融機関の動的な展開を見通し、金融機関が将来最低基準に抵触する蓋然性を評価して、金融機関と問題意識の共有を行い、改善に向けた対応を求めていく手法を指します。

(c) 横並びでない取組みに向けた動機とヒントを提供する「見える化と探究型対話」を実施する。

② 検証の方針

(a) チェックリストの個別項目を満たしているか否かではなく、ガバナンス、企業文化、内部管理態勢が全体として必要な実効性を有しているか否かを評価することを検証の目的とする。

(b) 個別の内規の策定・実施状況の確認等、内部監査に委ねるべき事項は内部監査に委ねる。

(c) いったん受けた指摘に対する対応が固定化することのないよう、金融機関が過去の報告で示した改善の方法について修正を行うための手順を整備し、状況に応じた変更を容易にする。

(d) 個別の非違事項が見出された場合にも、ガバナンスや企業文化を含めた根本原因にさかのぼって分析し、その重要性を判断して、重要性に応じた対応を行う。

(e) 個々の問題事象の検証と同種の問題の再発防止のみに集中するのではなく、問題事象の根本原因の追究を通じて、同原因の問題が形を変えて発生することを防ぐことが重要であり、将来に向けた実効性ある改善策を議論し、改善状況を継続的にフォローアップする。

(f) 個別の規定の適用にあたっても、趣旨・目的にさかのぼって法令の全体構造を把握したうえで、保護すべき重要な利益を特定し、対応を判断する。

③ 最低基準抵触の蓋然性が高い場合の対応プロセス

(a) 金融機関ごとの経営環境（地域経済の動向、人口動態等）、ビジネスモデル（貸出や有価証券運用の経営方針等）、リスク特性を踏まえた分析を行い、根本問題について仮説を構築する。

(b) 構築した仮説を起点に、金融機関の自己評価を十分に踏まえながら、金融機関との間で深度ある対話を行い、課題およびその原因を明確化し、金融機関と共有（見方に違いが残る場合には違いを確認したうえで議論を継続）する。

(c) 共有された課題認識に基づき、金融機関において具体的な改善策が策定されるよう求め、改善状況のフォローアップを行う。

令和元事務年度金融行政方針のポイントについて
教えてください

　金融機関ごとの優先課題に重点を置いた、対話重視型の継続的なモニタリングを実施することとしており、対話にあたっては「心理的安全性」を確保することを重視するとしています。また、将来にわたる収益性・健全性の確保の観点から懸念のある地域金融機関に対しては、早期警戒制度を活用しつつ、モニタリング等を実施することとしています。

解 説

(1)　金融システムに係る本事務年度の方針

　金融機関の健全性を確保する観点から、以下の点を注視するとしています。

① 　長期にわたる低金利環境下において、金融機関が過剰なリスクテイクを行い、その結果として金融システムに大きな影響を及ぼすリスクが蓄積していないか。

② 　低金利環境やマクロ環境が変化するなかにおいて、金融機関が持続可能なビジネスモデルを構築し、健全性を維持できるか。

(2)　新たなモニタリングの実践

　金融機関ごとの優先課題に重点を置いた、対話重視型の継続的なモニタリングを実施することとし、実効性ある対話を行うため、心理的安全性

（注）を確保することに努めることとしています。

　（注）不安を感じることなく、安心して発言・行動できる場の状況や雰囲気。

　また対話にあたっては、金融機関の経営理念・戦略等の具体化や現場で
の浸透状況を含む経営の実情・課題をより深く理解し、金融機関との間で
互いに認識を共有できるように、金融機関の各階層（経営トップから役員、
本部職員、支店長、営業職員）、社外取締役とフラットな意見交換を実施す
ることとしています。

(3)　業態別モニタリング方針

① 　地域銀行

　「持続可能な収益性」や「将来にわたる健全性」に着目した早め早め
のモニタリングを実施することとし、将来にわたる収益性・健全性の確
保の観点から懸念のある地域金融機関に対しては、早期警戒制度（注）
を活用しつつ、モニタリング等を実施することとしています。

　（注）　令和元事務年度より、新しい早期警戒制度の運用が始まっています。
　　　これは、健全性の判断を特定の数値基準のみに依存するのではなく、
　　　金融機関に対する包括的な実態把握を前提に、最低基準に抵触する蓋
　　　然性の判断を総合的な視点で行い、早め早めの経営改善を促す制度で
　　　す（Q160参照）。

② 　大手銀行グループ

　引き続き、多様化・複雑化するリスクの把握に努め、モニタリングの
なかで深度ある対話を通じた課題の改善や管理態勢の高度化を促すとし
ています。とりわけ本事務年度は、(a)グループベース、グローバルベー
スのガバナンス態勢の構築、(b)クレジットサイクルの転換を見据えた対
話、(c)ビジネスモデルの変化とリスク管理の高度化、を中心に包括的な
リスクの検証に向けた対話を行っていくとしています。

　また、足元の経済・市場環境の不確実性の高まりを踏まえ、引き続き
ストレステストの活用・高度化について対話を行うとしています。

③　協同組織金融機関

　　個々の経営課題等に応じたモニタリング・対話（必要に応じた早期警戒制度の運用等を含む）に加え、持続可能なビジネスモデルに関する探究型対話を通じ、当局と金融機関の双方の「気づき」やモニタリングの質の向上につなげていくとしています。

金融検査マニュアル廃止後の融資に関する検査・監督の進め方について教えてください

　金融機関の自主的な創意工夫を制約しないよう、金融機関の個性・特性に即した検査・監督を進めることとしています。そのため、経営計画や方針と実際の融資業務との整合性に着目するとともに、顧客の経営状況や再生支援の合理性等を検証したうえで、今後支援をさらに行っていくうえでの課題について議論することとしています。また引当については、現状の引当実務を否定せず、原則として経営陣の判断を尊重する一方、金融機関が、過去の貸倒実績等や個社の定量・定性情報に限らず、個社に帰属しない足元の情報、将来予測情報等、幅広い情報から信用リスクをどのように認識し、対応を検討しているかを評価するとしています。

解　説

(1)　金融検査マニュアルの弊害

　金融検査マニュアルが想定しているビジネスモデルは、各金融機関の経営戦略や融資方針が十分に考慮されず、画一的に内部管理態勢（リスク管理、引当等）の検証が行われた結果、以下のような影響が生じたと考えられます。

① 担保・保証への過度な依存、貸出先の事業の理解・目利き力の低下といった融資行動への影響が生じた。

② 過去の貸倒実績のみに依拠して引当を見積もる実務が定着した結果、金融機関が認識している将来の貸倒れのリスクを引当に適切に反映させることがむずかしくなった。

以上のような問題認識のもと、金融検査マニュアルが令和元年12月に廃止され、廃止後の融資に関する検査・監督の考え方が同月に示されました。

(2) 融資に関する検査・監督の基本的な考え方

① 金融機関の個性・特性に即した検査・監督

本来、個々の金融機関がとるリスク水準や採用するリスク評価方法は、金融機関の経営戦略・経営目標、ビジネスモデル、リスクの複雑さ等によって判断されるべきものであり、従来の画一的な対応からの脱却が「検査マニュアル廃止後の融資に関する検査・監督の考え方と進め方」（令和元年12月）の基本的な考え方です。そのため、(a)金融機関がどのような環境にあって、何を目指しているのか（経営理念）、(b)そのためにどのような融資方針をとっているのか、(c)実際の融資業務の進め方や収益状況と融資方針との関係はどうか、(d)融資業務からどのような信用リスクが生じるのかといった観点から、各金融機関の個性・特性に即した切り口から着眼点を検討し、リスクベースでの実態把握を行うとしています。

② 将来を見据えた信用リスクの特定・評価

融資ポートフォリオの信用リスクに関しては、金融機関の個性・特性を基礎として、過去実績や個社の定量・定性情報に限られない幅広い情報から、将来を見据えて適切に特定・評価することが重要であるとし、当該金融機関が会計上の引当や自己資本比率規制で捕捉できない信用リスクを抱えていることを把握した場合には、当該リスクをも勘案した実質的な自己資本の十分性の議論を行っていくとしています。

⑶　融資に関する検査・監督の進め方

①　金融機関の個性・特性を前提に、以下のような点に着眼して実態把握を行うとしています。

　⒜　今後の経営方針に関する経営陣の議論状況

　⒝　策定された経営計画や方針と実際の融資業務との整合性、とりわけコア先との関係性、ボラティリティの高い業種の抑制、中小企業向けの貸出状況、大口与信先向けの貸出状況

　⒞　資本配賦や収益管理の実施状況

②　個別の債務者区分が間違っているかどうかの検証に注力するのではなく、当該金融機関が経営理念に沿ってどのように顧客の再生支援に取り組んでいるのかを把握し、顧客の経営状況や再生支援の合理性等を検証したうえで、今後支援をさらに行っていくうえでの課題について議論することとしています。

③　金融機関のガバナンス等を含めた引当見積りの公正性や検証可能性の有無等、経営陣の判断に至るプロセスの検証を前提として、原則として経営陣の判断を尊重し、自主的な取組みを妨げないとしています。なお、経営陣の判断プロセス（見積方法や見積りの過程）がみえるよう適切に文書化を行っているかどうかを確認することとしています。

⑷　将来を見据えた引当の見積り

引当についての基本的視点は以下のとおりです。

①　金融検査マニュアルに基づいて定着した現状の引当実務（主に過去実績を基に策定）は否定しない。

②　マニュアルに記載がなくとも、足元や将来の情報に基づきより的確な引当と早期の支援を可能にしていく。具体的には、金融機関が、過去の貸倒実績等や個社の定量・定性情報に限らず、個社に帰属しない足元の情報、将来予測情報等、幅広い情報から信用リスクをどのように認識

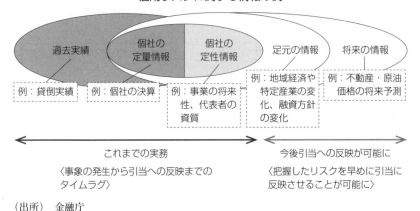

信用リスクに関する情報の例

（出所）　金融庁

し、対応を検討しているかを評価する。

　これは、将来予測情報の織り込みを強要するものではなく、将来の変化が合理的に予想される場合には、過去の貸倒実績を基礎とし、足元や将来の情報を引当に反映することで、融資ポートフォリオの信用リスクをより精緻に把握できるという考え方によるものです。

「金融機関の個性・特性」とはどのようなものを指しますか

　金融機関がどのような経営環境のなかで何を目指しているのか（経営理念）、それをどのようなガバナンスや企業文化のもとで、どのような具体的な経営戦略、経営計画、融資方針、融資実務、リスク管理、コンプライアンス態勢、自己査定・償却・引当実務として進め、どのような融資ポートフォリオや有価証券ポートフォリオを構築し、どのようなビジネスからどの程度の収益をあげ、どのような財務状況となっているかの全体像をいいます。

解　説

(1)　個性・特性の認識

　金融庁では、金融機関それぞれの経営理念・戦略が多様であることから、リスク評価にあたりすべての金融機関を一律の手法に当てはめるのではなく、以下のような視点から金融機関の実態を把握し、多様性の理解に努めることとしています。

① どのような経営環境（顧客特性、地域経済の特性、競争環境等）のなかで何を目指しているのか（経営理念）。

② どのようなガバナンスや企業文化を有しているのか。

③ どのような経営戦略、経営計画、融資方針を掲げ、融資実務（融資審査、期中管理）、リスク管理、コンプライアンス態勢、自己査定・償却・引当実務の実態はどうなっているのか。

④ どのような融資ポートフォリオや有価証券ポートフォリオを構築し、今後はどのような姿を目指しているのか。

⑤ どのようなビジネス（顧客向けサービス業務や有価証券運用を含む）からどの程度の収益をあげ、どのような財務状況となっているのか。

⑥ どのような顧客特性があるのか、地域・産業に関してどのような特徴があるのか。

(2)　融資先の特性別対話例

金融庁では、把握した実態に基づき、融資先の特性別に以下のような観点から対話を行うことが考えられるとしています。

① 既存顧客とはリスク特性の異なる新規顧客層（越境貸出等）を開拓している場合

その特性から想定される信用リスクを推計し、金融機関が実質的な自己資本や適切な引当の水準をどのように考えているかを対話する。なお、直ちに判断できなければ継続的にモニタリングしていくこともありうる。

② 不動産賃貸業者向け貸出

当該地域の過去の空室率や賃料水準の変動に伴って、貸倒れが増減する傾向にあることが確認された場合には、過去の実績に加え、これらの外部環境の変化をも考慮して信用リスクを推計し、金融機関が実質的な自己資本や適切な引当の水準をどのように考えているかを対話する。

③ 大口与信先の与信管理については、以下のような観点から対話を行うことが考えられる。

(a) 経営に対して大きな影響を及ぼす可能性のある大口与信先の信用状況や財務状況（貸出の資金使途、債務者の事業の今後の見通し、将来のキャッシュフロー等）の把握やモニタリングの状況。

(b) 信用リスクが高まった場合の対応方針（引当や自己資本による備えの

ほか、債務者の経営改善支援、債務者が経営改善計画を策定している場合には、その妥当性・有効性等についての検証状況等）。

(c)　金融機関側に実効的な事業再生支援を行う能力・体力があるかといった観点から、リスクが顕在化した場合の自己資本への影響の程度等。

Q5

「探究型対話」とは何ですか

当局と金融機関の双方が新たな気づきを得ることを目的に、特定の答えを前提としない、多様な創意工夫を志向した新たなモニタリング手法であり、平成30事務年度から試行されています。「対話」が金融庁における最も重要なモニタリング手法として位置づけられています。

解 説

(1) 「探究型対話」の考え方

① 検査・監督基本方針

金融庁が「探究型対話」という用語を初めて用いたのは、「金融検査・監督の考え方と進め方（検査・監督基本方針）」（平成30年6月）においてであり、以下の記述がみられます。

「当局の対応が金融機関による変革の制約となる「当局の失敗」を解決するために、最低基準検証や動的な監督の進め方を「実質・未来・全体」の視点から見直し、金融機関による形式的・画一的な対応の原因とならないようにしていく。さらに、長年にわたって形成された横並び意識や内向きの意識を解きほぐしていくため、金融機関との間で、特定の答を前提としない、多様な創意工夫を志向した「探究型対話」を行っていく」

② 監督指針（主要行監督指針Ⅱ─1─2(2)③、中小・地域金融機関監督指針 Ⅲ─1─2(2)③）

監督指針に新設された「検査・監督事務の進め方」では、「対話」の項目が設けられ、「対話を実施する際は、当局側の思い込み、仮説の押し付けを排し、可能な限り、銀行が安心して自らの立場の主張をできるよう努めつつ、まずは、銀行側の考え方や方針を十分に把握し、その上で事実の提示を伴いつつ行うことを徹底する」との留意点を示しつつ、「当局としては、日頃のモニタリングを通じた特性把握を基に、各行の置かれた経営環境や経営課題あるいは、各行の戦略、方針について深い理解を持った上で、特定の答えを前提とすることなく、銀行自身に「気付き」を得てもらうことを目的に、銀行との間で、ビジネスモデルやリスク管理、人材育成等について深度ある対話を行っていく」としています。

③ 「検査マニュアル廃止後の融資に関する検査・監督の考え方と進め方」
　金融機関の個性・特性に即した実態把握と対話に関し、以下の記述がみられます。

　「金融機関との対話にあたっては、当局側の思い込みや仮説の押し付けを行わず、事実から出発し、事実に立ち戻り、事実を最優先することを、検査・監督の全過程を通じて徹底する。具体的には、金融機関がどのような環境にあって、何を目指しているのか（経営理念）、そのためにどのような融資方針を採っているのか、実際の融資業務の進め方や収益状況と融資方針との関係はどうか、融資業務からどのような信用リスクが生じるのかといった観点から、各金融機関の個性・特性に即した切り口から着眼点を検討し、リスクベースの実態把握を行う」

　以上のように、金融庁ではモニタリングの手法として深度ある「対話」を心がけ、「対話」による気づきを金融機関と行政の双方が得ることによって次の一手を共有し、その実行を促す形を実現しようとしています。

(2)　対話の進め方

経営トップとの議論のほか、役員（社外取締役を含む）や本部職員、支

店長、営業職員といった様々な階層との意見交換を行い、経営理念を踏まえた経営戦略のあり方、経営方針の組織への浸透状況や営業現場での実践のあり方等を含めた金融機関の全体像を把握するよう試みています。加えて、個別金融機関との対話のほか、業界団体とも協力して、複数の金融機関の役員や支店長との意見交換会の実施や業界団体主催の社外取締役向け研修会への参画により、現場目線での課題の把握や金融機関のガバナンスに関する認識共有等を図っています。

⑶ 「探究型対話」実践にあたっての留意点

① 金融庁では、次の３点に気をつけることで、対話の中身に関して双方の理解が深まり、お互いによりよい気づきを得やすくなるとしています。

(a) 当局側から、企業アンケート結果や金融仲介機能のベンチマーク等の客観的事実に基づいた分析や、それらから得られた仮説などを資料化して示す。

(b) 金融機関と当局が対話を「フラットな関係」で進めることを心がける。それにより、もともと対等な立場になりにくい両者が、互いに考えていることを安心して話すことができる「心理的安全性」が確保され、「創発的な対話」を実現することができる。

(c) 目指すべきビジネスモデルの実現に向けた組織内の共通認識の醸成が重要であり、たとえば「共有化シート」を作成・活用し「見える化」することで、より効果的になる。

② また、金融機関自身の経営とガバナンスの実効性の向上のためにも、「経営理念」について、一般事業会社のように追求することが必要ではないかと指摘しています。具体的には以下のような視点です。

(a) この組織が何のために存在するのか。究極の目標は何か（mission）、目標を達成するために、何を大切にして日々の業務を営んでいくのか

（value）、これらを踏まえ、どういう組織を長期的に作っていくのか（vision）、といった側面・基軸があるとされているが、今一度自行（庫・組合）の経営理念を見つめ直す。

(b) 「経営理念」をどのように組織内の隅々に浸透させていくのか、理念をどう行動規範にまで落とし込むべく議論を深めていくのか。

(c) 「経営理念」に基づき、経営トップが現下の金融経済情勢を踏まえ、健全な危機意識を持ちつつ、課題解決に向けた経営戦略をいかに練り上げていくのか。

(注) 「地域金融機関の経営とガバナンスの向上に資する主要論点（コア・イシュー）〜「形式」から「実質」への変革〜（案）」（令和2年2月7日付）を参照してください。

金融検査マニュアルの廃止に関連し、監督指針はどのように改正されましたか

　①「検査・監督事務の進め方」「検査・監督事務の具体的手法」からなる「検査・監督事務に係る基本的考え方」の新設、②金融検査マニュアルに記載されている金融再生法開示債権等の定義の監督指針への移管、③貸出条件緩和債権の判定基準の統合・整理等が行われました。

解　説

(1) 「検査・監督事務に係る基本的考え方」の新設

① オン・オフ一体の継続的かつ重点的なモニタリング

　各金融機関の特性・課題を把握したうえで、課題の性質・優先度に応じて立入検査を含むモニタリング手法を機動的に使い分け、改善状況をフォローアップする継続的なモニタリングを実施するとしており、立入検査は継続的なモニタリングの一手法であることを明確化しました。

② 深度ある対話の実施

　「対話」の項目が設けられ、「対話」が金融庁における最も重要なモニタリング手法として位置づけられています。

(2) 「立入検査の基本的手続」の整理

「金融検査に関する基本指針」（平成17年7月1日）を廃止し、監督指針の別紙に立入検査の一般的な実施手続を整理しました。「検査結果通知書

等の交付」については、書面で通知するまでもない軽微な問題点・課題については「講評」にとどめ、ビジネスモデル等の継続的な対話を行っていく課題については「当局所見」または「検査結果通知」として、重要な問題点・課題については「検査結果通知」として書面を交付することとしています。なお、通年で実施した立入検査結果については、把握した事象の軽重により、「フィードバックレター」と「検査結果通知」を使い分けることとしています。

(3) 金融検査マニュアルに記載されている金融再生法開示債権等の定義の監督指針への移管

(4) 貸出条件緩和債権の判定基準の統合・整理

「貸出条件緩和債権関係Q&A」や「マニュアル別冊・中小企業融資編」の内容を盛り込むとともに、卒業基準に関し、以下の変更が行われました。

① 従来、「当該債務者の債務者区分が正常先となった場合」を「当該債務者の業況が良好であり、かつ、財務内容にも特段の問題がないと認められる状態となった場合」に変更。

② 「抜本的な経営再建計画」の定義として、従来、「概ね3年後の当該債務者の債務者区分が正常先」となることを「概ね3年後の当該債務者の業況が良好であり、かつ、財務内容にも特段の問題がないと認められる状態」に変更。

(5) 人事ローテーション・職場離脱制度ルール（最低限年1回、1週間以上連続して離脱）の削除

本件は、過度に細かく特定の方法を記載することにより、金融機関における創意工夫を妨げているとの考えから削除されるものです。

Q7

金融検査マニュアルの廃止に伴い、金融機関では どのような対応が必要になりますか

金融検査マニュアルが廃止されたとしても、従来の自己査定や償却・引当に関する実務が否定されるものではなく、内部規程やシステムの変更が求められるものではありません。しかしながら、金融検査マニュアルの廃止は、金融機関がビジネスモデルに応じたリスク管理や分類、償却・引当を進めやすくなるよう、金融機関の創意工夫や多様で主体的な取組みを尊重する観点から実施されるものですので、まずは前提となる経営理念・戦略・ビジネスモデルを明確にすることが必要です。そのうえで、当該経営理念やビジネスモデルを実現するために、どのようなリスク管理や分類、償却・引当が必要なのか、金融検査マニュアルの規定で思考停止に陥ることなく、実務の枠組みを設計し直すことが必要です。

解 説

(1) 金融検査マニュアルの廃止に至った問題認識

　20年前にできた金融検査マニュアルが想定しているビジネスモデルは、かなり限定された類型のものであり、分類、償却・引当に関する実務やリスク管理が金融検査マニュアルで想定されている類型に固定されてしまうと、各金融機関ごとの工夫をこらしたビジネスモデルを見出すための選択肢が制約されてしまうのではないか、という問題意識が当局にはありまし

た。本来、リスク管理や分類、償却・引当に関する実務は、目指すビジネスモデルをどう実現するか、という視点で設計されるべきものですが、実際には、金融検査マニュアルを前提に、各金融機関が横並びの対応を行ってきました。これは、融資するために引き当てる、リスクをとるために所要のリスク管理を行うというのではなく、受け身の償却・引当、リスク管理になっている場合が多いというのが当局の問題認識です。

そこで、金融検査マニュアルを廃止することにより、金融機関がビジネスモデルに応じたリスク管理や分類、償却・引当を進めやすくなるよう、金融機関の創意工夫や多様で主体的な取組みが期待されています。各金融機関が、現状の実務を出発点に、よりよい実務に向けた創意工夫が進めば、将来の損失への備えをより明確に行うことを通じて、金融機関の健全性が確保されると考えられます。

(2) 金融検査マニュアル廃止後の対応

① 基本的考え方

金融検査マニュアルが廃止されたとしても、従来の自己査定や償却・引当に関する実務が否定されるものではなく、内部規程やシステムの変更が求められるものではありません。しかしながら、金融検査マニュアル廃止に至った当局の問題認識を踏まえ、リスク管理や分類、償却・引当の前提となる、経営理念や戦略、ビジネスモデルを明確にすることが必要です。そのうえで、当該経営理念やビジネスモデルを実現するために、どのようなリスク管理や分類、償却・引当が必要なのか、金融検査マニュアルの規定で思考停止に陥ることなく、実務の枠組みを設計し直すことが必要です。

② 創意工夫を可能とするための態勢整備

(a) 将来予測情報の活用態勢

当局では、分類、償却・引当に関する現状の実務に関し、融資業務

で得た多様な情報を十分に反映できていないとの問題認識をもっています。より実質的なリスク管理や償却・引当を行うためには、過去実績や個社の定量・定性情報に限らず、個社に帰属しない足元の情報、将来予測情報等、幅広い情報のほか、経営環境の変化（顧客特性、地域経済の特性、競争環境等）や融資ポートフォリオの変化とそれに基づく信用リスクの変化を適切に評価することが必要です。しかも評価にあたっては、その適切性・合理性の検証が可能な形であることが必要であるため、データの蓄積や将来予測モデルの構築はもとより、活用可能な将来予測情報を信用リスクの計量化にいかに活用するのか、その態勢整備が必要です。

(b) 経営陣の判断プロセスの検証可能性確保

　　金融庁では、原則として金融機関の経営陣の判断を尊重し、自主的な取組みを妨げないこととしています。ただし、その前提として、金融機関のガバナンス等を含めた引当見積りの公正性や検証可能性の有無等、経営陣の判断に至るプロセスの検証を前提とするとされていますので、判断プロセス（見積方法や見積りの過程）がみえるよう適切に文書化する等、検証可能性を確保することが必要になります。

③　他行の創意工夫事例の参照

　　金融庁では、「金融検査・監督の考え方と進め方（検査・監督基本方針）」（案）（平成29年12月）公表後、意見募集期間中に、全国で対話会を開催し、創意工夫事例や実情・悩みなどを収集し、その結果を平成30年3月、「金融検査・監督の考え方と集め方（検査・監督基本方針）（案）に関する対話について」として公表しました。そこで掲載されている資産査定、償却・引当に関する取組み事例項目は以下のとおりであり、当局としての方向性を示すものではありませんが、必要に応じ参照してください。

(a) 貸出先の業種・規模・特性を考慮

金融モニタリングの方向性について説明してください

　　従来の金融検査マニュアル型の検査ではなく、各金融機関のプロファイリングを踏まえて、実態を把握する必要のある事項や議論を深める必要のあるテーマを洗い出して、立入検査あるいは訪問ヒアリングを通じて金融機関との対話を進める形で実施しています。実施にあたっては、金融庁・財務局が相互に緊密に連携して、検査・監督のモニタリングを一体化したプロセスで、シームレスにモニタリングを実施しています。そのため、検査の定期イベントという色彩は薄れ、継続的なモニタリングという概念に移行したということができます。

解説

(1)　金融検査プロセスの変化

　従来の金融検査は、原則として一定の周期に基づき、個別資産査定を中心にオンサイトで検査を行っていました。また、検査局（オンサイト）と監督局（オフサイト）は独立して業務を遂行していました。そのため、①経営環境の変化が加速しているにもかかわらず、定期検査の間に発生した新たな課題に機動的に対応できないとか、②検査先の課題の大小にかかわらず、一律の総花的な検査は非効率である等の課題認識を金融庁はもっていました。そこで、平成25事務年度以降、金融検査のプロセスを抜本的に見直すこととしました。具体的には、検査・監督のモニタリングを一体化

したプロセスで、シームレスにモニタリングを実施することとしました。とりわけ、金融庁・財務局が緊密に連携しつつ、継続的な情報収集と分析、定期的なヒアリングでの実態確認といったプロファイリング作業を中心として、オフサイトでのモニタリングに重点を置いています。こうしたプロファイリング結果を踏まえつつ、オンサイトで実態を確認する必要がある場合には、立入検査での検証項目をできるだけ絞り込み、ターゲット検査を実施しています。そのため、検査の定期イベントという色彩は薄れ、継続的なモニタリングという概念に移行したということができます。

(2) プロファイリング

地域金融機関のモニタリングにおいては、各金融機関の強み・弱み、特色を的確に把握するため、定量面・定性面のデータを徴求しながら、総合ヒアリングや訪問ヒアリングを通じて、各金融機関のプロファイリングに力を入れています。このプロファイリング結果、および各金融機関の置かれた経済・地域・産業におけるポジショニングや状況を踏まえつつ、個別金融機関ごとに論点を明確にして、それにフォーカスした議論を深めることとしています。

また、モニタリングは水平的・横断的観点から行い、地域金融機関全体の実態を的確に把握し、同時に良質な金融サービスの提供に資するベスト・プラクティスに力点を置いています。

(3) 将来を常に意識したモニタリング

従来は、金融検査マニュアルを含むチェックリストの形式的適用（規程が整備されていない、取締役が十分に議論していない、といった指摘）や損失が生じた際の個別原因分析と対処方針の確認に重点が置かれる傾向がありました。しかしながら、厳しさを増す経営環境やリスクの所在・形態の変化の加速といった状況を踏まえると、従来のアプローチでは新たな課題に

十分に対処できない可能性があります。そこで、経済環境の変化等も踏まえ、金融機関のビジネスモデルの持続可能性はもとより、将来を常に意識した議論・モニタリングを通じて、金融機関が抱えるリスクを適時適切に把握することとしています。

(4) モニタリング・テーマ

　金融行政の基本的目標として、「金融システムの安定」と「金融仲介機能の発揮」の両立を念頭にモニタリングを行っています。モニタリングにおいては、多面的、多層的なヒアリングを重ね、金融機関の姿を客観的かつ総体的に理解しようと努めています。

　最近における地域金融機関モニタリングの着眼点は、以下の3点です。

① 持続可能なビジネスモデルの構築に向けたガバナンスの発揮

　　重要な経営判断について、社外取締役を含めどれだけ納得感のある議論を経ているか、また取締役会が内部監査部門を有効に活用し経営の監視機能をどれだけ適切に果たしているかに着目しています。特に、長期的なビジョンにおいて金融仲介機能の発揮をいかに位置づけ、それをどのように実践してコスト・リターンのバランスをとっていくか等について、的確な現状分析に基づく深度ある議論が行われているか注目しています。

② 長期にわたる金融緩和継続に伴うリスクへの対応

　　以下の3点を中心に検証しています。

　㋐　融資規律が維持されているか。具体的には、審査や途上管理、経営改善支援といった融資の基本ともいえる行動が適切に行われているか。

　㋑　国内外のクレジットサイクルの転換を見据えて自己査定、償却・引当が適切に行われているか。

　㋒　足元の貸出増加要因である不動産業向け融資（アパートローンを含

検査・監督の事務フロー

[従来の検査・監督]

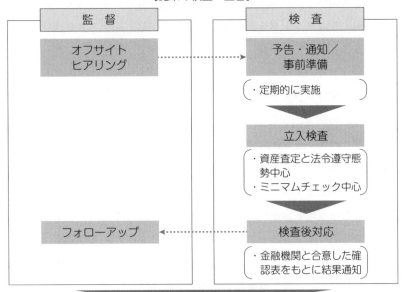

[新しいモニタリング]

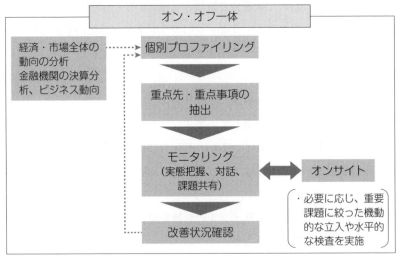

（出所）金融庁

む）の営業推進、審査が適切に行われているか。

③　経済・市場環境の急激な変化への対応

国内外の経済・市場環境への変化を適時にとらえ、そこから生じるリスクに遅滞なく対応するためにも、リスクテイクに見合った運用態勢・リスク管理態勢はもとより、ストレステストの活用等、機動的なポートフォリオ運営を行うための態勢が整備されているか。

(5)　オンサイトモニタリングの位置づけ

リスクの詳細な検証が必要と判断された場合には、オンサイトのモニタリングに移行しますが、その際、健全性を確保するためのリスク管理等のあり方については、銀行法25条（立入検査）の範囲で検証を行います（従来と同様）。一方、ビジネスモデルのあり方や金融仲介の取組みについては、当局が何かを指摘するという性格のものではなく、忌憚のない意見交換、対話による「気づき」を得てもらうためにも、銀行法25条の範囲外の位置づけとなっています。

(6)　モニタリングチーム

金融ビジネスの複雑化・リスク管理の高度化に伴い、当局においても専門性の向上が必要であることに加え、業態横断的な対応を行っていくことの必要性が高まっていることから、監督局内に以下のような業態別モニタリングチームのほか、業態横断的なリスクカテゴリー別の専門チームを設置しています。このうち、「地域金融リアルタイム」モニタリングチームは、市場におけるボラティリティの高まりや外貨流動性の低下など、マクロ経済・市場の動向が金融機関の健全性に与える影響について、精緻かつリアルタイムに把握し、各金融機関に内在するリスクをフォワードルッキングに分析することを目的として、平成28年10月に設置されたものです。

[業態別モニタリングチーム]	[業態・リスクカテゴリー別チーム]
G-SIFIs モニタリングチーム （企画、1〜4チーム）	経営管理等
	事業性評価
Non-G-SIFIs モニタリングチーム （企画、1〜4チーム）	市場業務等
	システム
地域金融機関等モニタリングチーム （企画、1〜7チーム）	法令等遵守
	リスクガバナンス
保険会社モニタリングチーム （企画、1〜3チーム）	海外調査
	地域金融リアルタイム
大手証券モニタリングチーム	

(7) 金融庁の組織見直し

　金融庁は、平成30年度予算要求にあたり、組織見直しについて公表しました。具体的には、①金融行政の戦略立案機能の強化、②金融行政の専門性の向上、③市場行政を含めた企画能力とフィンテック対応の強化、④業態ごとの検査・監督の一体化の観点から、検査局を廃止するとともに、総務企画局を「企画市場局」と「総合政策局」に改組することとし、組織見直し後の立入検査は、監督局の業態別の担当者と総合政策局の専門別チームが共同で行うこととしました。組織再編は、平成30年7月に行われました。

(8) 地域金融モニタリングの組織再編

　ガバナンスや金融仲介・健全性について、より効率的かつバランスのとれたモニタリングを進めるために、平成30年11月より、地域金融機関に関する関係部署を監督局に集め、財務局との連携を強く意識しながら、健全性や金融仲介など地域金融に関するすべての指揮命令系統を監督局長、地

新旧組織図

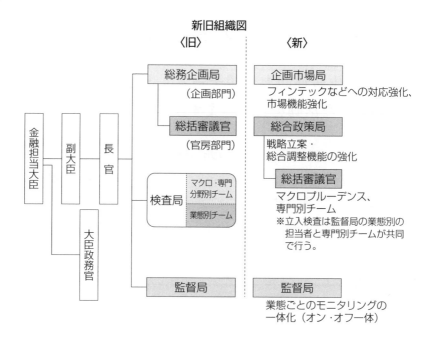

〈旧〉 〈新〉

金融担当大臣 — 副大臣 — 長官

大臣政務官

総務企画局
（企画部門）

総括審議官
（官房部門）

検査局
- マクロ・専門分野別チーム
- 業態別チーム

監督局

企画市場局
フィンテックなどへの対応強化、市場機能強化

総合政策局
戦略立案・総合調整機能の強化

総括審議官
マクロプルーデンス、専門別チーム
※立入検査は監督局の業態別の担当者と専門別チームが共同で行う。

監督局
業態ごとのモニタリングの一体化（オン・オフ一体）

域担当審議官のもとに一本化しました。

Q9

「地域生産性向上支援チーム」とは何ですか。どのような活動をしていますか

地域企業および関係者との関係構築・対話を通じ、地域の実態把握を進めるために、平成30年9月に金融庁内に新設した組織であり、財務局と連携し、地域金融機関による金融仲介機能のさらなる発揮に資するよう活動を行っています。

解説

(1) 健全性確保と金融仲介機能発揮のバランス確保、ならびに地域企業・経済の実態把握

　金融庁のモニタリングには、健全性の観点と金融仲介機能発揮の観点の両面がありますが、従来のモニタリング体制は健全性の観点に焦点を当てることが多いのが実情でした。また、金融仲介機能は地域金融機関がやみくもに発揮すればよいのではなく、地域企業、政府機関、商工団体、地方公共団体等が有機的に連携・共創しながら地域経済を支える、いわゆる地域経済エコシステムのなかに地域金融機関がしっかりと位置づけられ、貢献することが重要です。そのためには、地域金融機関は地域企業の真の経営課題を的確に把握し、その解決に資するアドバイスやファイナンスの提供等の金融仲介機能を十分に発揮することが求められます。このような地域金融機関による金融仲介機能のさらなる発揮に資することを目的に「地域生産性向上支援チーム」が平成30年9月に新設されました。

⑵ 主な活動内容

① 地域企業・経済の実態把握

　地域企業・経済の生産性向上の実現に向け、企業アンケート・ヒアリング結果も踏まえつつ、地域企業のほか、地方自治体や商工会議所・商工会等の地域企業の支援関係者との対話等を通じ、地域企業等の本音・悩みや、金融機関に対する期待や要望、さらには、その理由や背景等にまで至る地域経済・企業の実態について、きめ細かく把握しています。

② 探究型対話の実践

　企業アンケート調査結果や金融仲介機能のベンチマーク等の客観的事実等を分析し、当局としての仮説を設定したうえで、地域金融機関との深度ある対話を通じ、お互いに「気づき」を得ることに努めています。

　平成30事務年度においては、二つの地域にそれぞれ長期間派遣し、一つのチームは主に地域金融機関との探究型対話の試行的実践を、もう一つのチームは主に関係者との対話を通じた情報収集や、地域の産業構造や金融環境の実態調査・分析を実施しました。

Q10

金融機関における信用リスク管理面の課題について説明してください

足元のデフォルト率・信用コストは反転上昇していることから、融資実行時および中間管理における審査の徹底はもとより、急激な信用コスト顕在化に対応できる態勢の構築が必要です。また、①貸出に積極的に取り組んでいる分野（不動産業、医療・福祉関連等）や残高が大きいセクターへの与信管理能力を高めること。とりわけ、アパート・マンションローン等貸家業向け融資については、必要なデータの蓄積や賃貸物件の収益シミュレーションの精緻化といった規律ある審査体制の構築、期中管理（融資実行後の賃貸物件の空室・賃料水準や収支状況（キャッシュフロー）等の把握等）の充実に努めるとともに、借り手に対するリスク説明を充実させる必要があること、②信用リスクの計測・引当の算定において、ポートフォリオ特性の変化や将来の予測も踏まえて継続的な点検を行っていくこと、③マイナス金利環境のもとで貸出におけるリスク・リターンの評価を適切に行っていくことを、信用リスク管理面の課題として指摘しています。

解　説

(1)　現状認識

信用リスク量は、全体として低い水準が維持されているものの、足元はいずれの業態でも若干上昇しています。貸出先企業のデフォルト率も反転

上昇しており、金融機関の収益力が低下している現状を考慮すると、注視すべき事象といえます。そこで、融資実行時および中間管理における審査の徹底はもとより、急激な信用リスク顕在化に対応できる態勢の構築が必要です。

(2) 信用リスク管理面の課題

　日本銀行金融システムレポート、金融庁金融レポートおよび地域銀行モニタリング結果で指摘している課題等は以下のとおりです。なお、住宅ローン、アパートローンについては、Q20、Q21も参照してください。

① 日本銀行金融システムレポート

(a) 貸出に積極的に取り組んでいる分野や残高が大きいセクターの与信管理能力を高めていくこと。

　特に、資源・M&A関連をはじめとする海外関連貸出については、海外経済動向の不確実性が高い状況が続くとみられることから、与信先の信用力の検証を遅滞なく実施し、信用リスクを適切に管理する必要があるとしています。国内貸出については、貸家市場の需給動向のモニタリングを含め、これまで以上に入口審査や中間管理を綿密に実施することが重要であるとしています。実際、入口審査や中間管理において、DSCR（元利金返済額に対する不動産事業の純収入の割合）やLTV（不動産業評価額に対する与信残高の割合）など定量基準を活用していない先や、ポートフォリオ・モニタリングの結果を審査基準に反映させていない先では、貸出債権の質が低くなる傾向がみられるとしています。

(b) 信用リスクの計測・引当の算定においては、ポートフォリオ特性の変化や将来の予測も踏まえて、継続的な点検を行っていくこと。

　引当の算定にあたっては、景気循環の影響をならしてみていくとともに、過去の実績に反映されていない、先行き想定しうる変化を適切に織り込むことが望ましいとしています。また、信用リスクの計測にあたっ

ては、ポートフォリオ特性の変化を踏まえ、大口集中リスクの計測や、先行きの環境変化を想定したストレステストなどを実施することが必要であるとしています。

(c) マイナス金利環境のもとで貸出におけるリスク・リターンの評価を適切に行っていくこと。

　優良企業向けや地方公共団体向けにおいて、採算割れになると考えられる新規貸出が散見されることから、貸出におけるリスク・リターンを適切に評価することの重要性をあらためて強く意識する必要があるとしています。また、マイナス金利環境のもとでは、市場金利がプラスであることを前提にして行ってきた採算管理のあり方についても見直す必要が生じているとしています。

② 金融庁金融レポート

〔3メガバンクグループ〕

　海外業務の急拡大に伴い、世界経済・市場環境の変化に対する機動的な資産管理や安定的な外貨調達の確保が課題であるとしています。国内においても、低金利環境の継続を前提とした貸出が拡大しており、規律ある審査や期中管理が必要であるとしています。とりわけ、メインバンクとして顧客企業に対する実態把握を通じた本業支援や事業再生などに早期に対応することが求められるとしています。

　また、令和元事務年度は、(a)グループベース、グローバルベースのガバナンス態勢の構築、(b)クレジットサイクルの転換を見据えた対応、(c)ビジネスモデルの変化とリスク管理の高度化、を中心にモニタリングを行うとしています。

〔地域金融機関〕

(a) 以下のような課題を指摘しています。

　(ア) 現状、バランスシートの健全性に問題があるわけではないが、多くの地域銀行で顧客向けサービス業務（貸出・手数料ビジネス）の

収益低下が続くといった収益性の問題を抱えている。

(ｲ)　多くの地域銀行で、アパート・マンション向けや不動産業向けの融資が増加している。人口減少が継続し、すべての金融機関が融資量の拡大を続けることが現実的ではないなかで、依然として、長短の金利差による収益を期待し、担保・保証に依存した融資の量的拡大に頼っている金融機関については、そのビジネスモデルの持続可能性が懸念される。

(ｳ)　短期的な収益を確保するため、債務者区分が下位の企業への貸出金の回収により、貸倒引当金の戻入が生じているとみられる金融機関も存在しており、こうした短期的な視野に立った経営は、自らの顧客基盤を失い、ビジネスモデルの持続可能性にさらに悪影響を与えるおそれがあることに留意する必要がある。

(ｴ)　地域金融機関の経営者のなかには、近い将来、金利の正常化等が進めば事態の改善が図られるとの期待を有している可能性がうかがわれるが、さまざまな望ましくないシナリオが顕在化する場合においても金融機関がその健全性を維持し、金融仲介機能を適切に発揮できる業務運営に努めていくことが重要であり、早期に、持続可能なビジネスモデルの構築に向けた具体的な施策を検討し、組織的・継続的に実践していく必要がある。

(ｵ)　消費者ローンを高収益の重要商品と位置づけているものの、外部保証会社による保証に依存し、定期的に代弁率を集計・分析していないほか、保証料を控除した収益性を把握していない。

(b)　アパート・マンションローンの実態調査結果を踏まえ、以下の点を指摘しています。

(ｱ)　貸家業の特徴として、(i)空室率は築年数の経過とともに上昇する、(ii)賃料水準は築年数の経過とともに低下し、築後15年経過後を目安に低下傾向は顕著となる、(iii)足元の実際の賃貸物件の収支状況

は、一定程度が赤字であり、築後15年を経過すると赤字先はさらに増加傾向になる、といった特徴が認められた。

㋑　金融機関の課題として、(i)賃貸物件の収益シミュレーションが全融資期間を対象としていない、(ii)融資実行後の賃貸物件の収支状況等の確認が十分でない、(iii)借り手に対する収益シミュレーション結果の書面説明等の取組みも一部では認められるものの、貸家業の事業リスクについて、顧客が客室リスクや賃料低下のリスクを適切に理解するよう、具体的な説明の方策について検討し、組織的に対応している金融機関は少ないなどの改善余地が認められた。

㋒　各金融機関においては、アパート・マンションローン等貸家業向け融資の規模等に応じて、必要なデータの蓄積や賃貸物件の収益シミュレーションの精緻化といった規律ある審査体制の構築、期中管理（融資実行後の賃貸物件の空室・賃料水準や収支状況（キャッシュフロー（注））等の把握等）の充実に努めるとともに、借り手に対するリスク説明を充実させる必要がある。

（注）　年間家賃収入−年間経費（修繕費等）−年間元利金返済額。

③　平成29事務年度地域銀行モニタリング結果

　　債務者の状況変化に対応していない事例として、以下の点を指摘しています。

⒜　資金繰り支援を目的とする専用商品を販売した債務者や経営改善支援先と指定している債務者に対して、経営改善に向けた提案・支援をしていない。

⒝　単独メインの債務者で、経営改善計画と実績に大幅な乖離があるにもかかわらず、経営改善のための具体策や債務者区分の見直しについて検討していない。

⒞　決算書徴求時等に債務者のネガティブな定性情報を把握しているにもかかわらず、自己査定ではそれらを勘案していない。

(3) 信用コストの増加要因

日本銀行金融システムレポートでは、足元の信用コスト増加の背景として以下の2点を指摘しています。

① 金融機関との取引履歴が比較的長い、一部の業況不芳先における経営再建が遅れている。

② 審査・管理の緩み

(a) 新たに取引を開始した貸出先の財務内容や信用状況の実態把握が不十分なため信用コスト発生に至った事例が散見される。

(b) (ア)貸出先の所在地が金融機関の本店所在地と異なるいわゆる越境貸出先や、(イ)取引関係においてメイン・準メインでない3番手以下の先、(ウ)取引歴が短いといった、金融機関が借り手や当該地域の詳細な情報を比較的入手しにくいケースにおいて、ランクダウンが増えている。

(4) その他、金融庁の課題認識

クレジット市場では、世界的にスプレッドがタイト化しているなか、クレジットリンクローン等のクレジット関連商品を保有する金融機関が増えています。なかには、自己資本に匹敵する額のクレジット関連商品を保有する金融機関や、中小企業向け貸出実績を伸ばすため、SPC向け貸出としてクレジットリンクローンを利用している金融機関もあることから、金融庁では、クレジット関連商品のリスク管理状況について実態把握を行うこととしています。具体的には、①参照企業の業績やCDS価格をモニタリングし、内包する信用リスクの変化を適切に把握しているか、②運用方針について経営トップが常に主体的に関与しているか等について、金融機関との対話を深めることとしています。

Q11

金融庁による事業性評価検証のポイントについて教えてください

 ①事業性評価を戦略面でどのように位置づけているか、②営業施策の実行にあたり事業性評価についてどのような工夫を行っているか、③リスク管理・収益管理・業績評価等においてどのような取扱いが行われているか、④人材等はどのように育成しているか等、多面的な視点から検証が行われています。

解 説

(1) 事業性評価に係る当局の課題認識

　平成15年の「リレーションシップバンキングの機能強化に関するアクションプログラム」の公表以降、地域企業・経済の活性化に向け、多くの金融機関が様々な取組みを行ってきましたが、足元増加している貸出の多くは、信用力の懸念が相対的に小さく融資審査にコストがかからない定型的な貸出であり、借手企業の財務データや担保・保証に依存する傾向が依然としてみられるのが実情です。今後、人口構造や産業構造が大きく変化していくなかで、利ざやの薄い貸出の量的拡大といったビジネスモデルは中長期的には成立しないと見込まれ、地域金融機関が単に資金供給機能を果たすだけでは、金融機関経営の持続可能性確保が困難になっています。こうしたなか、取引先企業の事業内容・特性・成長可能性・競争環境等を的確に把握・分析して、それに基づき適切な融資や助言を行うことにより企業の成長・発展につなげることができれば、地域の企業や経済の発展と

地域金融機関の経営の持続的安定を両立させることができるのではないかという課題認識のもと、「「日本再興戦略」改訂2014（平成26年6月24日閣議決定）」に以下の方針が盛り込まれました。

「企業の経営改善や事業再生を促進する観点から、金融機関が保証や担保等に必要以上に依存することなく、企業の財務面だけでなく、企業の持続可能性を含む事業性を重視した融資や、関係者の連携による融資先の経営改善・生産性向上・体質強化支援等の取組みが十分なされるよう、また、保証や担保を付した融資についても融資先の経営改善支援等に努めるよう、監督方針や金融モニタリング基本方針等の適切な運用を図る」

また、このような事業性評価重視への転換は、①本来ベンチマークとして策定された金融検査マニュアルが必要以上に金融機関の与信判断において重要性をもつようになったこと、②従来の資産査定中心の金融検査が、財務偏重を促す要因の一つとなったことの当局側の反省を踏まえたものでもあります。

(2) 事業性評価検証の考え方

金融庁では、事業性評価について、個々の企業の事業性評価のあり方の検証というよりも、もう少し広い視点でとらえています。すなわち、対象企業の事業特性や成長可能性、競争環境等を踏まえ、企業にとって付加価値をもたらさない単純な金利競争ではなく、金融機関がどこまで的確なアドバイスを当該企業に行っているのか、企業とのかかわりについて、経営トップのコミットメントのもと、本部はどのような態勢を構築しているのか、営業現場は普段から企業とどういう接触をしているのか等、金融機関が企業の事業性を評価し、企業を支えるための態勢まで含め、事業性評価推進態勢を総体的かつ多面的に評価しようとしています。いわば事業性評価とは、取引先企業の企業価値を向上させる取組みであるとともに、「地域経済・産業にどのように関与し、支えていくかという金融機関の取組み

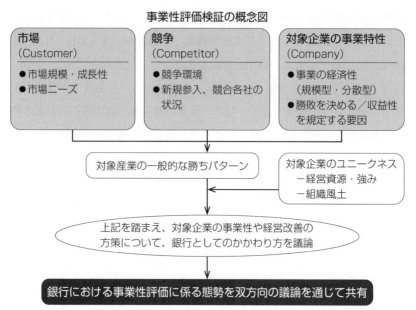

事業性評価検証の概念図

市場 (Customer)	競争 (Competitor)	対象企業の事業特性 (Company)
●市場規模・成長性 ●市場ニーズ	●競争環境 ●新規参入、競合各社の状況	●事業の経済性 　（規模型・分散型） ●勝敗を決める／収益性 　を規定する要因

対象産業の一般的な勝ちパターン

対象企業のユニークネス
　－経営資源・強み
　－組織風土

上記を踏まえ、対象企業の事業性や経営改善の
方策について、銀行としてのかかわり方を議論

銀行における事業性評価に係る態勢を双方向の議論を通じて共有

（資料）金融庁「金融モニタリングレポート」2014年7月

そのもの」といえます。

(3) 事業性評価の検証項目

　金融庁では、「金融仲介機能のベンチマーク」などの客観的な指標を活用しつつ、金融機関のトップがどのような形で具体的にリーダーシップを発揮しているか、業績評価の体系や融資審査のプロセスなどがトップの目指す方向と整合的なものとなっているかといった点も含めて対話を進めていくこととしています。

　事業性評価の主な検証項目は以下のとおりです。

①　事業性評価を戦略面でどのように位置づけているか。組織として取組み方針はどのようなものか。

②　取組み方針を営業現場までどのように徹底させているか。

③ 地域密着型金融の実践（コンサルティング機能の発揮）の効果をどのように測定し、評価しているか。

④ 地域の核となる産業は何か。当該産業の育成等について、どのように関与しているか。

⑤ 顧客から深度ある情報提供を受けるために実践している取組みはあるか。

⑥ 顧客の事業性を評価するために、本部が行っている営業店支援策は何か。効果のある取組みは何か。

⑦ 営業店職員の顧客との接触度合いを高めるために、どのような工夫をしているか。

⑧ 事業性評価を促進するために活用しているシステムの概要と効果。

⑨ 信用格付や案件審査のプロセスにおいて、非財務面の評価はどのように加味しているか。

⑩ 営業店の業績評価や人事評価において、「担保・保証に過度に依存しない融資」や「事業性評価に基づく取組み」をどのように反映させているか。

⑪ 事業性評価や「目利き」ができる人材の確保・育成方法。

⑫ 事業性評価等のノウハウの蓄積方法。

また、平成27事務年度金融行政方針では、以下の着眼点を示しています。

① 主要な営業地域について、地域ごとの経済・産業（主要な産業セクターを含む）の現状・中長期的な見通しや課題等をどのように把握・分析しているか。また、こうした分析結果を、取引先企業の成長可能性や持続可能性の評価に具体的にどのように役立てているか。

② 取引先企業について、財務内容等の過去の実績や担保・保証に必要以上に依存することなく、事業の内容、強み・弱みおよびその業界の状況等を踏まえた融資やコンサルティング機能の発揮にあたり、たとえば以

下のような点も含めて、具体的にどのような取組みを行っているか。

(ｱ) 取引先企業との深度ある対話を行うための関係構築（たとえば、金融機関のビジネス上重要な取引企業や主たる相談相手としての役割が期待されている取引先企業について、経営状況や課題、ニーズを具体的に把握するための定期的な訪問や短期継続融資のモニタリング等を通じた関係構築）

(ｲ) 取引先企業に対し、財務面だけでなく、売上増加や事業承継等の様々な経営課題の解決に資する融資やコンサルティングのタイムリーな提供（外部専門家の活用や外部機関との連携によるものを含む）

(ｳ) DDS・債権放棄等の金融支援等、真に実効性のある抜本的な事業再生支援（他の金融機関が主導する事業再生支援への積極的な協力を含む）

(ｴ) 「地域企業応援パッケージ」の活用、地域の創業支援事業等に係る産学官金の連携、政府系金融機関やファンド等との連携等、取引先企業の支援を行うための関係者との有効な連携

③ 融資、既存保証の見直しおよび保証債務の整理にあたって、必要に応じて外部機関や外部専門家とも連携しつつ、経営者保証に関するガイドラインの積極的な活用に努めているか。

④ 事業性評価およびそれに基づく融資・本業支援等について、職員の能力向上、専門人材の育成・確保、実績評価・人事評価における明確な位置づけ等、組織全体として取り組むための態勢整備（経営計画等における明確化を含む）を行っているか。

(4) 事業性評価のヒアリング結果

金融庁では、事業性評価ヒアリングを踏まえた課題認識として、以下の点を指摘しています（金融モニタリングレポートより抜粋）。

① 検証の結果、各銀行は借り手企業を取り巻く一般的な市場の見立てや

方向性についてはある程度把握していた。一方、こうした状況把握を踏まえて、個別企業がとるべき戦略を検討し、それを実行するための具体的な提案につなげる部分には課題が見受けられた。

② 借り手企業と長期にわたる緊密な関係を構築するための取組みを進めている銀行も少なくない。一方、企業にとって真に意義のあるアドバイスを銀行が行おうとしても、そうしたアドバイスの多くは企業経営者にとって耳が痛く、銀行間の金利競争が激しいなかでは、取引関係の解消にまでつながってしまうことを懸念する銀行もあった。

③ 事業性評価に係る組織体制の整備状況については、不良債権問題や中小企業金融円滑化法等への対応から、引き続き、個別企業に対する再生支援に重点を置いている地域銀行が多く認められた。一方、再生支援のみならず、様々なライフステージにある企業の事業内容や成長可能性などを適切に評価するための体制整備については道半ばとなっている先が多く認められた。

④ 一般に、地域経済の中核となる企業の多くは、大口金融先であり、また、現時点では財務に不安のない企業も多い。こうしたなかで、これらの中核企業に対する関係構築の強化や適時のソリューション提供に課題を有している先は多く、さらに、個別企業にとどまらず産業界や地域の企業群に対し、面的に取り組み、成果を上げている先は少ない状況であった。

⑤ 事業性評価への取組み態勢の強化にあたっては、個々の施策にとどまらず、銀行全体として、経営陣の強力なコミットメントのもと、一貫性のある実行施策の立案、管理態勢の構築、営業現場への浸透が不可欠と考えられる。

(5) 事業性評価の効果
金融庁では、事業性評価（本業支援）について、顧客企業と接触し、顧

客と伴走してその課題の解決につとめることが重要であり、その結果としての貸出スプレッドや手数料、信用コストの変化等について、短期的な1対1対応の結果を求めることは必ずしも適さないのではないかと指摘しています。

　また、金融庁金融研究センターは平成30年9月、ディスカッション・ペーパー「金融機関による事業性評価の定着に向けた採算化にかかる分析・考察」を公表し、事業性評価の効果や事業性評価ビジネスモデルの共通要件について、以下のとおり指摘しています。

① 　事業性評価の効果

　　事業性評価は、貸出残高や格付改善の面において、銀行収益に一定貢献することが確認されたとしています。一方で、金利低下に対する抑制効果を発揮するのは短期的には難易度が高く、事業性評価に精力的に取り組んでいる地域金融機関でもなかなかその効果を享受できていないこともわかったとしています。また、事業性評価の効果は必ずしも貸出収益の拡大だけにとどまらず、将来的な収益モデルの改革に向けた顧客基盤の構築・組織風土の改革・人材育成等にも寄与しうることがわかったとしています。

② 　事業性評価ビジネスモデルの共通要件

　　事業性評価に精力的に取り組んでいる地域金融機関に共通する要件としては、以下の5点があげられるとしています。

(a) 　銀行全体として達成したい「ねらい」が明確にある。

(b) 　自行のもっている強み・リソースに基づき、事業性評価の役割を定めている。

(c) 　ビジネスモデルを具体的に定めている。

(d) 　変革の旗振り役が存在している。

(e) 　試行錯誤しながら、長期的な取組みを行っている。

II

旧検査マニュアル編

1

信用リスク管理態勢の
確認検査用チェックリスト

※本編以降は、実務上の参考とするため、あえて検査マニュアルの記述を
残しています。

Q12

金融検査マニュアルは信用リスクをどのように定義していますか

 金融検査マニュアルでは、「「信用リスク」とは、信用供与先の
財務状況の悪化等により、資産（オフ・バランス資産を含む）の価
値が減少ないし消失し、金融機関が損失を被るリスクである」と
定義しています。

解 説

(1) 信用リスクの定義

信用リスクとは、信用供与先の財務状況の悪化等により、資産の価値が
減少ないし消失し、金融機関が損失を被るリスクをいい、貸出や保証とい
った伝統的な与信取引のほか、オフ・バランス取引や有価証券取引などあ
らゆる金融取引に内在しています。

信用リスクは、リスクが顕現化した場合の経営への影響の大きさという

点で、金融機関がさらされているリスクのなかで最も重要かつ基本的なリスクです。不測の事態を未然に防止し、資産の健全性を確保するためにも、信用リスクを適切に管理（極小化ではなく）しながら必要なリスクテイクを行っていくことが金融機関に求められています。

(2) 信用リスク管理への取組み

収益性を向上させるためには、リスクをいたずらに回避するのではなく、リスクとリターンの最適化を図る必要があります。そのためには、自らがさらされているリスクを的確に把握・管理し、資産の悪化を早期に予防する信用リスク管理態勢の整備が不可欠です。それにより、各業務の経営上の位置づけや自己資本とのバランス等を総合的に勘案しつつ、リスクの度合いに応じた適正なリターンの確保が可能になります。

信用リスク管理態勢の整備にあたっては、信用格付制度の整備や、過度な与信集中の回避にとどまらず、信用リスク計量化によるリスク評価を反映した金利プライシングへの利用や融資方針への反映、ローン・ポートフォリオ分析（貸出をポートフォリオとしてとらえ、その質的変化やリスク集中状況を分析）を踏まえた能動的なリスク・コントロール等、さらに高度な態勢整備に向けての取組みが求められています。とりわけ、環境変化に対して、リスクの顕在化を防ぐために機動的に対応できる態勢が重要になります。

(3) 信用リスク管理における自己査定の役割

信用リスク管理においては、資産内容の的確な把握を通じて問題債権を早期に発見することが基本的な目的の一つです。こうした観点からみれば、自己査定とは信用リスク管理そのものであるといえます。すなわち、自己査定は、正常・問題債権の分類を通じて資産内容を正確に把握することを目的としたものであり、信用リスク管理の中核となる重要な手続とし

て、信用リスク管理全体のフレームワークのなかで有機的に位置づけられるものです。

　したがって、自己査定を強制的に課せられた制度的手続ととらえるのではなく、信用リスク管理態勢整備のための基本ステップとして、前向きに活用することが大切です。自己査定の対応いかんでは、信用リスク管理面において大きな差が生じ、ひいては経営内容に大きな格差となって現れることが十分に予想されます。

Q13

経営陣による信用リスク管理態勢整備のポイントは何ですか

 経営陣は、自行（庫・組）の戦略目標、業務の規模・特性およびリスク・プロファイルに見合った信用リスク管理態勢が有効に機能するよう、①方針の策定、②内部規程・組織体制の整備、③評価・改善態勢の整備・確立を適切に行うことが必要です。

解 説

信用リスク管理態勢の整備・確立は、金融機関の業務の健全性および適切性の観点から極めて重要であり、経営陣には、(1)方針の策定、(2)内部規程・組織体制の整備、(3)評価・改善態勢の整備・確立を自ら率先して行う役割と責任があります。また、適時適切にリスクを把握するためには、経営陣と各関連部門との間で活発なコミュニケーションを行うことが重要です。

(1) 方針の策定

取締役会は、まずは、金融機関全体の戦略目標と整合的な融資部門等の戦略目標を策定し、組織内に周知することが必要です。

そのうえで、以下の項目などが明確に記載された信用リスク管理方針を定め、定期的にまたは必要に応じて随時、方針策定のプロセスの有効性を検証し、適時に見直すことが必要です。また、金融円滑化管理方針との整合性にも留意することが必要です。

① 信用リスク管理に関する担当取締役および取締役会等の役割・責任
② 信用リスク管理部門の設置、権限の付与等の組織体制に関する方針
③ 信用リスクの特定、評価、モニタリング、コントロールおよび削減に関する方針

(2) 内部規程・組織体制の整備

取締役会等は、信用リスク管理規程を承認したうえで、組織内に周知することが必要です。

また、信用リスク管理部門の態勢整備が必要です。具体的には、信用リスク管理部門に適切な管理者の配置と適正な人員を確保するとともに、営業推進部門等からの独立性を確保し、牽制機能が発揮される態勢になっていることが必要です。

他方、営業推進部門等に対する効果的な研修の定期的実施等を通じ、規程・業務細則等の周知・遵守態勢を整備するなど、営業推進部門等における信用リスク管理の実効性を確保する態勢整備も必要です。

(3) 評価・改善態勢の整備・確立

取締役会等は、信用リスク管理の状況を的確に分析し、信用リスク管理の実効性の評価を行ったうえで、態勢上の弱点、問題点等改善すべき点の有無およびその内容を適切に検討するとともに、その原因を検証し、適時に見直すことが必要です。

また、分析・評価プロセスや改善プロセスの有効性を検証し、適時に見直すことも必要です。

(4) リーダーシップの発揮

環境変化に対し機動的に対応するためには、経営陣がフロント部門やリスク管理部門とコミュニケーションをとりつつ、リスクの実態を把握した

うえで、リーダーシップを発揮することが必要です。

Q14

管理者が信用リスク管理態勢整備において果たすべき役割・責任は何ですか

 　管理者は、信用リスクの所在・種類・特性および信用リスク管理手法を十分に理解したうえで、信用リスク管理方針に沿って信用リスクの特定・評価・モニタリングの方法を決定し、これに基づいた信用リスクのコントロールおよび削減に関する信用リスク管理規程を策定・周知することが必要です。

　さらに、信用リスク管理方針および信用リスク管理規程に基づき、適切な信用リスク管理を行うために、信用リスク管理部門の態勢を整備し、牽制機能を発揮させるための施策を実施することが必要です。

解　説

(1) 信用リスク管理規程の整備・周知

　管理者は、信用リスクの所在・種類・特性および信用リスク管理手法を十分に理解したうえで、信用リスク管理規程を策定し、取締役会等の承認を得たうえで、組織内に周知する役割が求められます。また、管理者は、信用リスク管理における債務者の実態把握や債務者に対する経営相談・経営指導等を通じた経営改善支援の重要性を踏まえて、信用リスク管理規程を策定することが必要です。

　信用リスク管理規程の内容は、業務の規模・特性およびリスク・プロファイルに応じ、信用リスクの管理に必要な取決めを網羅し、適切に規定

される必要があります。チェックリストでは、当該規程に明確に記載されるべき項目として、以下の項目が例示されています。

① 信用リスク管理部門の役割・責任（問題債権として管理が必要な債権の範囲および問題先に対する取組方針を含む）および組織に関する取決め

② 信用リスク管理の管理対象とするリスクの特定に関する取決め

③ 信用リスク評価方法に関する取決め

④ 信用リスクのモニタリング方法に関する取決め

⑤ 取締役会等に報告する態勢に関する取決め

(2) 管理者による組織体制の整備

　管理者は、信用リスク管理方針および信用リスク管理規程に基づき、適切な信用リスク管理を行うために、信用リスク管理部門（審査部門、与信管理部門、問題債権管理部門）の態勢を整備し、牽制機能を発揮させるための施策を実施することが求められます。また、随時信用リスク管理態勢の実効性を検証し、必要に応じて信用リスクの管理規程および組織体制の見直しを行ったり、取締役会等に対する改善提言を行うことが求められます。

Q15

信用リスク管理部門が果たすべき役割・責任は何ですか

　審査部門・与信管理部門・問題債権管理部門の3部門を総称して信用リスク管理部門と位置づけたうえで、審査部門に対しては、主に営業推進部門に対する牽制機能の発揮および与信案件のリスク特性を踏まえた適切な審査・管理が求められます。また、与信管理部門に対しては、与信ポートフォリオの状況の適切な把握・管理と取締役会等への定期的な報告、ならびに信用リスクの適切なコントロールが求められます。問題債権管理部門に対しては、問題債権の適切な把握・管理態勢の整備と問題債権の状況についての取締役会等への報告態勢の整備が求められます。

解 説

(1) 信用リスク管理部門の役割・責任

　信用リスク管理部門とは、審査部門・与信管理部門・問題債権管理部門の3部門の総称ですが、これらは必ずしも組織形態としての部門である必要はなく、機能的な側面からみて部門を設置する場合と同様の機能を備えていればよいとされています。

　各信用リスク管理部門の役割・責任に係る主なチェック項目は次のとおりです。

① 審査部門

　○与信先の財務状況、資金使途、返済財源等を的確に把握するととも

に、与信案件（シンジケート・ローン等）のリスク特性を踏まえて適切な審査・管理を行っているか。

○営業推進部門において、審査部門からの指示が適切に実行されているか検証しているか。

○営業推進部門が融資先の技術力・販売力・成長性等や事業そのものの採算性・将来性を重視し、担保や個人保証に依存しすぎないように周知徹底を図るとともに、検証しているか。

② 与信管理部門

○信用リスクを有する資産やオフ・バランス項目を含め、信用リスクを統合的に管理しているか。

○自行（庫・組）の信用リスク・プロファイルを踏まえ、管理対象とする信用リスクを特定しているか。

○信用格付等を用いて信用リスクの評価・計測を行っているか。

○クレジット・リミットの設定や与信集中リスクの管理等を通じて、信用リスクを適切にコントロールしているか。

○与信ポートフォリオの状況を適切に把握・管理するとともに、ポートフォリオの状況を定期的に取締役会等に報告しているか。

○信用格付の正確性や与信管理の適切性について検証するとともに、その検証結果を定期的に取締役会等に報告しているか。

③ 問題債権管理部門

○信用リスク管理規程に基づき、問題債権として管理が必要な債権を早期に把握する態勢を整備しているか。

○国際統一基準適用金融機関にあっては、問題債権を管理・回収する部門が専担の体制となっているか。なお、国内基準適用金融機関にあっても、専担の体制となっていることが望ましい。

○信用リスク管理規程に基づき、問題先の経営状況等を適切に把握・管理し、必要に応じて再建計画の策定指導や整理・回収を行っている

か。

○問題債権の状況について取締役会等が定めた報告事項を報告する態勢
を整備しているか。

また、各管理部門とも、金融円滑化管理責任者と適切に連携し、新規融
資や貸付条件の変更等の相談・申込みへの対応のうち、金融円滑化の趣旨
に照らして、不適切または不適切なおそれのあるものについて、適時適切
に情報を収集し、金融円滑化管理責任者に報告することが求められます。

(2) 経営陣やフロント部門へのフィードバック

リスク管理部門はこれまで技術的なリスク計測に主眼が置かれることが
多く、必ずしも経営陣やフロント部門に対し十分な発言権を持っていない
ことが多くありました。リスク管理部門は、フロント部門に対し実効的な
牽制機能を発揮するために、独立性を確保する一方で、フロント部門との
日常的なコミュニケーションを通じてビジネスを深く理解し、様々なリス
クシナリオでどのような影響が生じるかを分析し、経営陣やフロント部門
にフィードバックすることが求められます。

Q16

信用格付制度を整備するうえで留意すべき点は何ですか

 信用格付は、債務者の信用リスクの程度に応じ、債務者区分と整合的であり、正確かつ検証可能な客観性ある形で付与される必要があります。格付はタイムリーに見直され、債務者のマイナス情報を適宜反映できるものでなければなりません。

解 説

(1) 信用格付の果たす役割

チェックリストは、信用リスク管理部門の主要部門である与信管理部門に対して、直面する信用リスクを洗い出し、その結果明らかになったリスク・プロファイルを踏まえて、その金融機関が管理対象とするリスクを特定する役割を与え、さらに、金融機関の業務の規模・特性およびリスク・プロファイルに応じて、信用格付等を用いて信用リスクの評価・計測を行うことを求めています。

信用格付制度は、信用リスクを的確に評価・計測するためのツールとして、金融機関の業務の規模・特性およびリスク・プロファイルに照らして適切に整備すべきものとされています。その格付区分は信用リスク管理の観点から有意かつ整合的なものであることが必要であり、チェックリストは下記のようなチェックポイントを掲げています。

① 信用格付が、債務者の財務内容、格付機関による格付、信用調査機関の情報などに基づき、債務者の信用リスクの程度に応じて付与されてい

ること。

② 信用格付と債務者区分が整合的であること。

③ 信用格付が、正確かつ検証可能な客観性のある形で付与されていること。

④ 適切な有効期限を設ける等によって、適時に格付を見直す態勢となっていること。

⑤ 延滞の発生、資金繰りの悪化、業績の悪化、親会社等の支援の変化、大口販売先の倒産等の情報を、適時適切に信用格付に反映させる態勢となっていること。

ただし、中小・零細企業等である与信先の場合は、総じて景気の影響を受けやすく、一時的な要因により債務超過に陥りやすいといったその経営・財務面の特性を踏まえて、経営実態を総合的に勘案した信用格付を行うことが求められます。

(2) 信用格付制度の不備事例

国内基準適用金融機関（国内基準により自己資本比率を算定している金融機関）の場合は、新マニュアルでも信用格付制度の導入は「望ましいもの」にとどまり、義務づけられてはいません。格付制度未導入あるいは制度が整備途上にある金融機関も依然、存在します。そのような金融機関では、信用リスク管理態勢における格付区分と自己査定上の債務者区分が有意かつ整合的となっていないケースも考えられますが、その場合でも信用格付制度の実施状況が金融検査の対象外となるものではなく、信用リスク管理の妥当性、十分性を検証するために、格付制度導入実態を検査される可能性があります。

ちなみに、信用格付に関する金融検査における指摘事例としては、次のような事例がみられます。

① 与信管理部門は、信用格付の正確性について、業種特性に応じたスコ

アリング・モデルの補正を検討していないほか、業績悪化等の情報を適時に信用格付の見直しに反映させるための態勢を整備していない。このため、債務者において期中に急激な売上減少が認められているにもかかわらず、信用格付の見直しを行わなかったことから、旧格付により融資を実施し、その直後に経営破綻した事例。

② 信用格付について、所管部署は、業況低調先の今後の見通し等の定性判定に係る具体的な格付調整ルールを整備していないことから、連続赤字先に関し、黒字転換計画を検証しないまま高位の格付に据え置いている事例。

③ 信用格付の臨時見直しについて、与信管理部門は、信用格付制度において、債務者の資金繰りの状況や四半期開示情報における業績修正等の事項を格付の臨時見直し事由として規定していないうえ、本部の指示に基づく臨時見直しについて、営業部店における実施状況をフォローアップする仕組みを整備していないことから、営業店において資金繰りの状況が悪化している先や業績予想の下方修正した先に対し、適時・適切な臨時見直しが実施されていない事例。

④ 審査部門は、外部格付機関により一定以上の格付が付与された債務者について、一律に最上位格を付与している。この結果、実態的な財務内容等が信用格付に反映されるものとなっていない事例。

⑤ 定性評価に係る格付調整について、ランクアップのみを想定し、単体財務に現れないネガティブ要因等を勘案しておらず、グループ合算財務が単体財務より劣後する状況を信用格付に適切に反映していない事例。

⑥ 審査部門が、突発破綻先の検証において、債務者の業況の変化を踏まえた信用格付見直しの検討など、与信管理上の観点からの必要な分析を行っていない事例。

⑦ 与信管理部門が、信用格付の付与にあたり、恣意性を排除することを理由に、定性的情報に基づく調整を無配転落等の場合に限定している事例。

Q17

クレジット・リミットは、どのように管理すれば
よいですか

 「クレジット・リミット」とは、個々の与信先等に対する与信
額の上限のみならず、与信集中比率の上限や与信方針の再検討を
実施する際の基準となる与信額などを含む総称です。クレジッ
ト・リミットは、営業推進部門等から独立した与信管理部門が、
信用集中リスク管理と関連づけて一体で管理を行います。

解 説

(1) クレジット・リミットの意義

　与信管理部門は、クレジット・リミットの設定や与信集中リスクの管理
等を通じて、信用リスクを適切にコントロールすることが求められていま
す。

　「クレジット・リミット」は個々の与信先あるいは企業グループ等に対
する与信額の上限（与信限度額）だけを意味するものではなく、金融機関
の与信総額に占める当該与信先等への与信額の比率の上限（与信集中限
度）、与信方針の再検討を実施する際の基準となる与信額等の総称です。

　具体的な与信額上限等の設定や見直しの管理（クレジット・リミットの管
理）は、取締役会等の承認を得て定められた内部規程に従い、営業推進部
門等から独立した与信管理部門で行われることが原則です。すなわち、与
信管理部門は、クレジット・リミットを超えた際の与信管理部門（場合に
よっては取締役会等）への報告体制、権限、手続等を定めたクレジット・

リミットに係る内部規程や業務細則等を策定し、かつ、それらの規程に従い適切にクレジット・リミットの管理を行います。

(2) 信用集中リスク管理との連携

クレジット・リミット管理の目的は一部の与信先等に信用リスクが過度に集中することの回避にあり、信用集中リスク管理とは密接な関係があります。クレジット・リミットの適切な管理は、そのまま信用集中リスク管理の適切性につながり、両者は一体で運用されるべきものと考えられます。

その意味では、クレジット・リミットの設定は与信先単位だけで行われるのではなく、特定の業種、地域、商品等のリスク特性が相似した対象の与信へと、必要に応じて拡大適用されます。

(3) 他部門がクレジット・リミットの設定権限を有する場合

金融機関によっては、クレジット・リミットの全部または一部の設定権限を、与信管理部門以外の部門（たとえば営業推進部門や審査部門など）に与えている場合もあります。

そのような場合は、クレジット・リミットの総体的な管理権限が、それらの部門から独立した与信管理部門等にあり、十分な牽制機能が確保されていることが必要です。

金融検査の際は、その態勢が金融機関の規模や特性およびリスク・プロファイルに応じて十分に合理的であること、牽制機能に問題がないことなどが検証されることになります。

ちなみに、クレジット・リミットに関する金融検査における指摘事例としては、次のような事例がみられます。

① クレジット・リミットについては、自己資本や収益等の経営体力との比較に基づき設定されていないほか、同リミットを超過する先が増加し

ているなかにあって、同リミットを超過した場合の対応方針が定められていない事例。

② クレジット・リミットの増枠等について、融資審査会において審議・承認することとしているが、債務者の財務内容や資金使途等の実態把握が不十分なまま、安易にクレジット・リミットの増枠を承認しているほか、赤字補填資金であるにもかかわらず、クレジット・リミットを超過した貸出実行を承認している事例。

③ 融資部門が、大口与信先に対する取引方針および取引方針枠の設定にあたり、現状の与信残高に当面の資金需要を見込んで設定するなど、個社の特性を十分に把握・認識したうえで適切に設定することとしていない事例。

④ 業種集中リスクの管理について、常務会は、リスク統括部門が不動産業についてクレジット・リミットの設定に係る検討を行うことを承認している。しかしながら、常務会はその後の検討状況の確認を行っていないほか、業種集中リスクが顕在化した場合に当行に及ぼす影響を把握するためのシミュレーション等を行うよう同統括部門へ指示していない事例。

⑤ リスク管理委員会は、大口与信比率が上昇傾向にあるなか、現行の与信集中リスク管理手法に問題がないかどうかについての洗出しには着手しておらず、クレジット・リミットを個社別に設定する必要がないかどうかなど、大口与信先に対する与信集中の抑制に向けた具体策の検討を行っていない事例。

⑥ リスク管理委員会が、与信限度額を設定するにあたり、信用格付、未保全額および与信限度額の当行の自己資本や期間損益に対する割合を勘案していない事例。

「信用集中リスク」は、どのように管理すればよいですか

 「信用集中リスク」は、与信管理部門による信用リスクのコントロール手段として、たとえば、大口与信先、特定の業種や地域、商品等リスク特性が相似したグループを対象に、ポートフォリオ状況を適切に把握・管理することにより実施されます。

解 説

(1) 信用集中リスク管理の意義

　わが国の金融危機において、破綻した多くの金融機関が業種や個社や特定の資産価格に関する集中リスクを抱えていたように、特定のセクターや企業（グループ）への与信集中は金融機関の健全性を毀損しうる大きな要因であり、その適切な管理は経営上の重要課題です。他方、特定の地域経済に密着して活動している地域銀行では、当該地域における経済・産業構造を反映して特定のセクターに与信が集中する場合があることは、やむをえない部分もあります。そこで、与信管理部門は、クレジット・リミットの設定や与信集中リスクの管理等を通じて、信用リスクを適切にコントロールしなければなりません。与信ポートフォリオの状況（特定の業種または特定の企業グループ等に対する信用集中の状況）を適切に把握し管理することは、信用リスク管理の効果的なツールと考えられます。

(2) 信用集中リスク管理の方法

　与信管理部門による信用集中リスク管理は、次の点に留意して行う必要があります。

　まず、特定の企業や企業グループに対する与信の集中状況をチェックします。金融機関の経営に大きな影響を及ぼす可能性がある大口与信先を合理的な基準によって抽出・把握し、その信用状況や財務状況について継続的にモニタリングを行い、個別に管理する態勢を構築する必要があります。かかる大口先の抽出・把握は関連企業等を含めた企業グループ単位で総体的に行うものとされています。取締役会等は自ら大口与信先を的確に把握し、その信用リスク管理を主体的に行わなければなりません。

　さらに、特定の業種、地域、商品等のリスク特性が相似した対象への与信は、たとえば、それぞれのポートフォリオのクレジット・リミットの設定や債権流動化等による信用リスクの分散化によって、信用集中リスクを適切に管理することが必要です。

　そして、ポートフォリオの状況を含む信用集中の状況は、定期的に取締役会等に報告されなければなりません。

　ちなみに、信用集中リスクに関する金融検査における指摘事例としては、①「信用リスク管理規程において、特定業種への与信集中を管理・抑制することとしているにもかかわらず、特定業種に対する与信残高を把握していないほか、業種偏重を抑制・改善するための方法が定められていない」、②「経営陣は、信用リスク管理方針において、特定業種への与信集中の排除に取り組むこととし、特定業種に対する与信制限比率を定めているが、収益確保を優先するあまり、自ら設定した制限比率の緩和を繰り返し、特定業種向け与信を急増させている」、③「与信管理部門が、与信集中リスク管理を行うこととしている対象業種のうち、一部の業種を、ストレス・テストの対象としていない」、④「取締役会が、大口与信集中の是正のために将来的に大口与信比率をどの程度の水準としていくかといった

与信ポートフォリオの運営方針を明確にしていない」、などの指摘がみられます。

(3) モニタリング結果

　金融庁では、信用集中リスクに係るモニタリングを踏まえた課題として、以下の点を指摘しています（金融モニタリングレポート（2015年7月））。

① 　個別与信管理とポートフォリオ管理との間に牽制を効かせるなど、基本方針の遵守を担保とするための体制整備が、十分に図られていない先が多数確認された。

② 　地域における経済・産業構造を反映して特定のセクターに与信を集中せざるをえない経営環境にある先のなかには、基本方針に単に「与信集中リスクの排除」等の抽象的な記載を行うのみで、実際に生じている与信集中リスクの評価や制御について十分に検討を行っていない先が少なからず確認された。

③ 　ストレス・テストについては、ストレス事象で変動したリスク量とストレス前の自己資本を比較するにとどまり、ストレス事象で変動する予想損失額や期間損益、自己資本、あるいは自己資本比率等を把握せず、これらを多面的に分析していない先が多数確認された。

Q19

問題債権は、どのように管理すればよいですか

問題債権の管理では、専担の管理部門を設置し、信用リスク管理規程に基づいて問題債権としての管理が必要な債権を早期に把握して管理下に置き、問題先の経営状況等を適切に把握・管理することが必要です。その際は、延滞発生原因の把握・分析を行うとともに、債務者の再生の可能性を検討し、必要に応じて再建計画等の策定支援を行う一方、問題債権をオフ・バランス化する際は、信用リスクの完全な切離しを行うことが求められます。

解 説

⑴ 「問題債権の管理部門」の設置と役割

チェックリストでは「問題債権の管理部門」を信用リスク管理部門の主要な一部門と位置づけ、その役割・責任につき下記のように記載しています。

① 問題債権が金融機関の経営の健全性に与える影響を認識し、信用リスク管理規程に基づき、問題債権として管理が必要な債権を早期に把握する態勢を整備すること。

ここでは、自己資本の算定に係る国際統一基準適用金融機関は問題債権の管理・回収の専担部門の設置が義務づけられており、国内基準適用金融機関も同部門の設置が望ましいとされています。

② 信用リスク管理規程に基づき、問題先の経営状況等を適切に把握・管理し、必要に応じて再建計画等の策定の指導や債権の整理・回収を行う

こと。

③　問題債権の状況につき、取締役会等が定めた報告事項を報告する態勢
を整えること。

(2)　問題債権の管理における留意点

金融検査でチェックすべき個別の問題点として以下のような点をあげて
います。

①　問題債権を管理する際は債務者の再生可能性を適切に見極め、再生可
能な債務者の場合は極力再生の方向で取り組むこと。その際は、必要に
応じて会社分割、DES、DDS、企業再生ファンド等を活用した市場に
評価される再建計画の策定に努め、「私的整理に関するガイドライン」
に沿った手続や法的整理手続による速やかな対応を実施する態勢を構築
すること。

　問題先債務者の再生可能性の検討義務を強調し、具体的な再建手段に
まで言及している点が従前と大きく異なります。

②　延滞が発生した債務者について、延滞発生原因の把握・分析を行い、
適時に相談・助言を行うなどにより延滞長期化の未然防止に取り組むこ
と。

③　問題債権を売却・流動化（証券化）することによりオフ・バランス化
する場合は、信用補完等により実質的に当該債権の信用リスクを負担し
続けることなく、その信用リスクが明確に切り離されることを確認・検
証できる態勢となっていること。また、問題債権の売却・流動化の際
は、原債務者の保護に配慮し、債務者等を圧迫しまたはその生活や業務
の平穏を害するような者に対して譲渡しない態勢を整備すること。

　問題債権のオフ・バランス化の促進に言及しつつ、一方で債務者保護へ
の配慮を促している点が特徴的といえるでしょう。

　ちなみに、問題債権の管理に関し、金融検査における指摘としては、次

のような事例がみられます。

① 長期間にわたり破綻懸念先にとどまっている債務者が多数認められるが、多額の保全不足から管理費用が増加している状況にもかかわらず実態に応じた具体的な対応策が講じられていない事例。

② 問題債権の管理について、常務会等は、債権管理部門および営業店に対し、業況不芳先への期中管理や業況の変化した債務者の実態把握への具体的な指示を行っていない。このため、債権管理部門および営業店において、非保全額が多額な業況不芳先に対し新規融資を実行するにあたり、資金繰り表の徴求や返済財源の確保に向けた取組みが不十分な事例のほか、事業休止を検討している債務者について、事業休止後の返済財源の入金状況を確認していない事例。

Q20

住宅ローンのリスク特性、管理態勢のあり方について説明してください

　住宅ローンには、①融資実行後一定期間経過後にデフォルト率がピークを迎えるシーズニング効果、②期限前返済により金融機関の将来キャッシュフローが変化する期限前返済リスク、③超長期商品であるがゆえに債務者の信用リスクが変化しやすい一方、ローン実行後のモニタリングがむずかしいことに伴う信用リスクなど、特有のリスクがあります。貸出競争の激化に伴い住宅ローンの採算性が悪化していることに加え、家計の債務返済能力が徐々に悪化する方向にあり、住宅ローン特有のリスクを踏まえた収益管理・リスク管理が重要な経営課題になっています。住宅ローンを安定的な収益源とするためにも、①シーズニング効果を考慮した貸倒率の推計、②繰上返済を勘案した収益性評価、生涯収益の把握、③生涯収益の予測結果に基づく商品設計・金利設定の見直し、④途上与信管理の強化、⑤経営陣を含めた取組態勢の整備等が必要です。

解　説

⑴　住宅ローンをめぐる環境と当局の視点

　住宅ローンは、近年、金融機関間の新規獲得競争が激化しており、金利優遇の拡大が一段と進むなど、貸出利ざやの縮小幅が信用コストの低下幅を上回る状況が続いています。

さらに、雇用・所得環境の厳しさを背景に、家計の債務返済能力は悪化（注）する方向にあり、住宅ローンの収益管理・リスク管理が重要な経営課題となっています。

（注）　日本銀行「金融システムレポート2015年4月号」によれば、新規住宅ローン実行時におけるDTI比率（年間元利金支払額の年収に対する割合）の中央値は緩やかに上昇しつつあることに加え、DTI比率が高い住宅ローンの割合も増加しているとしています。また、DTI比率が30％を上回ると、デフォルト率が急上昇する関係が観察されたとしています。

　こうした現状を踏まえ、金融庁では、住宅ローンに係る今後の課題として以下の点を指摘しています（金融モニタリングレポート（2015年7月））。

・自行の収益構造や経費構造を精緻に反映した収益管理態勢を構築し、中長期的な銀行経営の観点から、現在の住宅ローンに係るビジネスモデルの妥当性・持続可能性について、一段の考察を加えることが重要である。

・金利が上昇に転じれば、固定金利の住宅ローン比率が高い一部の銀行では、調達コストの上昇に伴う収益の悪化につながる可能性も否定できない。逆に、変動金利の住宅ローン比率が高い一部の銀行では、高DTI層の顧客のデフォルトが増加し、与信費用が増大する可能性が考えられる。こうした可能性を勘案すれば、自行の資産負債構成や潜在的なリスクの状況を踏まえ、様々な顧客セグメント別のリスク分析を実施したうえで、ヘッジオペレーションを含む適切なALM運営や、顧客属性別の信用リスク管理の強化を図っていくことが極めて重要である。

(2)　**住宅ローンのリスク特性**

　住宅ローンには、法人向け貸出と異なる、以下のような特有のリスクがあります（代表的なリスクを紹介します）。

①　シーズニング効果

　　住宅ローンのデフォルト率は、融資実行当初は低く、その後一定期間

経過後にピークを迎え（デフォルト率のピークは短期化傾向にあり、最近では5年程度経過後にピークを迎えるといわれています）、その後低下をする特徴があります。このような特徴の背景としては、①融資実行当初は債務者の返済意欲が高いこと、②その後時間の経過とともに返済計画の前提に変化が生じ、無理をして借入を行った債務者のデフォルトリスクが徐々に顕現化すること、③10年程度を過ぎると、ローン元本の返済が進んでおり、債務者のローン完済意欲が増すことから、デフォルト率は徐々に低下すること、があげられます（日本銀行「住宅ローンのリスク管理」（平成19年3月））。

② 期限前返済リスク

　住宅ローンの場合、いつでも住宅ローン債務の一部または全部を期限前に返済することが可能であるため、金融機関の将来の期待キャッシュフローに変化が生じるとともに、想定外の運用損益が発生するリスクがあります。住宅金融支援機構の調査によりますと、民間住宅ローンの新規貸出約定時の貸出期間は25〜30年の比率が最も高いのに対し、実際に完済された住宅ローンの借入時からの経過期間は10年以下の割合が最も高く、期限前返済がかなりの程度行われていることがうかがえます。

③ 信用リスク

　住宅ローンは、融資期間が長いため債務者の信用リスクが変化（属性、返済負担、ライフサイクルの変化等）しやすい一方、債務者情報が少ないことに加え、ローン実行後のモニタリングが容易ではないという問題があり、法人向け貸出以上に信用リスク管理がむずかしい商品です。

(3) 住宅ローンの管理態勢の整備

　住宅ローンを安定的な収益源とするためには、住宅ローン特有のリスクや超長期の商品であることを踏まえた適切な収益管理・リスク管理が必要です。そのためには、データの蓄積を通じた、①経過期間要因（シーズニ

ング効果）を考慮した貸倒率の推計、②将来にわたって低金利環境が継続した場合や金利が急騰した場合に、リスク・収益両面で生じる自行ポートフォリオへの影響度分析、③生涯収益モデルによる収益の期間構造分析、損益分岐点分析に加え、④生涯収益の予測結果に基づく商品設計・金利設定の見直し、⑤途上与信管理の強化（債務者・ポートフォリオ別の信用状況の継続的なモニタリング等）、⑥経営陣を含めた取組態勢の整備（特に、ミドル部門における牽制態勢が重要）等が必要です。

　ちなみに、住宅ローンの商品性等を踏まえたリスク管理態勢の整備に係る評価事例として、以下の事例があります。

・「取締役会は、住宅ローンの収益分析について、経営管理部門およびリスク統括部門に、プリペイメント・リスクを踏まえた収益シミュレーション等を定期的・継続的に実施させている。

　　具体的には、両部門は、新規実行・固定金利型住宅ローンの残存返済額とスコアリング審査システムデータをマッチングし、実行年度別にプリペイメント・リスクを加味した「信用ランク別」、「商品別」の今後10年間の平均収益率のシミュレーションを実施しているほか、今後3年間の住宅ローン資金利益シミュレーションや10年固定金利型住宅ローンの損益分岐レートの試算による逆鞘リスクなどの金利リスク分析を実施している」（金融検査結果事例集（平成23検査事務年度前期版））

・「住宅ローン関連部署は、同ローンのリスク管理について、審査モデルと生涯収益モデルを活用し、信用リスクに応じたきめ細かいリスクプライシング（保証料設定）を導入するとともに、ポートフォリオの質が維持されていることを確認するために定期的にポートフォリオの構成をモニタリングしている。また、同関連部署は、入口審査の精度を維持するために定期的に審査モデルを検証し、必要に応じてモデルの改修を行うこととしている。こうした取組みの結果、ポートフォリオの質が維持されるとともに、延滞率および代位弁済率ともにそれぞれ低下している実

態が認められる」（金融検査結果事例集（平成25事務年度版））

・「将来にわたって低金利環境が継続した場合や金利が急騰した場合にリ
スク・収益両面で生じる自行ポートフォリオへの影響度分析、生涯収益
モデルによる収益の期間構造分析、損益分岐点分析等、様々な分析が行
われている」（金融モニタリングレポート（2015年7月））

Q21

アパートローンのリスク特性、管理態勢のあり方について説明してください

A アパートローンは、サブリース会社との間で締結しているサブリース契約（一括借上げ契約）に伴うリスクがあることに加え、入居率の低下から収支状況が悪化し、融資実行後数年の間に正常先からランクダウンするケースも増加しています。そのため、①アパートローンのリスク特性に即した審査基準（入居率と収支見通し、定期的なメンテナンスの必要性等を踏まえた返済能力の検証等）の整備、②サブリース契約に基づく収入状況の確認等の途上与信管理、③ポートフォリオ管理（物件タイプ別の延滞額・空室率の把握、所在地別・不動産業者等別管理等）の強化が必要です。

解 説

(1) アパートローンをめぐる環境と当局の視点

① アパートローンの取組みの実態

アパートローンは、融資規模が大きいことに加え、不動産会社による一括借上げ物件が増加していることなどにより、積極的に推進している金融機関が多くみられます。こうした状況下、入居率や収支状況の見通しが甘いまま、またサブリース会社との間で締結しているサブリース契約に伴うリスクを十分認識しないまま融資を実行し、その後の入居率の低下や修繕工事の発生により債務者の収支状況が悪化し、貸付条件の変更や正常先からランクダウンするケースが増加しています。また、借り

手の収入や保有資産等の属性でみた信用力に拡がりが出てくるもとで、物件の将来キャッシュフロー計画の妥当性審査や中間管理が必ずしも十分ではない事例もみられます。

こうした現状を踏まえ、金融庁は「平成24検査事務年度金融検査結果事例集（前期版）」において、「審査部門が、アパートローンについて、債務者（アパート経営者）が不動産会社との間で締結しているサブリース契約に伴うリスクを十分に認識していない等の事例」や「営業店において、アパートローンの対象物件について、サブリース業者による家賃保証契約の履行状況を把握していない等の事例」を掲載しました。

また、金融庁では平成28事務年度金融行政方針において、「長短金利の低下が継続するなかで、金融機関には海外向け貸出や外貨建て資産運用、長期債への投資、不動産向け与信（アパートローンを含む）を増加させる等の動きがみられる。こうした動きが、金利の上昇等経済・市場環境が変化した際に、金融機関の健全性に悪影響を及ぼさないか検証する。そのうえで、外部環境の変化に対して機動的に対応可能な経営管理・リスク管理ができているか、また、収益・リスク・資本のバランスという面から適切なリスクテイク戦略となっているか等の観点を踏まえ、経営管理・リスク管理態勢について金融機関と深度ある対話を行っていく」こととしています。こうした方針を踏まえ、金融庁では平成28事務年度において、地域銀行におけるアパートローンの取組みの実態について、以下の点を中心に調査しました。

(a) 物件収支による返済能力をどのように評価しているのか。

(b) 将来の空室リスクおよび家賃変動リスクを借り手にどのように理解してもらっているのか。

(c) 見込収支と実態収支の差、返済状況、リスケジュールの状況はどうなっているのか。

(d) 本業が必ずしも好調でないため、本業を補うために賃貸経営を行っ

ている事業者もいることから、不動産業以外の事業者（建設業者等）
への賃貸物件建設資金がどのように貸し出されているのか。

　また、日本銀行では、考査・モニタリングにおいて右表の点を確認
し、必要な改善を促すこととしています（金融システムレポート別冊「地
域金融機関の貸家業向け貸出と与信管理の課題」(2016年3月))。

② 　顧客本位の業務運営の視点

　アパートローンの貸出案件は、不動産業者等による持ち込み案件が大
宗を占めていることもあり、賃貸業の運営知識に乏しい借り手のオー
ナーにおいては、こうした業者から説明を受けるはずの空室発生のリス
クや賃料低下のリスクについて十分理解していないことが多いのが実情
です。そのため、資金需要に応じるファイナンスという観点だけではな
く、将来的な賃貸物件の需要見込み、金利上昇、空室リスクや賃料低下
リスクなどについて、融資審査の際に適切に評価し、それに基づいてわ
かりやすく借り手にアドバイスすることは、顧客本位の業務運営の観点
からも必要です。

⑵ 　**与信管理上の課題**

　日本銀行では、地域金融機関に対するアンケート調査結果を踏まえ、ア
パートローンに係る与信管理上の課題として以下の点を指摘しています
（上記金融システムレポート別冊）。

① 　入口審査

　収支シミュレーションにおいて、(a)賃料収入を長期間ほぼ一定として
いるケース、(b)大規模修繕費用を考慮している場合でも、シミュレー
ションの対象期間が短い結果、融資期間後半における同費用の発生可能
性が織り込まれていないケースなど、ストレス水準が必ずしも十分でな
いケースがみられるとしています。また、いわゆるサブリース物件につ
いて、不動産管理会社による借上げ期間中、賃料収入を一定とする先も

貸家業向け貸出に係る与信管理上の主な着眼点

項　目		主な確認・分析・検討事項
入口審査	収支シミュレーション　収入項目	物件所在地における経年別家賃相場・入居実績や、先行きの人口・世帯推計を踏まえた家賃・空室率の検討・設定
	支出項目	運営費用（委託管理費、管理費、修繕費、大規模修繕費用等）、固定費用（税金、保険料）等の検討・設定
	キャッシュフロー分析	融資期間に応じたキャッシュフローの安定性分析（DSCRの確認等）、ストレス事象（収入の減少、金利上昇率等）を前提としたリスク評価
	物件価額評価	上記の収支シミュレーションに基づくキャッシュフローをキャップレート（当該物件に対する期待利回り）で割った割引現在価値等による評価
	事業主評価	事業主の非賃料収入や他の保有資産の確認
	融資金額・期間の決定	上記分析結果をもとに、案件採り上げの可否のほか、採り上げ条件（自己資金の投入要否や融資期間）を決定
中間管理	物件の稼働状況の確認	家賃水準、入居率、賃料収入の確認
	事業主の財務状況等の確認	大規模修繕費用の積立状況、事業者の非賃料収入や他の保有資産の確認
	事業主支援	計画未達時の支援体制の整備
	ポートフォリオ・ベースのデータ整備・分析	物件所在地、建築年月、耐用年数、入居率、賃料収入、家賃保証の有無、延滞率、DSCR、LTV等の確認
	ポートフォリオ・ベースの分析結果の活用	収支シミュレーションにおけるストレス水準の調整、案件採り上げ基準の変更

みられるが、家賃保証の対象期間等契約内容を精査のうえ、適切なスト
レス水準を確保する必要があるとしています。

② 中間管理

　貸家業向け貸出をポートフォリオ・ベースでとらえ、デフォルト率や
収益性など質的な面から定期的に分析・管理を行っているか、という点
に関しては総じて実施先は限定的であるとしています。また、分析結果
を活用し、入口審査基準の所見の見直しを行うなど、貸出運営に反映さ
れている先も一部にとどまっているとしています。

(3) アパートローンのリスク特性

① 入居率低下リスク

　アパートの賃料収入は入居率によって変動するため、収支状況の見通
しを踏まえた債務者の返済能力の検証がむずかしいという問題がありま
す。入居率は、地域や立地条件によって大きく変動するとともに、経年
劣化により急減しやすいため、定期的なメンテナンスが不可欠であるこ
とに留意してください。

② サブリース契約に伴うリスク

　最近、債務者（アパート経営者）がサブリース会社との間でサブリー
ス契約を締結するケースが増えています。サブリース契約とは、一括借
上げ制度のことであり、入居状況にかかわらず一定の家賃を保証する制
度です。しかしながら、サブリース契約には以下のようなリスクがあり
ます。

(a) 賃料減額請求リスク

　入居率や経済状況の変動等により、サブリース会社が債務者へ支払
う借上げ賃料を減額する場合があり、こうした場合には、債務者の債
務償還能力に影響が生じることになります。

　そもそも借地借家法32条１項（借賃増減請求権）は強行法規である

ため、サブリース契約上、賃料減額規定の有無にかかわらず、サブリース会社は借上げ賃料を減額することが可能です。最高裁判例でも、「借地借家法第32条1項の規定は、強行法規であって、本件賃料自動増額特約によってもその適用を排除することができないものであるから、（中略）直ちに上記規定に基づく賃料増減額請求権の行使が妨げられるものではない」「減額請求の当否及び相当賃料額を判断するに当たっては、賃貸借契約の当事者が賃料額決定の要素とした事情その他諸般の事情を総合的に考慮すべきであり、本件契約において賃料額が決定されるに至った経緯や賃料自動増額特約が付されるに至った事情、とりわけ、当該約定賃料額と当時の近傍同種の建物の賃料相場との関係等をも十分に考慮すべきである」（以上、「賃料相当額確認請求反訴事件」（平成15年10月21日））と賃料減額請求を認めています。

(b)　その他のリスク

　　さらに、サブリース契約には、①借上げ家賃は相場より低い、②免責期間（家賃を保証しない期間（通常1～6カ月））の設定、③契約期間は2年ごとの更新（サブリース会社は更新拒否可能）、④中途解約が可能、⑤サブリース会社の破綻等のリスクがあります。

(4)　アパートローンのリスク管理態勢の整備

上記のアパートローンのリスク特性を踏まえ、以下のようなリスク管理態勢の整備が必要です。

①　構造的なリスク要因の検討

　　アパート経営においては、家賃による返済が中心となるため、家賃相場の動向や空室リスクを賃貸業務が継続する中長期にわたり、どのように判断するかがポイントとなります。このため、地域における人口減少、企業等の撤退による人口構造の変化、地域経済や雇用の今後の展開、業界の競争状況、不動産価格の下落リスク等を検討することが必要

です。

② 審査基準の整備

　立地条件や収益物件の検証を踏まえた入居率（周辺の家賃設定・空室状況等の確認）、収支計画の把握・分析、サブリース契約の有無および契約内容のチェック、定期的なメンテナンスの必要性等を踏まえた返済能力の検証等に係る審査基準を整備することが必要です。

　また、収支計画の検証にあたっては、先行きの家賃収入（入居率×家賃水準）や貸出金利に一定のストレスを負荷しつつ、大規模修繕費用等も勘案した収支シミュレーションを実施することが有効です。

③ モニタリング（途上与信管理）の徹底

　入居状況や賃料収入の変化、サブリース契約に基づく収入状況等を確認することが必要です。そして計画との乖離がある場合は、その事由を分析したうえで、事業主に対する収支改善支援、入口審査基準の調整等、所要の対応を講じていくことが必要です。

④ ポートフォリオ管理

　(ⅰ)物件タイプ（ワンルームやファミリータイプ別）の延滞額・空室率等の把握、(ⅱ)物件の所在地別の延滞額・空室率等の把握、(ⅲ)不動産業者や建設業者別の延滞額・空室率等の把握、(ⅳ)一括借上げ物件の延滞額・空室率等の把握、(ⅴ)ローン全体の残存年数の把握等のポートフォリオ管理が必要です。

シンジケート・ローンに参加する場合の留意点は何ですか

シンジケート・ローンに対する与信方針および審査基準を定め、当該方針・基準に基づき、債務者について適切に実態を把握し融資判断を行うことが必要です。また、融資実行後の与信管理をアレンジャー任せにせず、自らが与信管理を行うために必要な情報の入手に努めるとともに、債務者のコベナンツの遵守状況等を適切に把握・管理することが必要です。

解 説

(1) 金融検査における指摘事例

金融検査における指摘事例としては、次のような事例がみられます。

① シンジケート・ローンに係る審査管理について、明確な審査基準がないことに加え、債務者の実態把握が不十分なことなどから、短期間で実質破綻先になっている事例。

② シンジケート・ローンに対する与信管理等について、取組方針に定める与信限度額や期間を超過している事例や、債務者のコベナンツの遵守状況等の把握がアレンジャー任せとなっている事例。

③ シンジケート・ローンに係るコベナンツ管理について、内部監査において多数の不備を指摘されているにもかかわらず、アレンジャーとして債務者の資産の大幅な減少に関し、原因を解明していないほか、コベナンツ抵触時に、信用格付の適時適切な見直しを行っていない事

例。

④ コベナンツ条項に抵触した与信先に対する適時の企業審査や自己査定の見直しが行われていないほか、与信先に係る開示資料の検証が行われていない事例。

(2) シンジケート・ローン参加時の留意点

債務者評価をアレンジャーやエージェント任せにせず、通常のローン同様、債務者の財務状況、資金使途、返済財源等を的確に把握するとともに、与信案件のリスク特性を踏まえて適切な審査および管理を行うことが必要です。そのためにも、与信限度額等を定めた与信方針や明確な審査基準を定めることが必要です。

なお、債務者評価にあたっては、過度に外部格付に依存することなく、自らが債務者を適切に評価し、実態を把握する姿勢が大切です。

(3) 与信管理時の留意点

アレンジャーおよびエージェントの責任範囲、およびリターンやコベナンツ等の融資条件を契約上で確認したうえで、与信実行後の与信管理ルールを定めることが必要です。

また、コベナンツの遵守状況等の把握をアレンジャー任せにせず、自ら管理するとともに、コベナンツ違反や延滞発生時における自行（庫・組）の対応方針を明確化するなど、参加金融機関自身が適切なリスク管理態勢を整備することが必要です。

なお、「金融円滑化のための新たな対応について」（平成21年3月10日金融庁）で要請されているように、コベナンツに抵触した場合であっても、借り手企業の経営実態や再建可能性について十分検討することなく、直ちに債務償還等を要求することのないよう、また、コベナンツの変更・猶予に関する企業からの相談には迅速かつ真摯に対応することが必要です。

自己資本比率規制上の信用リスク管理とは、どのようなものですか

　マニュアルのチェックリストでは、自己資本比率規制上の信用リスク管理態勢について検査ポイントの内容が記載され、さらに、標準的手法、内部格付手法別の詳細な検証リストが「別紙」として提示されています。

解説

　マニュアルのチェックリストでは、自己資本比率規制に係る信用リスク管理態勢が、チェック項目として取り上げられています。

　すなわち、金融機関が「標準的手法」と「内部格付手法」のいずれを採用しているかによって、それぞれ管理態勢の適切さを検証すべきものとされています。検証内容の詳細は、チェックリストの別紙として「標準的手法の検証項目チェックリスト」および「内部格付手法の検証項目チェックリスト」が添付されていますが、その概要は下記のとおりです。

　なお、バーゼルⅢでは、自己資本の質の向上を図ることを主たる目的としており、改正点の多くが自己資本（分子）に係るものとなっています。信用リスクに関する改正点としては、デリバティブ取引に対するリスク捕捉の強化の観点から、デリバティブ取引に係る信用評価調整（CVA）リスク相当額を信用リスク・アセットに加えることとしています。

(1) 標準的手法採用金融機関の場合

① 外部格付の取扱い

リスク・ウェイトの判定にあたっては、あらかじめ、適格格付機関の格付またはカントリー・リスク・スコアの使用基準を設け、それを適切に用いていること。

② リスク・ウェイトの適用

エクスポージャーが適切に区分され、その区分に応じたリスク・ウェイトが適用されていること。また、オフ・バランス取引、派生商品取引および長期決済期間取引の与信相当額について適切に算出されていること。

③ 信用リスク削減方法の利用

信用リスク削減方法を用いている場合に、適格金融資産担保が用いられていること。貸出金と自行（庫・組）預金を相殺する場合、あるいは保証またはクレジット・デリバティブを信用リスク削減手法として用いている場合には、それらが適切に用いられていること。

④ 証券化エクスポージャーの取扱い

証券化エクスポージャーのうち、自己資本控除とすべき無格付部分は自己資本から控除されていること。

⑤ CVAリスクの算出

派生商品取引（中央清算機関等を取引相手方とする派生商品取引を除く）に係るCVAリスク相当額が算出されていること。

(2) 内部格付手法採用金融機関の場合

① 内部統制

取締役会等、信用リスク管理部署および監査部署が、内部格付手法を用いて自己資本比率を算出するにあたって求められる役割と責任を果たしていること。

② 信用リスク・アセット額の算出

　リスク・アセット区分に応じて適切に信用リスク・アセットが算出されていること。

③ 内部格付制度の設計

　事業法人向けエクスポージャーについて、債務者格付と案件格付からなる内部格付制度を設けていること。

　リテール向けエクスポージャーについて、債務者およびエクスポージャーに係る取引のリスクに基づく、それらの特性を考慮した内部格付制度を設けていること。

　同様のリスクを有する債務者およびエクスポージャーに対して一貫して同一の格付を付与し、または同一のプールに割り当てることを可能とするように、同一の格付および同一のプールの定義および基準を十分詳細に規定していること。

　債務者およびエクスポージャーの種類により、異なる格付の基準およびプールへの割当の基準ならびに格付の付与およびプールへの割当の手続を適用する場合、不整合な点がないよう監視するとともに、一貫性を向上させるよう適時に格付基準を変更していること。

④ 内部格付制度の運用

　事業法人向けエクスポージャーについて、年1回以上債務者格付および案件格付を見直すこと。また、リテール向けエクスポージャーについて、年1回以上の割合でプールの損失特性および延滞状況を見直すこと。事業法人向けエクスポージャーおよびリテール向けエクスポージャーに関するデータを適切に保存していること。

　自己資本の充実度を評価するためのストレス・テスト、および少なくとも緩やかな景気後退のシナリオの効果を考慮した有意義かつ適度に保守的な信用リスクのストレス・テストを、定期的に実施していること。

⑤ 格付の利用

格付ならびにPD（デフォルト確率）およびLGD（デフォルト時損失率）は、与信審査、リスク管理、内部の資本配賦および内部統制において、重要な役割を果たすものとなっていること。また、自己資本比率算出のために使用するPDまたはLGDと前記与信審査等のために用いる推計値が相違する場合、信用リスク管理指針に当該相違点およびその理由が記載されていること。

⑥　リスクの定量化

　PD、LGDおよびEAD（デフォルト時エクスポージャー）を推計するにあたり、推計に関連するすべての重要かつ入手可能なデータ、情報および手法を用いていること。PD、LGDおよびEADの推計値を年1回以上見直していること。予測される推計に誤差が生ずることを考慮し、これらの数値を保守的に修正していること。

⑦　内部格付制度および推計値の検証

　事業法人向けエクスポージャーは債務者格付ごとに、リテール向けエクスポージャーはプールごとに、年1回以上定期的にパラメータの推計値と実績値を比較し、それぞれの乖離度合いが当該格付や当該プールについて想定された範囲内であることを検証していること。

⑧　証券化エクスポージャーの取扱い

　自己資本控除とされる証券化エクスポージャーおよび信用補完機能をもつI/Oストリップスが控除項目となっていること。証券化エクスポージャーの原資産に対して適用すべき信用リスク・アセットの計算方法が特定されていない場合、銀行がオリジネーターである場合は標準的手法、それ以外のときは外部格付準拠方式により証券化エクスポージャーの信用リスク・アセットの額を計算していること。

⑨　CVAリスクの算出

　派生商品取引（中央清算機関等を取引相手方とする派生商品取引を除く）に係るCVAリスク相当額が算出されていること。

Q24

信用リスク計測手法を用いる場合の留意点は何ですか

 　信用リスク計測手法によって信用リスク量を算出している場合には、①信用リスクの計測態勢の確立、②取締役等の適切な関与、③信用リスクの計測・検証、④信用リスク計測手法に関する記録、⑤監査という計測手法に係るPDCAサイクルが有効に機能していることが必要です。また、自己資本比率規制上の信用リスク管理に関しては、採用手法に応じた適切な態勢が整備されていることが必要です。

解説

「信用リスクの計測手法に係る検証項目」における主な検証項目は次のとおりです。

⑴ 信用リスク計測態勢の確立

① 信用リスク管理方針のもとで、信用リスク計測手法（モデル）の位置づけを明確に定めるとともに、信用リスク計測手法の特性（限界および弱点）および当該手法の妥当性や検証方法の内容などを把握したうえで運営しているか。

② 資本配賦運営を行っている場合、信用リスク計測手法で算出された結果を踏まえ、資本配賦運営の方針を策定しているか。

⑵ 取締役等の適切な関与

① 取締役は、信用リスク計測手法およびリスク限度枠またはリスク資本枠の決定が経営や財務内容に重大な影響を及ぼすことを理解しているか。

② 担当取締役は、当該金融機関の業務について必要とされる信用リスク計測手法を理解し、その特性（限界および弱点）を把握しているか。

③ 取締役は、信用リスク計測手法による信用リスク管理に積極的に関与しているか。

⑶ 信用リスクの計測・検証

① 信用リスク量を統一的な尺度で定量的に把握しているか。仮に、統一的な尺度で十分な把握・計測を行っていない信用リスクが存在している場合には、補完的な情報を用いているか。

② 信用リスク量の計測は、たとえば、VaR法等の合理的かつ客観的で精緻な方式を採用しているか。

③ 与信管理部門は、継続的な検証（バック・テスティング等）により、計測手法の妥当性を定期的に分析しているか。また、ストレス・シナリオに基づくストレス・テストにより、信用リスクのストレス状況を把握し、適切に活用しているか。

④ 信用リスク計測手法の開発から独立し、かつ十分な能力を有する者により、開発時点およびその後定期的に、信用リスク計測手法、前提条件等の妥当性について検証しているか。

⑤ 内部規程等に従って適切に信用リスク計測手法の管理を行っているか。

⑷ 信用リスク計測手法に関する記録

信用リスク計測手法、前提条件等を選択する際の検討過程および決定根

拠について、事後の検証や計測の精緻化・高度化のために必要な記録等を保存し、継承できる態勢を整備しているか。

(5) 監　　査

① 信用リスク計測手法の監査を網羅的にカバーする監査プログラムが整備されているか。

② 以下の項目について内部監査を行っているか。

○信用リスク計測手法と、戦略目標、業務の規模・特性およびリスク・プロファイルとの整合性

○信用リスク計測手法の特性（限界および弱点）を考慮した運営の適切性

○信用リスク計測手法に関する記録は適切に文書化され、遅滞なく更新されていること

○信用リスク管理プロセスにおける変更内容の計測手法への適切な反映

○信用リスク計測手法によってとらえられる計測対象範囲の妥当性

○経営陣向けの情報システムに遺漏がないこと

○信用リスク計測手法、前提条件等の妥当性

○信用リスク計測に利用されるデータの正確性および完全性

○継続的な検証（バック・テスティング等）のプロセスおよび結果の適正性

(6) 外部業者が開発した信用リスク計測モデル

①信用リスク計測態勢の適切性（担当者は計測手法に関する知識を十分もち、信用リスク計測のモデル化の過程について理解しているか等）、②信用リスク計測モデルの適正性（計測モデルにブラックボックスの部分はないか等）について検証しているほか、信用リスク計測モデルの開発業者を適切に管理（ユーザーに対するサポート体制が十分な開発業者を選定しているか等）し

ているか。

⑺　自己資本比率規制上の信用リスク管理態勢

採用手法に応じた適切な態勢が整備されているか（詳細はＱ23参照）。

ちなみに、信用リスク計測手法を用いている場合の金融検査における指摘事例としては、次のような事例がみられます。

① 　与信管理部門は、OTCデリバティブのカウンターパーティ・リスクをカレント・エクスポージャーとポテンシャル・エクスポージャー（以下、「PE」という）の合計値（クレジット・エクスポージャー）とし、これをローン等の与信額と合算したうえで与信枠管理（アラーム管理）や信用VaRの計測を行っている。しかしながら、同部門は、PE算出手法の正確性やパラメータ更新頻度の妥当性を検証していないことから、PE算出に使用するボラティリティについて最長1.5年の直近市況環境を反映していない。また、通貨別のボラティリティを考慮していないことなどから、与信額の長期にわたる過少評価や信用VaRの過少計測が認められる事例。

② 　審査部門は、当座貸越について、使用実績額をもとに信用リスク量を計測するにとどまり、空き枠を含む当座貸越枠全体や、推定される使用額等をもとにした信用リスク量の計測を行っていない。このため、同部門は、信用リスク量を過少計上しており、適切なリスク評価を行っていない事例。

2

資産査定管理態勢の
確認検査用チェックリスト

A 総 論

債権の分類方法について説明してください

　貸出金および貸出金に準ずる債権（貸付有価証券、外国為替、未収利息、未収金、貸出金に準ずる仮払金、支払承諾見返）の査定にあたっては、

① 原則として信用格付に基づき債務者区分を行ったうえで、

② 債権の資金使途等の内容を個別に検討し、分類対象外債権の有無を確認し、

③ 担保や保証等の状況を勘案のうえ、

④ 債権の回収の危険性または価値の毀損の危険性の度合いに応じて、

分類を行います。

　ただし、国、地方公共団体および被管理金融機関に対する債権については、回収の危険性または価値の毀損の危険性がないものとして債務者区分は要しないものとし、非分類債権とします。

　なお、プロジェクトファイナンスの債権については、回収の危

険性の度合いに応じてみなし債務者区分を付して分類を行います。

解 説

債権の査定にあたっては、その回収の危険性または価値の毀損の危険性の度合いに応じて、原則として以下の手順により分類します。

(1) 債務者区分

原則として信用格付に基づき、債務者の状況等により、債務者を「正常先」「要注意先」「破綻懸念先」「実質破綻先」「破綻先」に区分します。

債務者区分は、正確な資産査定を行ううえで最も重要かつ基本的な作業です。債務者区分が異なると、分類額や償却・引当額に影響を与えることになりますので、債務者の財務内容、資金繰り、収益力ならびに債務者に対する貸出条件および貸出金の延滞状況等により回収可能性を検討し、正確に債務者区分を行う必要があります。ただし、国、地方公共団体および被管理金融機関に対する債権については、回収の危険性または価値の毀損の危険性がないものとして債務者区分は要しないものとし、非分類債権とします。

なお、プロジェクトファイナンスの債権については、回収の危険性の度合いに応じてみなし債務者区分を付して分類を行います（Q93参照）。

(2) 分類対象外債権の算出

資金使途等の内容を個別に検討し、分類対象としない債権を算出します。

⑶　担保・保証による保全額の算出

　担保・保証について、その信用度や保証能力等に基づき優良担保・保証と一般担保・保証に区分し、担保については処分可能見込額を、保証については回収可能見込額を算出します。

⑷　分類額の算出

　債務者区分ごとに、分類対象外債権や担保・保証等の状況を勘案のうえ、分類額を算出します。

$$\boxed{分類額} = \boxed{債権総額} - (\boxed{分類対象外債権} + \boxed{優良担保・優良保証})$$

Q26

「信用格付」について説明してください

 　「信用格付」とは、債務者の信用リスクの程度に応じた格付を
いい、信用リスク管理のために不可欠のものであるとともに、正
確な自己査定および適正な償却・引当の基礎となるものです。
　また、信用格付は、少なくとも正常先、要注意先、破綻懸念
先、実質破綻先および破綻先の債務者区分に応じた段階になって
いるなど、債務者区分と整合的でなければなりません。

解　説

(1) 信用格付制度の意義

　信用格付制度とは、リスクに見合ったリターンの追求という観点から、
信用リスクをベースに債務者ごとおよび融資案件ごとにランクづけ（10段
階前後が一般的）する制度であり、信用リスク管理の手法として活用され
ています。また、信用格付制度は、信用リスクの定量的把握の基礎となる
もので、信用リスク管理の高度化を図るうえで必要不可欠のものであると
ともに、正確な自己査定および適正な償却・引当の基礎となるものです。

　信用格付制度を活用することにより、

① 　資産不良化の早期発見・早期対応

② 　信用リスクの程度に応じた貸出金利の設定

③ 　ローン・ポートフォリオ全体のリスク分散状況の把握

等が可能になります。

⑵　自己査定と信用格付制度との関係

　自己査定と信用格付との間には、考え方および手法に共通する点が多くみられます。特に、債務者を信用度合いに応じて区分する点では、自己査定における債務者区分と信用格付とは同じであるといえます。

　したがって、自己査定において債務者区分を行うことは、本質的に信用格付を行っていることであり、「金融検査マニュアル」において、原則として信用格付に基づき債務者区分を行うことを求めているのは、いわば当たり前のことといえます。ただし、信用格付と債務者区分の概念とが整合性のとれたものとなっていなければなりません。

　具体的には、たとえば、12段階の格付区分であれば、上位の1〜7段階を正常先とし、下位の8〜12段階までをそれぞれ要管理債権先以外の要注意先、要管理債権先、破綻懸念先、実質破綻先、破綻先に区分することが考えられます。

　なお、国内基準適用金融機関にあっては信用格付を行わず債務者区分を行ってもさしつかえありませんが、自己査定を正確かつ円滑に進めるためにも、信用格付を早急に導入し、信用リスク管理のなかで定着させる必要があります。

⑶　信用格付制度導入時の留意点

　信用格付は、債務者の財務内容、格付機関の格付、信用調査機関の情報などに基づき、合理的な格付になっていることが必要です。さらに、債務者の業況および今後の見通し、格付機関による当該債務者の格付の見直し、市場等における当該債務者の評価などに基づき、必要な見直しが定期的かつ必要に応じて行われるとともに、信用格付の正確性が監査部門により検証されていることが必要です。

　また、信用格付にあたっては、財務面の評価に基づく定量評価が中心になりますが、財務データに現れてこない定性的な要素を加味することが、

特に中小・零細企業を評価する場合には重要です。

　定性的な評価項目としては、経営者の経営力、個人資産額、経営体制、技術力、金融機関との取引実績等であり、このような定性要因を考慮しなければ、中小企業等の信用力を適切に評価できないことに留意する必要があります。

「債務者区分」「分類」について説明してください

　「債務者区分」とは、債務者の財務状況、資金繰り、収益力等により、返済能力を判定して、その状況等により債務者を正常先、要注意先、破綻懸念先、実質破綻先および破綻先に区分することをいいます。

　また、「分類」とは、自己査定において、回収の危険性または価値の毀損の危険性の度合いに応じて資産をⅡ、ⅢおよびⅣ分類に分けることをいい、Ⅱ、ⅢおよびⅣ分類としないこと（Ⅰ分類）を「非分類」といいます。

　債務者区分は、債務者の状況に着目して、債務者をその返済能力に応じて五つに区分することですが、分類は、債務者ではなく、個々の資産の状況に着目して、資金使途や担保・保証の状況等に基づき、資産を回収可能性の度合いに応じて四つに区分することです。したがって、たとえば破綻先債権であっても、同一債権中にⅠ分類からⅣ分類までの異なる分類債権が混在することもあります。

解　説

（1）　各債務者区分と各分類区分の定義

a　債務者区分

①　正　常　先

　正常先とは、業況が良好であり、かつ、財務内容にも特段の問題がな

いと認められる債務者をいいます。

② 要注意先

要注意先とは、貸出条件に問題がある債務者、履行状況に問題がある債務者のほか、業況が低調ないしは不安定な債務者または財務内容に問題がある債務者など、今後の管理に注意を要する債務者をいいます。

③ 破綻懸念先

破綻懸念先とは、現状、経営破綻の状況にはないが、経営難の状態にあり、経営改善計画等の進捗状況が芳しくなく、今後、経営破綻に陥る可能性が大きいと認められる債務者（金融機関等の支援継続中の債務者を含む）をいいます。

④ 実質破綻先

実質破綻先とは、法的・形式的な経営破綻の事実は発生していないものの、深刻な経営難の状態にあり、再建の見通しがない状況にあると認められるなど実質的に経営破綻に陥っている債務者をいいます。

⑤ 破　綻　先

破綻先とは、法的・形式的な経営破綻の事実が発生している債務者をいい、たとえば、破産、清算、会社更生、民事再生、手形交換所の取引停止処分等の事由により経営破綻に陥っている債務者をいいます。

b　分類区分

① Ⅰ分類（非分類）

Ⅰ分類とは、回収の危険性または価値の毀損の危険性について問題のない資産をいいます。

② Ⅱ　分　類

Ⅱ分類とは、債権確保上の諸条件が満足に満たされないため、あるいは、信用上疑義が存する等の理由により、その回収について通常の度合いを超える危険を含むと認められる資産をいいます。

③ Ⅲ　分　類

Ⅲ分類とは、最終の回収または価値について重大な懸念があり、した
がって、損失の発生の可能性が高いが、その損失額について合理的な推
計が困難な資産をいいます。

④　Ⅳ　分　類

　Ⅳ分類とは、回収不可能または無価値と判定される資産をいいます。

(2)　債務者区分と分類区分との関係

	正常な運転資金等	優良担保・保証分	その他の担保・保証分		その他（保全のない部分等）
			一般担保の処分可能見込額および一般保証による回収が可能と認められる部分（清算配当等により回収が可能と認められる部分を含む）	優良担保および一般担保の担保評価額と処分可能見込額との差額	
正常先	非分類	非分類	非分類		非分類
要注意先	非分類	非分類	非分類		非分類
			Ⅱ分類		Ⅱ分類
破綻懸念先	—	非分類	Ⅱ分類	Ⅲ分類	Ⅲ分類
実質破綻先	—	非分類	Ⅱ分類	Ⅲ分類	Ⅳ分類
破綻先	—	非分類	Ⅱ分類	Ⅲ分類	Ⅳ分類

（注）　要注意先は、債権全額が分類対象となる場合（債務者分類）と、一部が分類対
象となる場合（形式分類等）がある。

Q28

「債権区分」とは何ですか。債務者区分とどのような関係にありますか

 「債権区分」とは、「金融機能の再生のための緊急措置に関する法律施行規則」4条に定める基準に基づき、債権を債務者の財政状態および経営成績等を基礎として、「正常債権」「要管理債権」「危険債権」「破産更生債権およびこれらに準ずる債権」に区分することをいい、「金融機能の再生のための緊急措置に関する法律」に基づく、資産査定結果の内閣総理大臣への報告ならびに開示基準をいいます。

また、「債権区分」と「債務者区分」との関係は、以下のとおりです。

正常債権：国、地方公共団体に対する債権および被管理金融機関に対する債権、正常先に対する債権、および要注意先に対する債権のうち要管理債権に該当する債権以外の債権

要管理債権：要注意先に対する債権のうち、3カ月以上延滞債権および貸出条件緩和債権

危険債権：破綻懸念先に対する債権

破産更生債権およびこれらに準ずる債権
：実質破綻先および破綻先に対する債権

解 説

(1) 金融再生法による資産査定の報告・開示

「金融機能の再生のための緊急措置に関する法律」（以下「金融再生法」という）6条において、「金融機関は、決算期その他主務省令で定める期日において資産の査定を行い、主務省令で定めるところにより、資産査定等報告書を作成し、内閣総理大臣……に提出しなければならない」と定めており、あわせて同法7条において、「金融機関は、前条の規定による資産の査定を行ったときは、主務省令で定めるところにより、その区分に係る資産の合計額その他の主務省令で定める事項を公表しなければならない」と定めています（公表は、金融機関が公衆の縦覧に供するため作成する説明書類（ディスクロージャー誌等）に記載すること、その他これに準ずる方式により行うものとされています）。

なお、内閣総理大臣への報告は、決算日後3カ月以内に行うことになっています。

(2) 資産査定の報告・開示基準と自己査定基準との関係

金融再生法による資産査定の基準（公表のための資産査定基準）は、

① 現行の自己査定基準における要注意先債権のうち、3カ月以上延滞債権および貸出条件緩和債権のみを「要管理債権」（貸出金のみ）に区分し、残高は「正常債権」に区分すること

② 破綻先債権と実質破綻先債権を一本化すること

③ 担保や保証の状況を考慮しないこと

④ 対象債権の範囲を貸出金、貸付有価証券、外国為替、支払承諾見返、未収利息および仮払金に限定していること

が現行の自己査定基準と比較した場合の相違点です（現行の自己査定基準

リスク管理債権	現行の自己査定基準		
	区　　分	内　　　　　容	
破綻先債権	破綻先債権	法的・形式的な経営破綻の事実が発生している先（破産、清算、会社更生、民事再生、手形交換所の取引停止処分等の事由により経営破綻に陥っている債務者）に対する債権	
延滞債権 ３カ月以上延滞債権 貸出条件緩和債権	実質破綻先債権	法的・形式的な経営破綻の事実が発生していないものの、深刻な経営難の状態にあり、再建の見通しがない状況にあると認められるなど実質的に経営破綻に陥っている債務者に対する債権	
	破綻懸念先債権	現状、経営破綻の状況にはないが、経営難の状態にあり、経営改善計画等の進捗状況が芳しくなく、今後、経営破綻に陥る可能性が大きいと認められる債務者に対する債権	
	要注意先債権	金利減免・棚上げを行っているなど貸出条件に問題のある債務者、元本返済もしくは利息支払が事実上延滞しているなど履行状況に問題がある債務者のほか、業況が低調ないし不安定な債務者または財務内容に問題があるなど今後の管理に注意を要する先に対する債権	
	正常先債権	業況が良好であり、かつ、財務内容にも特段の問題がないと認められる債務者に対する債権	

(注) 1.　金融再生法による資産査定基準における債権とは、貸出金、貸付有価証券、外国為替、支払承諾見返、未収利息および仮払金をいう（リスク管理債権では貸出金のみ）。

　　　 2.　金融再生法による資産査定基準の「３カ月以上延滞債権」および「貸出条件緩和債権」の定義は、リスク管理債権の定義と同じ。

資産査定基準との相関関係

金融再生法による資産査定基準	
区　　分	内　　　容
破産更生債権およびこれらに準ずる債権	破産、会社更生、再生手続等の事由により経営破綻に陥っている債務者に対する債権およびこれらに準ずる債権
危険債権	債務者が経営破綻の状態には至っていないが、財政状態および経営成績が悪化し、契約に従った債権の元本の回収および利息の受取りができない可能性の高い債権
要管理債権	３カ月以上延滞債権（「破産更生債権およびこれらに準ずる債権」および「危険債権」に該当する債権を除く）および貸出条件緩和債権（「破産更生債権およびこれらに準ずる債権」および「危険債権」に該当する債権ならびに「３カ月以上延滞債権」を除く）
正常債権	債務者の財政状態および経営成績に特に問題がないものとして、「破産更生債権およびこれらに準ずる債権」「危険債権」および「要管理債権」以外のものに区分される債権

と金融再生法による資産査定基準との相関関係は前頁の表のとおりです）。

　なお、金融再生法による資産査定基準は、公表のための資産査定基準であるにすぎず、これによって現行の自己査定の枠組みが変わるわけではありませんが、不良債権の区分に関しては、自己査定基準、金融再生法による資産査定基準およびリスク管理債権（銀行法21条）の３種類が併存（注）しています。

　（注）　令和元年９月、銀行法施行規則等の一部を改正する内閣府令が公布され、リスク管理債権の区分を金融再生法による区分に統一することになり、令和４年３月31日から適用されます。

Q29

リスク管理債権額、金融再生法基準額と金融検査マニュアルに基づく自己査定基準額とは、どのような関係にありますか

 自己査定基準額と金融再生法基準額は貸出金および貸出金に準ずる債権を対象としていますが、リスク管理債権額は貸出金のみを対象としています。これらの関係はQ28の表のとおりです。

解説

　金融検査マニュアルに基づく自己査定基準額と金融再生法基準額は、貸出金および貸出金に準ずる債権（貸付有価証券、外国為替、未収利息、仮払金、支払承諾見返）を対象としています。これに対して、銀行法に基づくリスク管理債権額は、貸出金のみを対象としています。これらの関係は、Q28の表のとおりで、詳細の部分は、未収利息の計上基準の違い等により金融機関によって若干違いがありますが、おおむね次のようになります。

　金融再生法基準額の「破産更生債権およびこれらに準ずる債権」の定義は、自己査定基準額の「破綻先」および「実質破綻先」の定義にほぼ一致します。また、金融再生法基準額の「危険債権」の定義は、自己査定基準額の「破綻懸念先」の定義とほぼ同様です。

　金融再生法基準額の「要管理債権」は、自己査定基準額の「要注意先」のうち、「3カ月以上延滞債権」および「貸出条件緩和債権」に該当する債権です。この「3カ月以上延滞債権」および「貸出条件緩和債権」の定義は、リスク管理債権額におけるそれぞれの定義とほぼ同じです。

なお、リスク管理債権額（合計額）は金融再生法基準額の「要管理債権」「危険債権」「破産更生債権およびこれらに準ずる債権」の合計額のうち貸出金と一致します。

リスク管理債権、金融再生法に基づく資産査定、自己査定の違い

	リスク管理債権	金融再生法に基づく資産査定	自己査定
目　　的	ディスクロージャー	ディスクロージャー	適正な償却・引当を行うための準備作業
対象資産	貸出金	総与信（貸出金、外国為替、未収利息、仮払金、支払承諾見返、有価証券の貸付を行っている場合のその有価証券（使用賃借または賃貸借契約によるものに限る））	総資産（ただし、当局による集計結果は、総与信ベース）
区分方法	債権の客観的な状況による区分 （＝債権ベース、ただし、一部金融機関においては、金融再生法と同様の債務者ベースによる区分を実施） （破綻先債権、延滞債権、3カ月以上延滞債権、貸出条件緩和債権）	債務者の状況に基づく区分 （＝債務者ベース） （破産更正等債権、危険債権、要管理債権、正常債権）	債務者の状況に基づき区分（破綻先、実質破綻先、破綻懸念先、要注意先、正常先）したうえで担保による保全状況等を勘案して、実質的な回収可能性に基づき分類（Ⅰ～Ⅳ分類）
担保・引当カバー部分の扱い	担保・引当カバー部分も含まれている。	担保・引当カバー部分も含まれている。	担保のカバー状況は分類において勘案される。

（出所）　金融庁作成資料より。

自己査定の基準日の考え方について説明してください

　　自己査定の基準日はあくまでも決算期末日となりますが、実務上は、決算期末日の少なくとも３カ月以内の一定日を仮基準日として自己査定を実施することになります。ただし、仮基準日から決算期末日までの債務者の状況変化に伴う必要な修正を適正に行う必要があります。

解　説

　自己査定は、決算期末日において実施する必要がありますが、信用リスク管理の観点からは、債務者の財務状況、担保・保証等の状況等の債務者の状況について継続的なモニタリングによる与信管理を行い、債務者の状況の変化に応じて、適宜、信用格付、債務者区分および分類区分等の見直しを行うことが望ましいといえます。しかしながら、実務上は決算手続を考慮して、決算期末日前の一定日を仮基準日として実施することが一般的といえます。この場合、仮基準日は原則として決算期末日の３カ月以内となっていることが必要であるとともに、仮基準日以降に債務者の状況、貸出金の返済状況、担保評価額、債権金額等、その後の状況に重要な変化が生じた場合には、査定結果について必要な修正（債務者区分、分類額ならびに償却・引当額の修正）を行うことになります。

　したがって、債務者の状況を常にモニタリングし、債権の状況変化を適切にフォローできる態勢整備が必要であるとともに、仮基準日から決算期

末日までに修正を行う場合の合理的な基準を明確に定めておく必要があります。「重要な変化」とは、償却・引当額に重要な影響を及ぼすような、言い換えれば、自己資本比率に影響を及ぼすような債務者の状況変化かどうかが、判断基準の一つになると思われます。

今後は、債務者の状況の変化に応じて、適宜、信用格付、債務者区分および分類区分等の見直しを行うなど、自己査定を効率よく迅速に実施するための態勢整備を進め、仮基準日と決算期末日をいかに近づけるかが課題の一つといえます。

なお、決算期末日後に生じた償却・引当に影響するような債務者の財政状態等に関する重要な事実、すなわち重要な後発事象についても、当該決算期に反映させる必要があることに留意しなければなりません。

Q31

「マニュアル別冊・中小企業融資編」とは、どのようなものですか

「マニュアル別冊・中小企業融資編」は、金融検査マニュアルに基づく中小・零細企業等の債務者区分の判断に際して、具体的な検証ポイントを掲げ、さらにそれらの実際の運用例を示して、対象企業の経営実態を踏まえた債務者区分の実現を図るよう、策定されたものです。

したがって、金融機関に新たな資産査定基準を課すというものではなく、また、金融業態によりその判断基準に差を設けるというものでもありません。

解 説

⑴ 「マニュアル別冊・中小企業融資編」とは

金融検査マニュアルにおいては、中小・零細企業等の債務者区分の判断について、「特に、中小・零細企業等については、当該企業の財務状況のみならず、当該企業の技術力、販売力や成長性、代表者等の役員に対する報酬の支払状況、代表者等の収入状況や資産内容、保証状況と保証能力等を総合的に勘案し、当該企業の経営実態を踏まえて判断するものとする」として、機械的、画一的な判断をしないよう求めています。

しかし、マニュアルのこの記述が抽象的でわかりにくく、また、検査段

階での債務者区分の判定が機械的、画一的なものになりがちであるとの問題も指摘されていました。

こうしたなかで、平成14年2月27日に政府から発表された「早急に取り組むべきデフレ対策」において、経営実態に応じた金融検査の運用確保策の一つとして、中小・零細企業等の債務者区分の判断について、金融検査マニュアルの具体的な運用例を作成し、公表することが盛り込まれました。

「マニュアル別冊・中小企業融資編」は、これに応えるべく作成されたものであり、中小・零細企業等の債務者区分の判断に係る検証ポイントおよびそれらに関連する運用例が示されています。

さらに、平成16年2月には、金融機関が資金仲介機能を一層活発に発揮していくための環境整備を図っていく観点から改訂が行われました。

検証ポイントとしては、①「代表者等との一体性」、②「企業の技術力、販売力、経営者の資質やこれらを踏まえた成長性」、③「経営改善計画」、④「貸出条件及びその履行状況」、⑤「貸出条件緩和債権」、⑥「企業・事業再生の取組みと要管理先に対する引当」、⑦「資本的劣後ローンの取扱い」の7点があげられており、それぞれにつき、(2)に述べるような具体的チェック事項が記載されています。

金融機関は、これら検証ポイントに加えて、自己査定を行うに必要なあらゆる判断材料の把握に努め、債務者の経営実態を総合的に勘案した債務者区分を行う必要があります。この点につきマニュアル別冊は、検査官が検証ポイントを適用するにあたり、定義どおりの取扱いをすることなく、金融機関との十分な意見交換を行うものとしています。

なお、これらの検証ポイント等は、金融機関に新たな資産査定基準を課すというものではなく、また、同一のリスクがある債権のリスク管理はどの金融機関であっても本来は同様になされるべきものであることから、金融機関の規模、業態によってその判断基準に差を設けるものではありません。

⑵ 検証ポイントの具体的内容

① 代表者等との一体性

中小・零細企業等においては、企業とその代表者等との間の業務・経理・資産所有などの関係が実質一体となっていることが多いので、中小・零細企業等の債務者区分の判断にあたっては、当該企業の実態的な財務内容や代表者等への報酬支払状況、代表者等の収入状況や資産内容等につき、次のような点に留意して検討すべきものとされています。

なお、代表者等には、たとえば、代表者の家族、親戚、代表者やその家族等が経営する関係企業等、当該企業の経営や代表者と密接な関係にある者などが含まれます。

(a) 企業の実態的な財務内容

代表者等からの借入金等については、原則として、その借入金等を当該企業の自己資本相当額に加味することができます。ただし、代表者等が返済を要求することが明らかとなっている場合には、この限りではありません。反対に、当該企業に代表者等への貸付金等があり、そのなかに回収不能部分がある場合には、それを当該企業の自己資本相当額から減額する必要があります。

詳しくは、後述のQ36を参照してください。

(b) 代表者等に対する報酬の支払状況、代表者等の収入状況や資産内容等

中小・零細企業等においては、たとえば、赤字の原因が代表者等への多額の報酬や家賃等の支払にあり、金融機関借入の返済資金が代表者等から拠出されている場合もありますので、赤字の要因や返済状況、返済原資の状況を確認することが必要です。また、代表者等の支援意思が確認できる場合には、代表者等の収入状況や資産内容等も勘案して、当該企業の返済能力を判定する必要があります。これについては、さらにQ37も参照してください。

② 企業の技術力、販売力、経営者の資質やこれらを踏まえた成長性

　中小企業等では、技術力等に十分な潜在能力、競争力を有している先も多く、その技術力、販売力、経営者の資質やこれらを踏まえた成長性は、企業の成長発展性を判断するうえで重要な要素となります。

　また、企業の技術力等を客観的に評価し、それを企業の将来の収益予測に反映させることは必ずしも容易ではありませんが、特許権、実用新案権、商標権、著作権等の知的財産権を背景とした新規受注契約の状況、今後の事業計画書、当該商品・製品やサービスの市場動向やマスコミ等の紹介記事等、同業者との比較に基づく販売条件や仕入条件の優位性等を示す資料に加え、過去の約定返済履歴等の取引実績、経営者の経営改善に関する取組状況等の経営者の資質など、あらゆる判断材料の把握に努め、それらを総合勘案して債務者区分の判断を行うことが必要です。この点はQ39、Q40も参照してください。

③ 経営改善計画

　中小・零細企業等においては、人材や経営規模の限界により、経営全体を網羅した精緻な経営改善計画書等の策定ができない場合もあるので、次のような点に留意することが必要とされています。

(a) 経営改善計画等を策定していない場合の取扱い

　債務者が経営改善計画等を策定していない場合であっても、債務者の実態に即して金融機関が作成・分析した資料を踏まえて債務者区分の判断を行うことが必要です。

　詳しくはQ41を参照してください。

(b) 経営改善計画等の進捗状況が計画を下回る場合の取扱い

　経営改善計画等の進捗状況が計画を下回る（おおむね8割に満たない）場合であっても、その進捗状況のみをもって機械的・画一的に判断するのではなく、計画を下回った要因について分析するとともに、今後の経営改善の見通し等を検討することが必要です。

(c) キャッシュフローの見通しの重視

中小・零細企業においては、損益計算書や貸借対照表に現れる表面的な事象が必ずしもその債務者の実態を表すものでないことから、経営改善計画等の進捗状況や今後の見通しを検討する際には、キャッシュフロー（資金繰り）の見通しをより重視することが必要です。

この点は、Q51も参照してください。

④ 貸出条件およびその履行状況

貸出条件やその履行状況は、債務者区分を判断するうえでの重要な要素ですが、その際にはその条件変更等に至った要因を確認する必要があります。詳しくはQ63を参照してください。

⑤ 貸出条件緩和債権

平成15年5月の貸出条件緩和債権の「事務ガイドライン」の改訂、平成20年11月の監督指針・マニュアル別冊の改訂等を踏まえ、貸出条件緩和債権の検証にあたって、債務者の信用リスクや基準金利を判断する際、あるいは卒業基準に該当するかどうかを検証する際の考え方の明確化が図られています。

この点は、Q61、Q67を参照してください。

⑥ 企業・事業再生の取組みと要管理先に対する引当

金融機関が積極的に要管理先等の企業・事業再生支援に取り組めば、将来的には債務者の状況は改善し、結果として金融機関の信用リスクが減少するものと考えられます。したがって、金融機関が真摯かつ積極的・組織的な企業・事業再生支援への取組みを実施している場合には、その実績データが存在している債務者を、それ以外の債務者と区別してグルーピングすることにより、引当率に格差を設けることができることとされました。なお、その際には、グルーピング基準が恣意的なものでないことや引当率の算定にあたっては、十分な母集団が確保されている必要があります。

⑦　資本的劣後ローンの取扱い

　　中小・零細企業においては、設備資金目的の長期借入金など、事業基盤となっている資本的性格の資金を融資の形で調達している、いわゆる「擬似エクイティ」的な融資形態が多くみられることから、中小・零細企業向けの要注意先債権で、貸出債権の全部または一部を債務者の経営改善計画の一環として、一定の要件を満たす貸出金（資本的劣後ローン（早期経営改善特例型））に転換している場合には、債務者区分等の判断において、当該資本的劣後ローン（早期経営改善特例型）を当該債務者の資本とみなすことができることとされました。

　　また、資本的劣後ローンに転換された部分が貸出条件緩和債権に該当する場合であっても、当該債権の残債等については、あらかじめ要管理先に対する債権として扱うことはしないものとしています。

　　この点は、Q124を参照してください。

(3)　平成16年2月におけるマニュアル別冊の改訂ポイント

　　改訂の背景としては、金融機関が資金仲介機能を一層活発に発揮していくための環境整備を図っていくというねらいがあります。金融機関が適切な資金仲介機能を発揮するためには、金融機関と債務者との間で質が高く、かつ密度の高いコミュニケーションが図られる必要があるとの考えのもと、より積極的に債務者とのかかわり合いを真摯に果たしている、あるいは果たそうとしている金融機関について、結果として、検査でも差が出るような改訂が行われました。この結果、各金融機関の本来の意味での積極的なリスク評価、リスクテイクといった資金仲介機能にインセンティブを付与するねらいがあります。

　　改訂内容は、「債務者との意思疎通」「擬似エクイティへの対応」「小口・多数の債権の分散効果」「運用の改善」「事例の大幅な拡充」という五つの柱からなっており、これらの概要は以下のとおりです。

① 債務者との意思疎通

　　金融機関が日頃の企業訪問や経営指導などの債務者との密度の高いコミュニケーションを通じ、債務者の経営状態を適切に把握しているかを検査において検証することとされました。その検証結果が良好であれば、(ⅰ)債務者区分の判断にあたって、企業の成長性や経営者の資質等に関する金融機関の評価を尊重するほか、(ⅱ)金融機関による再生支援の実績を引当率に反映することが可能となりました。

② 擬似エクイティへの対応（DDS）

　　金融機関が中小・零細企業向けの債権を、債務者の経営改善計画の一環として資本的劣後ローンに転換（DDS）している場合には、債務者区分等の判断において当該劣後ローンを資本とみなすことが可能になりました。

③ 小口・多数の債権の分散効果（「金融検査マニュアル」本体の改訂）

　　検査でのサンプル抽出における金額抽出基準が、従来の2,000万円から5,000万円に引き上げられました。

　　この点は、Q34を参照してください。

④ 運用の改善

(ⅰ)　赤字や債務超過といった表面的な現象のみで債務者区分を判断するのではなく、キャッシュフローを重視することが明確化されました。

(ⅱ)　経営者の資質等に関する検証ポイントとして、過去の約定返済履歴等の取引実績や経営者の経営改善に対する取組姿勢等が追加されました。

(ⅲ)　債務者の実態に関する疎明資料として、金融機関側が債務者管理や自己査定のために用いる資料を活用できることが明確化されました。

⑤ 事例の大幅な拡充

　　検証ポイントの改訂にあわせて、事例の大幅な拡充を行い、新たに11事例が追加（16事例から27事例に）されました。

Q32

「マニュアル別冊・中小企業融資編」を活用する うえで留意すべき点はありますか

別冊の作成によって、債務者区分の判断基準が変更されたわけ でも、緩和されたわけでもありません。むしろ、従来以上に経営 実態を踏まえた債務者区分の判断が求められることが予想されま す。そのためにも、あらゆる判断材料の把握に努めるとともに、 経営実態を見極める力を養うことが必要です。

解 説

(1) 別冊活用上の留意点

別冊は、従来の金融検査マニュアルの考え方を改めるものではありませ ん。

別冊の事例解説をみてもわかるとおり、債務者区分の判断にあたって は、「確実であるならば」「十分確認できるのであれば」「具体的に予想で きるのであれば」「その実現可能性が高いと認められるのであれば」など といった前提が設けられており、あくまでもそのような一定の条件下にお ける考え方を示したものです。したがって、その立証責任はあくまでも金 融機関側にあることに留意しなければなりません。そういう意味では、別 冊は、債務者の業況回復や返済の正常化の実現可能性について、その合理 性が立証できる範囲において金融検査においても認めるということを再確 認したものともいえ、日頃から金融機関自身が債務者管理を的確に行うこ とが一層重要になります。

また、事例に記載されている数字そのものは、収支計画等の合理性、実現可能性の目安として示しているものではないことに加え、実際の査定にあたっては、事例に記載されていない材料等の把握、検討を行ったうえで債務者の経営実態を総合的に勘案する必要があることに留意する必要があります。

(2)　今後取り組むべき課題

① 　経営実態の把握のための判断材料の収集と目利き能力の向上

　中小・零細企業等の債務者区分の判断にあたっては、債務者の実態的な財務内容、資金繰り、収益力や貸出条件およびその履行状況等、個々の債務者の経営実態を総合的に勘案することが大切であり、大企業の債務者区分の判断に比べ、種々の要素を勘案することが求められるとともに、疎明資料に基づき具体的な検証が必要になります。

　このような実態把握のためには、対象企業がもっている技術力、販売力、成長性ならびに代表者等の個人の信用力、経営資質等の定性要因を的確に見極める力（いわゆる、目利き能力）を養い、資産査定の精度を一層高めることが必要です。

　あわせて、取引先企業の財務面のみならず、非財務面のフォローも常日頃から心がけ、地元の評判やマスコミ記事にも注意するとともに、取引先の経営実態を判断するためのあらゆる判断材料の収集、疎明資料の蓄積にも留意するなど、経営実態の把握の充実に向けた創意工夫が必要となります。なお、その際留意すべきことは、疎明資料に信ぴょう性、客観性があるか否かということであり、各金融機関においては、そうした点を踏まえた合理的な対応および説明が求められることになります。

② 　説明義務・説明責任の徹底と経営改善支援体制の強化

　平成16年のマニュアル別冊の改訂のメリットを享受するためには、より積極的な意味で、債務者とのかかわり合いを真摯に果たしていくこと

が求められています。

　そのため、貸し手としての説明義務・説明責任を果たす態勢を整え、顧客との情報共存の拡大と相互理解の向上に向けた取組みを推進するとともに、経営改善支援体制の強化を図り、経営相談、経営指導等のコンサルティング機能や情報提供機能を適切に発揮していくことが必要です。

中小企業に対する債権の自己査定は、一般債権に比べて特別扱いとなるのですか

中小・零細企業の債務者区分の判断にあたっては、これまでも代表者等の収入状況や保有資産のほか、技術力、販売力、成長性等を勘案して、経営実態に則した判断をするものとされており、「マニュアル別冊・中小企業融資編」は、中小・零細企業に対する新たな特別の資産査定基準を設けるものではありません。

解 説

(1) 中小・零細企業に対する債務者区分判断の特殊性

　金融検査マニュアルにおいては、中小・零細企業の場合、企業と代表者等との間の業務、経理、資産所有等との関係は実質一体となっているケースが多いので、中小・零細企業の債務者区分の判断については当該企業の財務状況や返済能力のみで行うことを避け、代表者等役員に対する報酬の支払状況、代表者等の収入状況や資産内容のほか、その技術力、販売力、成長性等を勘案して判断するものとしています。

　これは、中小・零細企業特有の経営実態を債務者区分の判断に反映させて、機械的、形式的な債務者区分を避け、これらの企業に対する過度の信用リスク判定を排除する措置と考えられます。このことは、中小・零細企業に対する特別な資産査定基準を設けるものではないとされていますが、中小・零細企業においては、赤字企業が多いといわれる経営実態の内容を、より綿密に調査し、代表者等の収入や保有資産と一体で評価すること

が妥当と判断される場合や、特に評価すべき技術力、販売力、経営者の資質やこれらを踏まえた成長性がある場合には、それらを勘案して債務者区分を判断することが相当であるとしたものです。

さらに、平成16年2月の「マニュアル別冊・中小企業融資編」改訂においては、金融機関が、①継続的企業訪問等、債務者とのコンタクトを通じて、企業の定性的な情報（技術力、販売力など）を含む経営実態の十分な把握と債権管理に努めているか、②きめ細かな経営相談、経営指導等を通じて積極的に企業（事業）再生に取り組んでいるか、といった、金融機関による「債務者への働きかけ」の度合いを、債務者区分の妥当性判断に際して十分勘案するものとしています。

そのうえで、たとえば「要注意先」の債務者区分に係る「自己査定結果の正確性の検証」の項目において、「中小・零細企業で赤字となっている債務者で、返済能力について特に問題がないと認められる債務者」については、これを「正常先」と判断してさしつかえないものとされています。

「マニュアル別冊・中小企業融資編」は、上記の判断基準を具体的に例示することにより、中小・零細企業等についての債務者区分を、一層経営実態に即したものとするために策定されたものであり、金融機関に新たな資産査定基準を課すといったものではありません。また、金融業態によってその判断基準に差を設けるというものでもありません。

なお、金融庁は平成24年9月4日、「金融検査マニュアルに関するよくあるご質問（FAQ）」を一部改定し、そのなかで代行割れの厚生年金基金の解散に伴い、債務者である中小企業が企業年金連合会に積立不足額を納付することにより当該企業に損失が生じる場合の債務者区分の考え方を示しています。

(2)　金融機関の支援意思と債務者区分

中小・零細企業等との取引においても、業況が相当悪化しているなかに

あっても、主力取引行であることや長年の取引先であることを理由に、金融支援を継続中という場合があります。

　しかし、このようなケースで当該企業を要注意先と区分することは妥当ではありません。金融機関の支援意思とは、債務者の実態的財務内容や収益性、貸出条件およびその履行状況等をベースに、金融機関として再建の可能性の有無を検討した結果得られるものであり、支援の意思のみをもって債務者区分の判断をすることは不適切です。したがって、このようなケースにおいても、債務者の再建可能性をどのようにとらえるかということが重要です（マニュアル別冊・事例15参照）。

与信額が一定額以下の債務者は、金融検査の対象外となるのですか

 金融庁は、平成14年6月、金融検査マニュアル本編の一部を改訂し、自己査定結果の検証に際しての抽出基準については、金融機関の資産内容に問題がなく、前回検査の結果が良好であると認められる場合には、原則として債務者への与信額が2,000万円または当該金融機関の資本の部合計の1％のいずれか小さい額未満の債務者につき、主任検査官の判断で、自己査定結果の検証を省略できるものとしました。さらに、平成16年2月、金額基準の2,000万円が5,000万円に引き上げられました。また、「金融モニタリング基本方針」においても「大口与信以外について原則として金融機関の判断を尊重する」ことが盛り込まれました。

解 説

(1) 検査マニュアルの考え方

金融庁は、平成14年4月、主要行の特別検査結果を発表した際に「より強固な金融システムの構築に向けた施策」を併せて公表し、その別紙にて「経営実態に応じた検査の運用確保等」の必要性に言及しています。

そこでは、中小・零細企業等の経営実態の把握向上による適切な検査の運用確保のために、「マニュアル別冊・中小企業融資編」を作成すると同時に、同年6月、「信用リスク検査用マニュアル」の一部を改訂し、「自己査定結果の正確性の検証」における抽出基準につき、「主任検査官は、被

検査金融機関の資産内容に特に問題がなく、前回検査の結果が良好である
と認められる場合には、検査の効率化の観点から、原則として債務者への
与信額が2,000万円又は被検査金融機関の資本の部合計（会員勘定合計）の
１％のいずれか小さい額未満の債務者については自己査定結果の正確性の
検証を省略することができるものとする（金額抽出基準）。さらに、これに
加え、必要に応じ、抽出率を下げることができるものとする」と明記しま
した。

　また、「主任検査官は、立入検査開始後においても、検査の実効性確保
の観点から、必要に応じ、抽出基準を変更できる」ことも定められまし
た。

　さらに、平成16年２月の「マニュアル別冊・中小企業融資編」改訂に際
して、「金額抽出基準」のうち金額基準が、2,000万円から5,000万円に引
き上げられました。

　なお、抽出基準に関する記述は、平成19年２月の金融検査マニュアル改
訂時に削除され、別途、検査官向け通達「自己査定、償却・引当金及び自
己資本比率の正確性及び適切性の検証に関する留意事項について」（平成
19年２月16日）において周知されています。

(2)　前提条件

　前記の改訂については、平成14検査事務年度から実施されていますが、
適用対象となる金融機関は、資産内容に特に問題がなく前回検査結果が良
好と判断される場合に限られます。一般的には、たとえば、

①　直近決算の不良債権比率や自己資本比率の状況

②　前回検査における当局検査結果との乖離状況

③　リスク管理態勢や法令遵守態勢の状況等

を総合的に勘案し、ケースバイケースで判断されることとなるでしょう。

　被検査金融機関の立場からは、この適用対象となることが事前に判明す

ることが望ましいわけですが、その適用は主任検査官の判断に委ねられており、立入検査後も、検査の実効性の観点から必要があれば、抽出基準の変更ができるものとされました。

　金融検査の実施内容は、資産内容の健全性により差をつける方針がかねてより公表されているところであり、資産内容が良好で自己査定システムが堅実と認められれば、検査における自己査定結果の正確性の検証も抽出率が下げられ、相当部分が金融機関の自主管理に委ねられるでしょう。

　なお、債務者への与信額が5,000万円または金融機関の資本の部（協同組織金融機関においては会員勘定）合計の1％のいずれか小さい額未満という基準は、一定額以下の債務者の自己査定の検証を省略した場合の自己資本比率への影響度合いや、中小金融機関の金額別階層別構成比等を踏まえて算出されたものです。

(3)　金融モニタリング基本方針

　平成26事務年度金融モニタリング基本方針において、「小口の資産査定は、金融機関において引当等の管理態勢が整備され、有効に機能していれば、引き続き、その判断を原則として尊重する。さらに、引当等の管理態勢や統合的リスク管理態勢の検証を前提として、金融機関の健全性に影響を及ぼす大口与信以外についても原則として金融機関の判断を尊重する」ことが盛り込まれました。金融検査マニュアル廃止後も当該スタンスに変更はありません。

Q35

中小企業の債務者区分において、キャッシュフ
ローはどのように判断すべきですか。また、
キャッシュフローによる債務償還能力を確認する
場合の留意点は何ですか

中小・零細企業の債務者区分の判定においては、赤字や債務超
過といった表面的な現象だけでなく、キャッシュフロー面の見通
しを重視して検証することが必要です。キャッシュフローによる
債務償還能力を確認する場合には、赤字の要因や返済状況、返済
原資の状況を確認することが必要です。たとえば、①減価償却を
定率法で行っていることから、投資後初期の段階における減価償
却費負担が大きいことが赤字の要因となっている場合や、②金融
機関への返済資金を代表者等から調達している場合などは債務償
還能力に特に問題はないといえます。

解 説

(1) 金融検査マニュアル上の取扱い

「マニュアル別冊・中小企業融資編」においては、中小・零細企業の債
務者区分の判定に際して、赤字や債務超過といった財務面の表面的な現象
だけでなく、キャッシュフロー面の見通しを重視して検証する必要がある
ことが明確化されています。そのうえで、「企業が赤字で返済能力がない
と認められる場合であっても、（中略）赤字の要因や返済状況、返済原資
の状況を確認」し、返済能力について特に問題がないと認められる債務者

については、債務者区分を「正常先」と判断してさしつかえないものとされています。

(2) 「金融検査マニュアルに関するよくあるご質問（FAQ)」の一部改定

「日本再生戦略」（平成24年7月31日閣議決定）において、「検査マニュアルにおいて、実質的に赤字でない企業の取扱いについての運用の明確化」を図るとされたことを受け、平成24年9月4日、以下のようなFAQの追加が行われました。

「減価償却費の負担により赤字となっている債務者については、債務者区分の判断に当たり、金融検査マニュアルに記載されている「キャッシュ・フローによる債務償還能力」に問題が生じるおそれがありますが、仮にそのような場合であっても、金融機関に約定どおり借入金を返済している中小企業については、例えば、

　・減価償却を定率法で行っていることから、投資後初期の段階における
　　減価償却費負担が大きいことが赤字の要因となっている場合や、
　・金融機関への返済資金を代表者等から調達している場合

なども考えられますので、金融機関において、「赤字の要因や返済状況、返済原資の状況を確認」することが必要であり、その上で、返済能力について特に問題がないと認められる債務者については、その債務者区分を「正常先」と判断して差し支えありません」

Q36

代表者等からの借入等を企業の自己資本相当額に加味できる要件は何ですか

中小・零細企業における代表者等からの借入等は、原則として、それを企業の自己資本相当額に加味することができます。ただし、代表者等が返済を要求することが明らかである場合は、この限りではありません。

解 説

(1) 代表者等からの借入を自己資本に加味できることの趣旨

「マニュアル別冊・中小企業融資編」は、中小・零細企業の債務者区分に際しては、代表者等からの借入等につき、代表者等が当該企業に対して、当面その返済を要求しないことが認められる場合には、原則として、その借入等を当該企業の自己資本相当額として加味できるものとしていましたが、平成16年2月の改訂においては、この点をさらに拡大して、代表者等からの借入金等については原則としてそれを当該企業の自己資本相当額に加味できるものとし、代表者等が返済を要求することが明らかとなっている場合のみ、自己資本相当額への加味ができないこととされました。

中小・零細企業においては、代表者が企業の資金繰りの帳尻合せをしているケースが多く、企業の一時的資金ショートに際しては、代表者が自己資金により補填することが通例と考えられます。その一方で、代表者の個人的使途に企業の資金を流用している場合もあり、いわゆるドンブリ勘定となる傾向があります。

「マニュアル別冊・中小企業融資編」が検証ポイントとしてこの点に言及している理由は、企業が代表者等から借り入れている資金のうち、相当部分は実質的に資本金化していることが多いとの認識によるものと考えられます。そのような借入を自己資本とみなすことにより、表面上は債務超過または多額の繰越欠損を抱えている企業の実質的な自己資本額を把握して、財務内容の実態を評価することとなります。

　赤字決算企業や債務超過に陥っている企業は、本来は返済能力が乏しく、要注意先以下の債務者区分とされることとなりますが、代表者等からの借入を自己資本に算入すれば大幅な資産超過となり、債務者企業の今後の赤字解消見通しや、代表者自身の今後の返済余力等を勘案すれば、当該企業の返済能力は十分であると判断できる場合には、その債務者企業を実質的に正常先と評価することも可能となります。

　なお、当該企業に代表者等への貸付金や未収金等がある場合には、その回収可能性を検討し、回収不能額があるときは、それを当該企業の自己資本相当額から減額するものとされています。

(2)　代表者等からの借入等を自己資本相当額に加味する要件

　代表者等からの借入を自己資本相当額に加味する場合の要件は、次のようなものです。

① 　代表者等からの借入等であること

　　対象となる「代表者等」には、代表者の家族、親戚、代表者やその家族等が経営する関係企業など、当該企業の経営や代表者と密接な関係を有する者で、支援意思のある者が含まれます（Q37参照）。しかし、代表者以外の役員は、経営関与度合いが代表者に比べて薄く、したがって経営責任も代表者より軽いことが普通で、「代表者等」に該当するとはいえないケースが多いと考えられます。

　　代表者の肩書はなくとも実質的に代表者として企業を経営支配してい

る者は、この対象になります。創業者であるオーナーが、形式的には代表を退き陰で企業を取り仕切っているような場合が、これに該当します。

　なお、支援意思については、当該代表者等の確認書、あるいは金融機関の業務日誌などで確認するものとされていますが、保証人となっている場合には意思確認を要しないものとされました。

② 代表者等が返済を要求する意思表示をしていないこと

　代表者等が、企業への貸付金等につき、その返済を求める意思表示をしていないことが必要です。ただし、代表者等の返済要求意思が明らかである場合（決算書等における代表者等からの借入金の推移で確認できる場合など）を除き、返済を求めないことの意思確認までは必要ありません。

　要するに、当該代表者等からの借入等が実質的に企業に帰属するものであるか否かがポイントであり、代表者等が企業に対して、その返済を求める意思がなければ、それを企業の自己資本相当額とみなすことが可能となりました。

　また、代表者等からの借入等の調達原資が、他の金融機関からの資金調達で賄われている場合でも、代表者等の資産と負債をネットする必要はなく、その資金繰状況や資産内容等を検討して安定的なものと認められるならば、当該借入等を実質的自己資本とみなしてさしつかえありません（なお、マニュアル別冊・事例１も参照のこと）。

代表者等の資産内容や収入状況を返済能力として 加味する場合の要件は何ですか

　中小・零細企業の返済能力を判定する際には、代表者等の資産内容や収入状況、代表者等の支援意思やその支援能力等を勘案することとされています。代表者等には、家族や親戚、関係企業等を含みますが、それらを加味するにあたっては、代表者等の当該企業に対する支援意思の確認が必要です。ただし、保証人である場合には支援意思の確認は不要です。代表者等の預金、有価証券、不動産（その処分可能見込額）は、保証や担保差入れの有無にかかわりなく返済能力に加味できますが、代表者等の借入や第三者への保証がある場合は、その内容を極力把握したうえで、それを控除するなど必要な調整を行うものとされています。

　また、代表者等の個人的信用力や業種の特性についても勘案することができます。

解　説

(1) 代表者等の資産内容や収入状況の検証

　中小・零細企業等の場合、企業とその代表者等との間の業務、経理、資産所有等との関係は、大企業のように明確に区分・分離がされておらず、実質一体となっている場合が多くなっています。したがって、「マニュアル別冊・中小企業融資編」では、中小・零細企業等においては、当該企業についての返済能力のみで債務者区分の判断を行うことなく、代表者等の

役員に対する報酬の支払状況、代表者等の収入状況や資産内容等につき、以下のような点に留意して検討するものとしています。また、実態判断のための勘案事項については、原則として、金融機関が債務者管理や自己査定のために用いる資料等、債務者の実態が把握できる資料に基づいて確認できることが必要です。

① 「代表者等」には、たとえば、代表者の家族、親戚、代表者やその家族等が経営する関係企業等、当該企業の経営や代表者と密接な関係にある者で、支援の意思を有する者などが、該当します。代表者等が当該企業の保証人になっていない場合であっても、それを代表者等に含めて考えることができます。支援の意思は、当該代表者等の確認書、あるいは金融機関等の業務日誌等で確認するものとされていますが、代表者等が保証人である場合には意思確認は不要です。

　マニュアル別冊・事例4に示されているように、代表者の長男であって、それが保証人ではなく、企業経営に直接かかわりをもっていない場合でも、長男の支援意思が明確であり、支援能力が確認できるならば、それを「代表者等」とみなすことは可能です。

② 企業が赤字であっても、たとえば、それが代表者等への多額の役員報酬や家賃支払等に原因がある場合には、単に「赤字」という事由をもって債務者区分を行わず、赤字の原因や金融機関への返済状況、返済財源についても確認することが必要です。

　多額の代表者報酬の支払で企業が赤字となっている場合でも、金融機関への借入返済の財源が代表者の個人資産で賄われており、返済も正常に行われていく可能性が高ければ、当該債務者を正常先とする可能性は高いといえるでしょう（マニュアル別冊・事例2参照）。

③ 代表者等の収入状況については、個人については個人収支や資金繰り状況等、関係企業については企業収入や資金繰り等により確認します。

　たとえば、代表者等が経営する別企業が経営不振であり、今後その別

企業に対してもかなりの資産等の提供が予想される場合は、その影響を勘案しなければなりません（マニュアル別冊・事例3参照）。

④　代表者等の保有資産の内容については、当該代表者等の企業に対する支援意思が明確ならば、預金や有価証券および不動産（ただし、その処分回収見込額）等の固定資産については当該企業の返済能力として加味できます。この場合、代表者等の保証の有無や担保差入れは考慮する必要はありません。ただし、代表者等に借入金がある場合には、極力その内容を把握して、それらを企業の返済能力から控除し、第三者に対する保証債務がある場合には、保証履行の可能性に応じてそれを勘案するものとされています。この借入金や保証債務には、自行（庫・組）のものだけでなく、他金融機関等のものも含まれます。なお、この確認については、代表者等の確定申告書、他金融機関やローン会社等の抵当権の設定状況に基づいて行うことが考えられます。

　また、返済能力に加味できる資産の範囲については、各金融機関の担保・保証基準に則して認定でき、加味できる金額についても各金融機関の評価基準に則した当該資産の適切な処分可能見込額とすることができます。ただし、評価基準の妥当性は、金融検査の検証対象となります。

(2)　代表者等の個人的信用力などの検証

　さらに、中小・零細企業等の債務者区分の判断にあたっては、代表者等の個人的信用力や後継者の存在および経営資質等を踏まえ、今後の業況回復や返済の正常化の実現可能性についても総合的に勘案するものとされています。

　今般の「マニュアル別冊・中小企業融資編」では、代表者の健康状態が一時的に損われ業績が低迷している企業について、今後の健康状態の回復見込みに伴う代表者の信用力を背景にした受注増加や後継者の経営資質が評価できる場合には、それを債務者区分に勘案できることを事例として掲

げています（マニュアル別冊・事例9参照）。この項については、Q39も参照してください。

(3) 業種による特性の検証

「マニュアル別冊・中小企業融資編」では、このほかに、中小企業の返済能力を判断するには、業種による特性についても勘案するものとしています。具体的事例として、旅館業のように新規設備投資や改築資金需要が多い業種については、現在の表面的な収支状況や財務諸表のみで判断することなく、赤字の原因、設備投資計画に沿った将来の収益見込みや返済財源の推移等を勘案することがあげられています（マニュアル別冊・事例10参照）。

Q38

中小企業の成長性等の評価について、金融機関の判断が尊重されるための要件は何ですか。その趣旨はどこにありますか

A 　企業の技術力等を客観的に評価し、それを企業の将来の収益予測に反映させることは必ずしも容易ではありませんが、金融機関自らが日常の債務者との密度の高いコミュニケーションを通じて、その経営実態の適切な把握に努めていることが認められる場合には、金融機関による技術力等の評価が、原則として尊重されることになりました。

　そのためには、継続的な企業訪問やきめ細かな経営相談、経営指導等を通じて、技術力等の定性的情報を含む経営実態の十分な把握と債権管理や企業・事業再生支援への積極的な取組みといった、「債務者への働きかけ」の度合いが重要とされています。

解　説

(1)　従前の金融検査マニュアルにおける取扱い

　中小・零細企業等においては技術力等に十分な潜在能力、競争力を有している先が多いと考えられ、それら企業の債務者区分の判断においては、これまで金融検査マニュアルでも、技術力、販売力や成長性の今後の収益性等への影響度合いを、たとえば、下記のような資料等に基づいて十分検討することとされていました。

① 　企業や従業員が有する特許等を背景とした新規受注契約状況資料

② 新商品・サービスの開発や販売状況を踏まえた今後の事業計画書等
③ 取扱商品・サービスの業界内での評判等を示すマスコミ記事等
④ 取扱商品・サービスの今後の市場規模や業界内シェアの拡大動向等を示す資料
⑤ 取扱商品・サービスの販売先や仕入先の状況および同業者との比較に基づく販売条件や仕入条件の優位性を示す資料

(2) 平成16年のマニュアル別冊改訂の趣旨

　企業の技術力等を客観的に評価し、それを企業の将来の収益予測に反映させることは、必ずしも容易ではありません。

　そこで、平成16年のマニュアル別冊改訂では、金融機関自らが日常の債務者との間の密度の高いコミュニケーションを通じて、その経営実態の適切な把握に努めていることが認められる場合には、原則として当該金融機関の技術力等に係る評価を尊重することとされました。これには、金融機関に対して、債務者との間で内容の濃い意思疎通を通じた経営実態の把握や、債権管理の一環として債務者への経営指導等の働きかけを促し、結果として、資金仲介機能を活発に発揮させるねらいがあります。

　ただし、このことは、債務者区分の判断基準を緩めることを意図しているわけではありません。データや実績に基づかない金融機関の恣意的な判断は採用されず、金融機関自身のリスク認識に基づいた合理的な説明が求められることには変わりありませんので、引き続き企業訪問や経営指導等を通じて情報等の判断材料を広く収集することが必要です。

(3) 金融機関の判断が尊重されるための要件

　中小・零細企業等の債務者区分の判断に際して、その技術力等の評価につき金融機関の判断が尊重されるには、金融機関が以下に掲げるような企業訪問や経営指導等を通じて、債務者企業との間に密度の高いコミュニ

ケーション体制を構築し、それによって当該債務者の技術力等を適切に評価・分析していると認められることが必要です。

① 継続的な企業訪問等を通じて、企業の技術力、販売力や経営者の資質といった定性的な情報を含む経営実態の十分な把握と債権管理に努めていること。

② きめ細かな経営相談、経営指導等を通じて、積極的に企業もしくは事業の再生支援に取り組んでいること。

　このように、金融機関による「債務者への働きかけ」の度合いを重視する理由としては、金融機関には、コンサルティング機能を発揮することにより、顧客企業の事業拡大や経営改善等に向けた自助努力を最大限支援していくことが求められていることがあげられます。そして、コンサルティング機能は、顧客企業との日常的・継続的な関係から得られる各種情報を通じて経営の目標や課題を把握・分析したうえで、適切な助言などにより顧客企業自身の課題認識を深めつつ、主体的な取組みを促し、同時に、最適なソリューションを提案・実行する、という形で発揮されます（中小・地域金融機関監督指針Ⅱ―5―2―1（顧客企業に対するコンサルティング機能の発揮））。

　金融機関の企業訪問や経営指導等の実施状況、あるいは企業・事業再生実績等の検証については、金融機関の業務日誌等の業務記録や債権管理資料などで債務者ごとに判定されます。また、密度の高いコミュニケーションとは、単なる訪問回数の頻度ではなく、債務者の経営状態を把握するための適切なコミュニケーション手段がとられているかどうかという視点から判断されます。

中小企業の経営者の資質は、どのように判断し疎明すればよいのですか

　　経営者の資質を企業の成長性の要素として勘案するには、経営者が策定した再建計画等において、その優れた資質が客観的に説明できることが必要です。疎明資料としては、金融機関が企業訪問や経営指導等を通じて得た情報や資料を用いた調査・分析データ、業務日誌等を活用します。

　　企業訪問や経営指導等の実施状況、企業や事業の再生実績等が良好と認められる金融機関が下した評価は、金融検査において尊重されるものとされています。

解 説

　平成16年のマニュアル別冊改訂においては、中小・零細企業等の債務者区分判断の検証ポイントとして、それまでの「企業の技術力、販売力や成長性」が「企業の技術力、販売力、経営者の資質やこれらを踏まえた成長性」に改められました。成長性が技術力や販売力と並列的にとらえられ、これが企業の成長発展性を勘案するうえで重要なファクターとされていた点を、技術力および販売力を企業の成長性を促す要素として位置づけ、さらに「経営者の資質」をそこに加えています。

　経営者の資質については、改訂前の「中小企業融資編」においても「事例7」（改訂後は事例9）で債務者区分判断に際して勘案すべき要素とされていたところですが、改訂後は検証ポイントとして明記されています。す

なわち、過去の約定返済履歴等の取引実績（債務者企業の取引振り）、経営改善に対する取組姿勢、財務諸表など計算書類の質の向上への取組状況、ISO等の資格取得状況、人材育成への取組姿勢、後継者の存在等の諸項目が具体的に掲げられていますが、これらは経営者の基本的資質である「誠実性」を具体的に検証するための着眼点と考えられます。

　ただし、経営者の資質を企業の成長性の要素としてどのように勘案するかについては、単に優れた資質があるから評価するというだけでは不適切で、そのような経営者が策定した再建計画等があり、そのなかで経営者の資質が客観的に説明できることが必要です。

　経営者の資質を評価するに際して、企業訪問や経営指導等の実施状況、企業・事業の再生実績等が良好と認められる金融機関においては、その金融機関の評価が尊重されるものとされています。

　疎明資料としては、金融機関が企業訪問や経営指導等を通じて収集した情報、資料を用いた調査・分析データ、業務日誌などを活用します。なお、各地の商工会や商工会議所、中小企業診断士等の評価があれば、それらも判定材料として勘案できます。

Q40

中小企業の技術力、販売力はどのように評価するのですか

　企業の技術力や販売力を評価する際の判断材料として、金融検査マニュアル別冊は、①企業や従業員の有する知的財産権を背景とした新規受注状況や今後の見込み、②新商品等の開発や販売状況を踏まえた事業計画、③取扱商品等の業界内での評判を示すマスコミ記事、④取扱商品等の今後の市場規模や業界内シェアの拡大動向、⑤取扱商品等の販売先や仕入先の状況や評価、同業者との比較に基づく販売条件や仕入条件の優位性、などを例示しています。

　技術力や販売力の評価は、漠然とした世間的評判や抽象的な説明だけで判定することは不適切で、企業訪問や経営相談等を通じた債務者との密度の高いコミュニケーションによって、将来の企業収益予測に及ぼす効果を適切に評価・分析していることが業務日誌等で疎明できることが必要です。なお、企業訪問や経営指導等の実施状況、企業・事業再生実績等が良好と認められる金融機関が下した評価は、金融検査においても尊重されることとされています。

解　説

　中小・零細企業等の債務者区分判断に際して、企業の有する技術力や販売力を客観的に評価し、それを企業の将来の収益予測に反映させること

は、必ずしも容易なことではありませんが、マニュアル別冊では、これら
を評価する際の判断材料として、以下の事項を例示しています。

① 企業や従業員が有する特許権、実用新案権、商標権、著作権等の知的
　 財産権を背景とした新規受注契約の状況や今後の見込み

② 新商品・サービスの開発や販売状況を踏まえた今後の事業計画書等

③ 取扱商品・サービスの業界内での評判を示すマスコミ記事等

④ 取扱商品・サービスの今後の市場規模や業界内シェアの拡大動向等

⑤ 取扱商品・サービスの販売先や仕入先の状況や評価、同業者との比較
　 に基づく販売条件や仕入条件の優位性

　これら「技術力や販売力」の評価は、漠然とした世間的評価や抽象的な
説明だけで判定することは不適切であり、企業訪問や経営相談等を通じた
金融機関と債務者との密度の高いコミュニケーションによって、企業の技
術力や販売力が将来の企業収益予測に及ぼす効果を、適切に評価・分析し
ていることが業務日誌等から疎明されることが必要です。また、金融機関
が日々の渉外活動から入手できる情報を活用して、顧客が抱える経営上の
諸問題に対する解決策をアドバイスする「問題解決型ビジネス」に積極的
に取り組んでいる場合は、それを勘案して債務者区分の判断をすることも
有用です（マニュアル別冊・事例5、6、7、8参照）。

　なお、技術力の検討にあたっては、特許権や実用新案権の存在がなくと
も、具体的な製品化や大手企業との技術協力等の実態が確認できるのであ
れば、当該企業の技術力の高さを示す事例として将来の業績予測のプラス
材料と考えることができます（マニュアル別冊・事例6参照）。

　企業の技術力や販売力の評価にあたって、金融機関の企業訪問、経営指
導等の実施状況や企業・事業再生実績等が良好と認められる場合には、当
該金融機関の下した評価は金融検査においても尊重されます。また、法律
等に基づき技術力や販売力を勘案して承認された計画等（たとえば、中小
企業新事業活動促進法の「経営革新計画」や「異分野連携新事業分野開拓計

画」、その他公設試験研究機関や大学等の第三者機関による評価など）や、技術力等に関する中小企業診断士や各地商工会等の評価も、判定材料として勘案できます。

Q41

中小企業において経営改善計画等の策定ができない場合は、どのように扱いますか。金融機関が作成・分析した資料は勘案できますか

A 　中小・零細企業等では、経営改善計画等の策定ができていないことや、たとえ策定されていても不完全なものにとどまっている場合も多いので、その際は、資産売却予定、役員報酬や諸経費削減計画、収支改善計画等のほか、債務者の実態に即して金融機関が作成・分析した資料を踏まえて、債務者区分の判断を行います。

　金融機関が債務者からのヒアリングにより作成した経営指導計画書や、返済条件緩和の稟議の際に用いた返済能力の判断資料で代用することも、それらが債務者の経営実態を反映したものと認められる限りにおいて、妥当であると考えられます。

解 説

(1) 破綻懸念先の経営改善計画と債務者区分

　金融検査マニュアルは、破綻懸念先についての債務者区分の検証の項で、金融機関等の支援を前提として経営改善計画等が策定されている債務者については、当該計画の進捗状況がおおむね順調であり計画の実現可能性が高いこと等を要件に、これを要注意先としてもさしつかえないものとしています。また、さらに、中小・零細企業等については、必ずしも経営改善計画等が策定されていなくとも、当該企業の財務状況のほか、技術

力、販売力や成長性、代表者等の役員に対する報酬の支払状況、代表者等の収入状況や資産内容、保証能力等を勘案し、当該企業の経営実態を踏まえて検討するものとして、経営改善計画等の策定がされていないことをもって直ちに、その債務者を破綻懸念先と判断してはならないものとしています（Q58参照）。

⑵　中小企業融資での判断ポイント

「マニュアル別冊・中小企業融資編」では、検証ポイントとして、この点をさらに具体的に記載しています。すなわち、経営改善計画等が策定されていない場合でも、それに代えて、たとえば、今後の資産売却予定、役員報酬や諸経費の削減予定、新商品等の開発計画や収支改善計画等のほか、債務者の実態に即して金融機関が作成・分析した資料を踏まえて、債務者区分の判断を行うものとされています。

また、金融機関が債務者からのヒアリング等により経営指導計画書等を作成しているような場合、その内容について債務者が同意しており、再建時期の明示、過去の実績対比妥当な売上計画、達成可能な経費削減計画、妥当な借入金返済計画等があれば、それに基づき債務者区分の判断をすることも許容されています（マニュアル別冊・事例11参照）。

なお、今後の業績見通しや借入の返済能力の判断にあたり、経営改善計画等がない場合でも、たとえば、金融機関が返済条件の緩和を行う際に用いた、債務者の今後の収支見込み等をもとに返済能力を検討した資料等でそれを確認することもさしつかえありません（マニュアル別冊・事例12参照）。

他方、金融機関に支援意思があることだけの理由で、債務者区分の判断をすることは妥当ではなく、金融機関が当該企業を再建可能と判断した過程やその判断材料の妥当性が問われることになります。

(3) 疎明資料の範囲

　以上のような債務者区分判断の疎明資料については、その範囲が限定的にとらえられがちでしたので、平成16年のマニュアル別冊改訂においては、金融機関が債務者管理や自己査定のために用いる資料を含め、債務者の実態が把握できる幅広い資料に基づき、実質的な債務者区分判断ができることが明確化されました。

分類対象外債権とは何ですか

分類対象外債権とは、その債権の性格上、無条件で分類の対象
としない債権をいい、以下の債権が該当します。

① 決済確実な割引手形および特定の返済財源により短時日のう
　ちに回収が確実と認められる債権および正常な運転資金と認め
　られる債権

② 預金等および国債等の信用度の高い有価証券等の優良担保が
　付されている場合、あるいは、預金等に緊急拘束措置が講じら
　れている場合には、その処分可能見込額に見合う債権

③ 優良保証付債権および保険金・共済金の支払が確実と認めら
　れる保険・共済付債権

④ 政府出資法人に対する債権

⑤ 協同組織金融機関で、出資者の脱退または除名により、出資
　金の返戻額により債権の回収を予定している場合には、その出
　資金相当額に見合う債権

解 説

(1) 分類対象外債権と非分類債権

　分類対象外債権とは、債務者の財務状況、資金繰り、収益力等にかかわ
らず、資金使途や担保・保証等の状況により回収の確実性が極めて高いと

判断される債権です。同じ非分類の債権であっても、国や地方公共団体の
ような債務者の返済能力からみて非分類とされる債権とは区別されます。

(2) 分類対象外債権の内容

① 決済確実な割引手形……現状、正常に決済されている手形は、これを
決済確実とみなしてさしつかえありませんが、自行（庫・組）が自己査
定において、破綻懸念先、実質破綻先、破綻先として区分している先が
振り出した手形は、これに該当しません。

　なお、譲渡を受けた電子記録債権についても、決済確実な割引手形に
準ずるものは同様に取り扱ってさしつかえありません（金融検査マニュ
アル平成25年2月5日改訂）（Q103参照）。

② 特定の返済財源により短時日（おおむね1カ月以内）のうちに回収が
確実と認められる債権……特定の返済財源とは、近く入金が確実な増
資・社債発行代り金、不動産売却代金、代理受領契約に基づく受入金、
あるいは、返済に充当されることが確実な他金融機関からの借入金等
で、それぞれ増資、社債発行目論見書、売買契約書、代理受領委任状ま
たは振込指定依頼書、その他の関係書類により入金の確実性を確認でき
るものをいいます。

③ 正常な運転資金……正常な運転資金とは、正常な営業を行っていくう
えで恒常的に必要と認められる運転資金をいい、その資金の性格上、破
綻懸念先、実質破綻先および破綻先には認められません（Q43参照）。
ただし、破綻懸念先に対する運転資金であっても、特定の返済財源によ
る返済資金が確実に自行（庫・組）の預貯金口座に入金され、回収が可
能と見込まれるものについては、回収の危険性の度合いに応じ判断して
さしつかえありません。

④ 優良担保付または預金等（預金、掛け金、元本保証のある金銭の信託、
満期返戻金のある保険）に緊急拘束措置が講じられている場合における、

その処分可能見込額に見合う債権（優良担保の定義については、Q99参照）

⑤　優良保証付債権（優良保証の定義については、Q114参照）……優良保証付債権の資金使途が運転資金であり、当該運転資金とそれ以外の運転資金との合計額が正常運転資金相当額を超える場合は、分類対象外債権は正常運転資金相当額を限度とします。この点については、優良担保付債権においても同様と考えられます（下図の網かけ部分までが分類対象外となります）。

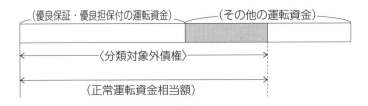

⑥　保険金・共済金の支払が確実と認められる保険・共済付債権……団体信用生命保険付債権について、東日本大震災の影響を勘案するに際しては、保険金支払事由の発生が確認でき、保険金の支払が確実と認められるのであれば、それを分類対象外債権としてさしつかえありません。ただし、保険金の支払の確実性を判断するにあたっては、保険金支払に係る契約内容を踏まえ検討する必要があります（特例措置等（FAQ）（3―8））。

⑦　政府出資法人に対する債権（ただし、Q44参照）

⑧　協同組織金融機関で、出資者の脱退または除名により、出資金の返戻額により債権の回収を予定している場合には、その出資金相当額に見合う債権

Q43

「正常な運転資金」について説明してください

正常な運転資金とは、営業上の決済資金や適正な在庫を保有するための資金など、正常な営業を行っていくうえで恒常的に必要と認められる運転資金です。たとえば、卸・小売業、製造業の場合には、以下の算式により算出される金額（融資シェアを考慮）を目安とし、それ以外の業種については、その業種特性を十分考慮するとともに、資金需要等のフロー面や事業の状況を考慮のうえ算出します。

　　正常な運転資金

　　　＝売上債権〔売掛金＋受取手形（割引手形を除く）〕

　　　　＋棚卸資産（通常の在庫商品であって不良在庫は除く）

　　　　－仕入債務〔買掛金＋支払手形（設備支手は除く）〕

　　また、正常運転資金に対して、「短期継続融資」で対応することは何ら問題がないことにも留意してください。

解説

(1) 正常な運転資金の考え方

　正常な運転資金は、企業が日々の営業を行っていくうえで恒常的に必要とする短期の資金繰り等の運転資金ですので、正常に営業活動を行っている限りにおいては商品の売上代金等が返済財源として見合っており、返済の確実性が高いことから、分類対象外とされています。

　したがって、このような運転資金が認められるのは、正常な営業活動が

Q44

政府出資法人とは、具体的には何を指しますか。政府出資法人および地方公共団体が出資または融資している債務者への債権の分類はどうなりますか

 政府出資法人とは、政府出資のある法人であり、具体的には、事業団、公庫、公社、特殊銀行・金庫、特殊会社、その他特殊法人等をいいます。

地方公共団体とは、地方自治法または地方公営企業法に基づく法人をいいます。

政府出資法人および地方公共団体が出資または融資している債務者への債権の分類は、原則として、一般事業法人に対する債権と同様の方法で分類します。

解 説

(1) 政府出資法人

政府出資法人とは、政府出資のある法人をいい、具体的には、事業団、公庫、公社、特殊銀行・金庫、特殊会社、その他特殊法人等を指します。

(2) 地方公共団体

地方公共団体とは、都道府県および市町村（これらを普通地方公共団体といいます）ならびに特別区、地方公共団体の組合、財産区および地方開発事業団（これらを特別地方公共団体といいます）を指します（地方自治法1条

の3）。

　また、地方公共団体の経営する企業であって次に掲げる事業を行う公営企業は、地方自治法等の特例を定めた地方公営企業法の適用を受け、地方公共団体に含まれます（地方公営企業法2条1項）。

① 　水道事業（簡易水道事業は除く。いわゆる「水道局」）

② 　工業用水道事業

③ 　軌道事業（都電、市電）

④ 　自動車運送事業（公営バス）

⑤ 　鉄道事業（公営地下鉄など）

⑥ 　電気事業

⑦ 　ガス事業

　これらの事業に係る出資、貸付等は地方公共団体の責任において行われることとされています（地方公営企業法17条の2）。

　このほか、病院事業についても地方公営企業法の財務規定が適用されますが、条例により地方公営企業法のすべての規定を適用することもできます。

(3)　政府出資法人および地方公共団体が出資または融資している債務者への債権の分類

　政府出資法人および地方公共団体に対する債権は分類対象外ですが、これらの法人や地方公共団体が出資または融資している債務者に対する債権は、原則として、一般事業法人に対する債権と同様の方法で分類します。具体的には、政府出資法人または地方公共団体からの支援が確実であることの合理的な根拠がある場合には、その支援内容を債務者区分に反映させることができますが、単に政府出資法人や地方公共団体の出資または融資を受けているというだけで、その債務者への債権を非分類（分類対象外債権）とすることはできません。

Q45

「十分な資本的性質が認められる借入金(資本性借入金)」とは何ですか。それはどのような場合に用いられますか

貸出条件が資本に準じた借入金を「十分な資本的性質が認められる借入金(資本性借入金)」といい、債務者区分の検討に際して、それを資本とみなすことができます。その主要な条件は、償還期限が5年以上で原則期限一括償還であること、金利設定が配当可能利益に応じたものとなっていること、破綻時の劣後性が約定されていることです。

資本性借入金は、既存の借入からの転換のほか新規借入の場合にも利用可能であり、債務者の資本強化策の一環として広く活用が可能です。

資本性借入金は無担保・無保証であることが原則ですが、債務者設定の担保権が付された新規融資の場合を除き、一定要件を充足している場合には資本性借入金として取り扱うことができます。

解説

⑴ 「十分な資本的性質が認められる借入金(資本性借入金)」の意義

平成20年改訂の金融検査マニュアルでは、「資産査定管理態勢の確認検査用チェックリスト」別表1(自己査定)1.⑶の注記において、債務者区分の判定に際して「債務者の実態的な財務内容の把握にあたり、十分な

資本的性質が認められる借入金は、新規融資の場合、既存の借入金を転換した場合のいずれであっても、負債ではなく資本とみなすことができることに留意する」旨が明らかにされています。この点については、「金融検査マニュアルに関するよくあるご質問（FAQ）」（平成29年5月30日改訂）（以下「FAQ」）の（9─13）および（9─14）において、以下のように解説されています。

　「債務者の財務内容の把握、評価は、財務諸表の数字といった形式にとらわれず、実態的に行う必要があります。「十分な資本的性質が認められる借入金」とは、貸出条件が資本に準じた借入金のことであり、当該借入金は、債務者区分の検討に当たって、資本とみなして取り扱うことが可能になります」（FAQ（9─13））。

　「十分な資本的性質が認められる借入金」は、……貸出条件の面において、資本に準じた性質が確保されていることが必要です。基本的には、償還条件、金利設定、劣後性といった観点から、資本類似性を判断することとなります」（FAQ（9─14））。

つまり、償還が他の債務に劣後するような借入金であって、融資期間が5年以上で原則として期限一括償還となっている「長期間償還不要な状態」であるもので、金利については、資本に準じて原則として「配当可能利益に応じた金利設定」となっており、かつ、「法的破綻時の劣後性」が確保されているものは、当該借入金を資本とみなして債務者区分を検討することができることになります。

　この取扱いは、あくまでも借入金の実態的な性質に着目したものであり、債務者の属性（債務者区分や企業規模等）、債権者の属性（金融機関、事業法人、個人等）や資金使途等により制限されるものではありません（前記FAQ（9─13））。したがって、従前の資本的劣後ローン（金融検査マニュアル別冊「中小企業融資編」検証ポイント7.に記載のもの）のように、「中小・零細企業に向けた要注意債権で合理的かつ実現可能性が高い経営

改善計画と一体で行われるもの」といった制限はありません（Q46参照）。

　金融庁は、平成23年11月22日付で「「資本性借入金」の積極的活用について」を公表し、「資本性借入金」に関する金融検査マニュアルの運用を明確化しました。これにより、「資本性借入金」の活用による金融円滑化措置等における企業再生支援の一層の促進が期待されています。

　(注)　「資本性借入金」という用語は、金融検査マニュアルにおいては使われ
　　　ておりません。同マニュアルでは、別冊「中小企業融資編」において従
　　　前から「資本的劣後ローン」という用語が用いられ、平成20年改訂で
　　　「十分な資本的性質が認められる借入金」が導入されたことに伴い、これ
　　　を「資本的劣後ローン（准資本型）」と命名、それに伴い従前のものは
　　　「資本的劣後ローン（早期経営改善特例型）」と名称変更されました（Q46参
　　　照）。前掲の金融庁文書では、「資本性借入金」を「十分な資本的性質が認
　　　められる借入金」と同義で用いていますが、本書では特に断らない限り、
　　　この二つの資本的劣後ローンを包含する概念として用いることにします。

(2)　金融検査マニュアルの運用明確化措置の要点

a　償還条件

　償還条件については、資本に準じて原則的に「長期間償還不要な状態」であることが必要です。具体的には、期間が5年超の期限一括償還が原則ですが、期限一括償還でなくても、長期間の据置期間が設定されており期限一括償還と同視できるような場合には、資本性借入金として認められます（FAQ（9—15））。従前は期間15年の特定の貸付制度を例示して条件の説明が行われていましたが、今般は条件が直接明記されました。

　また期限前弁済については、「債務者が自らの意思で」「任意に」それを行う場合には容認されます。債務の一部弁済であってもかまいません。ただし、「債権者の意思によって期限前弁済が可能である」旨の約定が付されている借入金は、資本性借入金の対象にはなりません（FAQ（9—23））。

　相殺については、当該借入金を受働債権とする債務者による相殺は許容

されます。しかし、債権者が当該借入金を自働債権として相殺をすることは認められません。

b 金利設定

金利設定については、「配当可能利益に応じた金利」（業績連動型）とすることが原則です。これは、赤字で利益配当ができない状況である場合には利子負担がほとんど生じないことを求める趣旨ですが、株式の場合における株主管理コストに準じた事務コスト相当の金利であれば、資本性借入金として容認されます（FAQ（9―16））。この場合、事務コスト相当の金利は、債務者の状況に応じコスト計算を行って算出することが原則ですが、簡便法として「経費率」を用いてもかまいません（FAQ（9―17））。

c 劣後性

資本性借入金の劣後性については、資本に準じて、原則として「法的破綻時の劣後性」が確保されていることが必要です（FAQ（9―18））。したがって、破産の場合には約定劣後破産債権となる旨の、民事再生手続や会社更生手続の場合には約定劣後再生債権または約定劣後更生債権となる旨の合意を、資本性借入金契約に規定化しておくことが必要です。

ただし、既存の担保付借入金から転換する場合等のように、担保解除が事実上困難であるため「法的破綻時の劣後性」が確保できない場合には、法的破綻以外の期限の利益喪失事由が生じても他の債権に先んじた回収を行わないことを契約するなど、少なくとも法的破綻に至るまでの間に他の債権に先んじて回収を行わない仕組みが備わっていれば、前記のような「法的破綻時の劣後性」が確保できていなくてもさしつかえないとされています（FAQ（9―18））。

(3) 担保付借入金・保証付借入金の取扱い

資本性借入金は、無担保・無保証であることが原則とされています。この原則は、新規融資の実行時、または既存債務の条件変更時においてのみ

求められるものではなく、全契約期間にわたって求められます。

　ただし次に述べるような状況にあれば、担保付きや保証付きの借入金を資本性借入金として取り扱うことができます。

a　既存の債務者提供設定担保につき担保解除を行うことが事実上困難な場合

　新規融資に債務者が担保権を設定した場合、通常、その融資が資本性借入金として扱われることはありませんが、たとえば、すでに債務者による担保権設定がなされている借入金を資本性借入金に転換する場合などにおいて、その担保解除を行うことが事実上困難な場合には、「法的破綻に至るまでの間において、他の債権に先んじて回収しない仕組み」を備えていれば、資本性借入金としての取扱いが認められます（FAQ（9―18）（9―19））。

　ここで「担保解除を行うことが事実上困難な場合」とは、たとえば、転換対象借入金につき、転換時の担保評価額でその一部でも担保からの回収が見込まれる場合が該当します。また、東日本大震災の被災地などにおいて、転換時の担保評価額では担保からの回収が見込まれなくとも、復興による担保価額の上昇が一定程度見込まれる場合も該当します。担保解除が事実上困難な場合には他にも様々な事例が考えられ、ここに掲げた事例に限定されるものではありません（FAQ（9―20））。

　既存の借入金を「通常の借入金」と「資本性借入金」に分割しようとする場合には、担保からの回収見込額をまず通常の借入金部分に優先的に充当したうえで、残額部分（資本性借入金に転換予定部分）の回収見込みを判断します。もし当該残額部分に係る担保からの回収見込みがない場合は、「担保解除を行うことが事実上困難」な場合に該当するとはいえませんが、その場合であっても、経営改善計画の進行に伴い「通常の借入金」の返済が進んで担保余力が生じることにより、残額部分につき担保からの回収を見込むことができるような計画等が策定されている場合には、「事実上困

難」なケースに該当すると判断してかまいません（FAQ（9─21））。

　「法的破綻に至るまでの間において、他の債権に先んじて回収しない仕組み」については、資本性借入金への転換契約書にその旨の特約条項を設けることが考えられます。すなわち、「債権者（金融機関）は変更後債権につき債務者から担保権の設定を受けていた場合、今後その一切の担保権を実行しない。ただし、債務者が法的倒産手続の開始を申し立てた場合は、債務者は変更後債権の期限の利益を喪失し、債権者は設定済の担保権を実行することができる」旨の特約を結ぶことで対応が可能です。

b　保証・物上保証の場合の債権者による権利の不行使と関係者の同意

　すでに保証や物上保証（第三者による担保権の設定）がある借入金については、「長期間の償還不要状態」「配当可能利益に応じた金利設定」「法的破綻時の劣後性」といった条件が、保証や物上保証の履行後も確保できる仕組みが備わっていれば、当該借入金を資本性借入金として取り扱うことが可能です（FAQ（9─22））。それには、債権者と主債務者間で保証契約の履行請求または担保権の実行を行わない旨を約定することに加えて、求償権に関し前記3条件が具備されることにつき当該保証人または担保権設定者の同意を得ておくことが必要です。この手当てがあれば、これらの保証や物上保証が付された新規融資であっても、それを資本性借入金として取り扱うことができます。

(4)　資本性借入金の利用方法

　資本性借入金を用いる場合の制限はありませんが、一般に資本強化が必要とされる場合、すなわち、創業時、事業拡張や新規参入時や経営改善の一環としての活用が想定されます。東日本大震災の影響や急激な円高進行等から資本不足に陥っている企業の再生支援のツールとしての活用も期待されます（FAQ（9─33））。いわゆるコロガシ単名手形の取引正常化にも利用可能でしょう（Q68参照）。

資本的劣後ローン（早期経営改善特例型）の場合以外は、対象先は中小・零細企業に限定されず、また債務者区分の制限もありません。経営改善計画の策定は要件ではありませんが、たとえば、破綻懸念先について導入を図り債務者区分のランクアップにつなげるには、詳細かつ具体的な計画策定までは求められないとしても、一定の経営改善見通しがあることが必要でしょう（FAQ（9—31））。

(5) 資本性借入金を資本とみなす際の留意事項

資本性借入金については、償還までの相当期間（5年以上）を有するものは、その残高の100％を資本とみなすことができます。ただし残存期間が5年未満となったものについては、1年ごとに20％ずつ資本とみなす部分を逓減させる扱いとなります。

残存期間	資本とみなす部分	負債とみなす部分
5年以上	100%	—
4年以上5年未満	80%	20%
3年以上4年未満	60%	40%
2年以上3年未満	40%	60%
1年以上2年未満	20%	80%
1年未満	—	100%

なお、資本性借入金に期限の利益喪失条項が付せられている事例において、当該借入金に債務不履行等の期限の利益喪失事由が発生した場合には、喪失に係る債権等の権利行使が行われない場合であっても、債務不履行状態の解消や条件の見直し等により喪失事由が解消するまでの間は、通常の負債とみなして債務者区分の検討を行います（以上、FAQ（9—29））。

また、他の金融機関における借入金であっても、資本性借入金の要件を備えていると確認できる場合には、当該借入金を資本とみなしてさしつかえありません。ただし、残存期間等の状況については定期的にチェックする必要があります（FAQ（9—25）（9—26））。

⑹ 資本性借入金と貸倒引当

　既存貸出を資本性借入金に変換した場合は、原則として所定の貸倒引当金を計上する必要があります（Q66参照）。

　金融機関が、債務者における既存の借入金を「十分な資本的性質が認められる借入金（資本性借入金）」に転換する場合、それが「法令の規定による整理手続によらない関係者の協議決定」で下記のいずれかの事由に基づいて、弁済期限の延長が行われた「資本性借入金」のうち、「当該事由の生じた日の事業年度終了の日の翌日から5年を経過する日までに弁済されることとなっている金額以外の金額」、つまり6年目以降に弁済される金額については、担保等による取立見込額を除いて、原則的に当該事業年度の所得の金額の計算上、貸倒引当金勘定への繰入れにより損金の額に算入してさしつかえありません。

① 　債権者集会の協議決定で、合理的基準により債務者の負債整理を定めているもの

② 　行政機関、金融機関その他第三者の斡旋による当事者間の協議により締結された契約で、その内容が①に準ずるもの

　つまり、既存の貸出を資本性借入金に変換した場合、当該変換契約日の属する事業年度の末日の翌日から5年以内に当該借入金が一括償還されるものでない限り、当該借入金の一括償還予定額については、法人税法施行令96条1項1号ニの適用が認められます。しかし、個別事案につきこの取扱いが可能か否かについては、事前に国税局・税務署の窓口に相談したほうがよいでしょう。

　上記内容については、前掲FAQ（9−54）の後に、特設の「問」と「答」として説明があります。

　なお、本件については、Q138も参照してください。

Q46

「資本的劣後ローン（早期経営改善特例型）」と「資本的劣後ローン（准資本型）」の違いについて説明してください

 平成20年11月の「マニュアル別冊・中小企業融資編」改訂においては、十分な資本的性質が認められる借入金を、新たに「資本的劣後ローン（准資本型）」と呼称することとし、それに伴い従前の資本的劣後ローンは「資本的劣後ローン（早期経営改善特例型）」と称することとされました。

解　説

　平成20年3月の金融検査マニュアル改訂では、債務者区分の判定に際して、十分に資本的性質が認められる借入金は、負債でなく資本とみなすことができる旨の「資産査定管理態勢の確認検査用チェックリストの自己査定（別表1）1.(3)」の注記が付け加えられ、Q45に掲げた要件を満たすような借入金は、十分な資本的性質が認められるものとされています。

　平成20年11月には、これを受けて「マニュアル別冊・中小企業融資編」も所定の改訂が行われ、「検証ポイント7．資本的劣後ローンの取扱い」において、前掲のような借入金を「資本的劣後ローン（准資本型）」と命名して従前の資本的劣後ローンと区別し、従前のものは「資本的劣後ローン（早期経営改善特例型）」と呼称されることになりました。

　貸出債権の全部または一部を「准資本型劣後ローン」に転換している場合には、債務者区分の判定において、当該ローンを前記マニュアル注記の

趣旨に合致する借入金として資本とみなすことができるとされています（「検証ポイント7.　資本的劣後ローンの取扱いについて」に(3)として追記）。

　准資本型劣後ローンはあくまでも借入金自体の実態的性質に着目したものであり、早期経営改善特例型の劣後ローンに係る諸条件（下記）を充足するか否かにかかわらず、これを資本とみなすことができます。したがって、債務者の属性や資金使途等の制限を受けることはありません。

(参考)　資本的劣後ローン（早期経営改善特例型）の取扱い

　中小・零細企業向け要注意先債権で、貸出債権の全部または一部を、合理的かつ実現可能性が高い経営改善計画と一体で、下記の要件をすべて充足する貸出金（これを「資本的劣後ローン（早期経営改善特例型)」といいます）に転換している場合には、債務者区分等の判断において、当該ローンを当該債務者の資本とみなすことができます。

①　ローン契約が金融機関と債務者の間で双方合意のうえ締結されていること。

②　当該ローンの返済（デフォルトによる場合を除く）については、当該ローンへの転換時に存在する他のすべての債権および計画中に新たに発生することが予定されている貸出債権が完済された後に償還が開始されること。

③　債務者にデフォルトが生じた場合、金融機関側の当該ローンの請求権の効力は、他のすべての債権が弁済された後に生ずること。

④　債務者が金融機関に対して財務状況の開示を約していること、および金融機関が債務者のキャッシュフローに対して一定の関与ができる権利を有していること。

⑤　当該ローンが④や他の約束違反により期限の利益を喪失した場合には、債務者が当該金融機関に負っているすべての債務について、期限の利益を喪失すること。

　なお、この資本的劣後ローンを資本とみなすに際しては、当該ローンに

つき「資本的劣後ローン等に対する貸倒見積高の算定及び銀行等金融機関が保有する貸出債権を資本的劣後ローン等に転換した場合の会計処理に関する監査上の取扱い」（平成16年11月2日付、日本公認会計士協会）を参照したうえで、会計ルールに基づいた適切な引当を行うことが必要です。

　（「マニュアル別冊・中小企業融資編」検証ポイント7．資本的劣後ローンの取扱い(1)および事例27）

Q47

正常先の定義を説明してください

 正常先とは、業況が良好であり、かつ、財務内容にも特段の問題がないと認められる債務者をいいます。言い換えれば、要注意先、破綻懸念先、実質破綻先、破綻先のいずれにも該当しない先が正常先となります。

解 説

(1) 正常先の把握

正常先とは、債務者の財務内容、資金繰り、収益力等からみて特段の問題がない（債権の回収の危険性がない）と認められる債務者をいいます。

なお、債務者の状況判断にあたっては、表面的な事象にとらわれることなく、

① 業界としての成長性

② 業界における当該企業の位置づけ

③ 技術力

④ 販売力

⑤ 経営者の識見・健康

⑥ 後継者の有無

⑦ 経営陣の資質

⑧ 従業員の状況

等、定性的な要因も考慮して総合的に判断することが必要です。

⑵　正常先の管理

　正常先とは、要注意先、破綻懸念先、実質破綻先、破綻先のいずれにも
該当しない先をいいます。それゆえ、信用格付において正常先の対応区分
が最も多くの格付区分に分かれていることからもわかるとおり、正常先と
いえども個々の先の信用リスクの度合いは異なっており、正常債権から償
却等が発生する可能性も無視できません。

　したがって、問題債権のみならず、正常先の下位の格付への遷移に関す
るデータの整備等により、正常債権から問題債権への転化の実態を早期に
把握できる体制の整備も、信用リスク管理のうえで重要課題の一つとなり
ます。

「業況が良好」「財務内容に特段問題がない」とは、どのように判断すればよいですか

「業況が良好」とは、業績が良好で、安定した収益が確保され、今後の収益見通しにも、問題が認められない状況をいいます。
また、「財務内容に特段問題がない」とは、繰越欠損や不良資産、ならびに過大な借入金がないなど、財務状況が健全で、各種財務比率にも特段の問題がない状況をいいます。

解　説

　「業況が良好であり、かつ、財務内容にも特段の問題がない」と認められる債務者は正常先に区分されますが、言い換えれば、「業況が良好」「財務内容に特段問題がない」とは、要注意先、破綻懸念先、実質破綻先、破綻先のいずれの要件にも該当しない債務者の状況を指します。
　主なチェック項目は、以下のとおりです。

（1）「業況が良好」

① 収益性に問題がないか（総資本利益率、売上高利益率等収益性を示す指標はどうか）

② 収益の安定性はどうか（悪化の徴候はないか、今後の見通しはどうか）

③ キャッシュフローによる債務償還能力はどうか

④ 業界の動向はどうか

⑤ 企業を取り巻く経済環境はどうか　　　等

(2) 「財務内容に特段問題がない」

① 繰越欠損はないか

② 債務超過になっていないか

③ 固定資産への過大投資はないか

④ 棚卸資産は過大でないか

⑤ 借入過多ではないか

⑥ 内部留保は十分か

⑦ 減価償却の不足はないか

⑧ 受取債権が不良化していないか

⑨ 不良在庫、架空在庫はないか

⑩ その他、資産内容に含み損失が発生していないか

⑪ 各種財務比率に問題はないか　　　等

要注意先の定義を説明してください

債務者区分の決定にあたっては、債務者の実態的な財務内容、資金繰り、収益力等により返済能力を検討し、貸出条件およびその履行状況を確認のうえ、事業の継続性と収益性の見通し、経営改善計画等の妥当性、金融機関等の支援状況等を総合勘案して判断します。

要注意先と判断するポイントは、①貸出条件に問題があるか、②債務の履行状況に延滞等の事実があるか、③財務内容や業況に懸念材料があるか、の3点です。

解 説

(1) 債務者区分決定の基本スタンス

債務者区分は、債務者の実態的財務内容、資金繰り、収益力等により、その返済能力を検討し、債務者に対する貸出条件およびその履行状況を確認のうえ、業種等の特性を踏まえて、事業の継続性と収益性の見通し、キャッシュフローによる債務償還能力、経営改善計画等の妥当性、金融機関等の支援状況などを総合的に勘案し、決定されるべきものとされています。

なお、「債務者の実態的な財務内容」の把握に際して、十分な資本的性質が認められる借入金については、これを負債ではなく資本とみなすことができる点に留意が必要です（Q45参照）。また、中小・零細企業等については、当該企業の財務状況のみならず、技術力、販売力、経営者の資質

やこれらを踏まえた成長性、代表者等に対する報酬の支払状況、代表者等の収入状況や資産内容、保証能力等を勘案し、当該企業の経営実態に即して判断することが求められます（前項Ｂ「マニュアル別冊・中小企業融資編の取扱い」Q31〜Q41参照）。

(2) 要注意先の定義

要注意先の定義ですが、次のような問題点を一つまたは複数抱えている債務者であって、今後の管理に特に注意を要する債務者ということになります。

① 金利減免・棚上げを行っているなど貸出条件に問題がある債務者

② 元本返済もしくは利息の支払が事実上延滞しているなど履行状況に問題がある債務者

③ 業況が低調ないしは不安定な債務者または財務内容に問題がある債務者

これらの問題点を個別に説明しますと、以下のとおりです。

① 貸出条件に問題のある場合とは

　　リスク管理債権の開示基準となっている貸出条件緩和（ただし、経済的困難に陥った債務者の再建または支援を図り、債務者に有利な一定の譲歩を与える約定条件の改定等を行った場合に限る）を行っている債務者と同じと考えてよいでしょう。

② 債務の履行状況に問題があるとは

　　文字どおり貸出約定に従った債務の履行が実行されていない場合です。もっとも、表面的には延滞となっていないが別途に元本の弁済資金あるいは利息支払資金を融資しているような場合には、実質的に弁済能力があるとはいえず、「事実上延滞している」ことになります。

③ 業況が低調ないし不安定、または、財務内容に問題があるとは

　　売上げの伸び悩み、利益率が低下傾向にあること、または赤字決算、

営業基盤の弱体化、不良資産の内在など、経営に問題点があり、与信管理上注意を要する債務者を指します。

なお、要注意先は、要管理債権（Q61参照）を抱えている「要管理先」と、それ以外の「その他要注意先」とに分けて管理することが望ましい、とされています。この場合、要管理債権が貸出条件緩和債権（Q61参照）のみであり、そのすべてが資本性借入金（Q45参照）または「マニュアル別冊・中小企業融資編」7.記載の資本的劣後ローンとみなすことができる債権である債務者は、「要管理先」には該当しません（金融検査マニュアル「資産査定管理態勢の確認検査用チェックリスト」（別表1）自己査定」1.(3)②注記）。

また、親会社等の財務状況が良好であるとの理由で、本来は破綻懸念先以下の区分とすることが相当な債務者を要注意先とすることは不適切です（Q52参照）。

「創業赤字」とは何ですか。そのような債務者を正常先に区分できますか

新たに事業展開することに伴い発生する赤字を創業赤字といいますが、創業赤字の発生負担状況が当初事業計画と大幅な乖離がない債務者については、正常先と判断してさしつかえありません。

解 説

(1) 創業赤字の考え方

　一般的に、新しく事業を開始した場合には、事業が本格的に軌道に乗るまでの期間は赤字が続くことがあり、これを創業赤字といいます。

　創業赤字の適否は、当初事業計画との大幅な乖離がないかどうかにより判定します。当初事業計画が合理的なものであり、かつ、事業の進捗状況と当初事業計画を比較し実績がおおむね事業計画どおりで、その実現可能性が高いと認められる場合には、その創業赤字を適切とみなし、そのような事業を展開している債務者を正常先と判断してさしつかえありません。

(2) 創業赤字判定の目安

　創業赤字を適切と判断する具体的基準としては、業種等により異なるものの、原則として黒字化する期間がおおむね5年以内となっており、かつ、売上高等および当期利益が事業計画に比しておおむね7割以上確保されていることが目安とされています。

ただし、本基準を機械的、画一的に適用することは適切ではなく、業種等の特性を踏まえ、事業内容、事業規模、キャッシュフローによる債務償還能力等のほか、債務者の技術力、販売力および成長性等を総合的に勘案して判断することが大切です。

Q51

「一過性の赤字」とはどのような場合をいうのですか。また、「マニュアル別冊・事例28」のポイントは何ですか

 　赤字先は一般的に今後の管理に注意を要する債務者であり、原則として要注意先に債務者区分することになります。しかし、赤字企業でも、それが一過性の原因によるものであったり、創業赤字とみられる場合には、要注意先とする必要はありません。

　中小・零細企業等の赤字先の債務者区分の判断にあたって、「マニュアル別冊・事例28」では、赤字や債務超過が生じているといった表面的現象のみにとらわれることなく、取引実績やキャッシュフロー面を重視して経営実態を総合的に把握することを強調しています。

解 説

(1)　赤字の原因・背景と債務者区分

　赤字企業は、一般的に今後の貸出管理に注意を要する債務者であり、原則として、要注意先に区分されることになります。しかし、「一過性の赤字」や「創業赤字」と判断される場合には、正常先とすることができます。

　赤字の原因、背景等を整理しますと、おおよそ次の三つになります。

①　売上不振等、業績の低迷によるもの

　売上げの減少があっても、それが一時的な要因によるものであれば、

特に問題はありません。しかし、売上不振の原因が商品自体の陳腐化、あるいは消費者行動の変化による企業体質的・構造的な要因によるものであれば、業績の回復には相当の困難が伴うものであり、このような要因によって赤字となっている企業は、原則として要注意先に区分することとなります。

② 不要となった設備の除却損や役員退職金の支払など、特別な損失が発生したことによるもの

このような赤字は、いわば企業の業績等とは直接関係なく、また、企業の営業体質に原因があることによるものではありませんので、一過性の赤字とみることができます。このような一過性の赤字については、短期間に再び黒字化することが確実とみられるならば、債務者の実態判断を行う際に、特に重く考える必要はなく、当該債務者を正常先としてさしつかえありません。

③ いわゆる創業赤字によるもの

この場合はQ50に述べられた基準に従って債務者区分を判断します。赤字先の債務者区分の決定に際しては、業種等の特性を踏まえ、当該債務者の業況、赤字決算に至った原因、企業の内部留保状況、今後の決算見込み等を総合的に勘案して行うものとされ、機械的、画一的に判断してはなりません。

(2) 「一過性の赤字」先でも正常先とできない場合

たとえ赤字発生原因が一過性とみられる場合でも、当該赤字が企業体力から考えて短期間で解消できず、繰越欠損として相当期間（通常、2年以上）にわたって決算上の負担になるような場合は、業績不振等による赤字と同様に考えて債務者区分を行います。

また、現に元利金が延滞となっている場合、あるいは貸出条件の緩和等を行っているような場合にも、要注意先に区分することになります。

(3) 中小・零細企業等の赤字先（マニュアル別冊・事例28）

中小・零細企業等については、総じて景気の影響を受けやすく、自己資本が小さいために一時的収益悪化によって債務超過に陥りがちであり、大企業に比べるとリストラの余地等も小さいので黒字転換や債務超過の解消までに時間がかかる傾向があります。そこで、「マニュアル別冊・中小企業融資編」は、これらの企業の債務者区分判断にあたっては、赤字や債務超過が生じているといった表面的現象だけで行わずに、これまでの取引実績やキャッシュフロー面を重視して経営実態を総合的に勘案することを求め、具体的判断事例として「事例28」を設けています。この事例のような、一時的かつ外部的要因によって大幅な赤字、債務超過が生じたものの、本業経営は順調でキャッシュフローも悪化していない中小企業等については、今後の約定返済が可能と見込まれるならば、これを「正常先」と判断してさしつかえないと考えられます。

(4) 減価償却費の負担により赤字になっている場合の債務者区分の考え方

金融庁は平成24年9月4日、「金融検査マニュアルに関するよくあるご質問（FAQ）」の一部改訂を行い、減価償却費の負担により、赤字となっている場合の債務者区分の考え方を明確にしました（FAQ（9-5））。

具体的には、減価償却費の負担により赤字となっている債務者については、債務者区分の判断にあたり、金融検査マニュアルに記載されている「キャッシュ・フローによる債務償還能力」に問題が生じるおそれがありますが、仮にそのような場合であっても、金融機関に約定どおり借入金を返済している中小企業については、たとえば、①減価償却を定率法で行っていることから、投資後初期の段階における減価償却費負担が大きいことが赤字の要因となっている場合や、②金融機関への返済資金を代表者等から調達している場合なども考えられますので、金融機関において、「赤字

の要因や返済状況、返済原資の状況を確認」することが必要であり、その
うえで、返済能力について特に問題がないと認められる債務者については
その債務者区分を「正常先」と判断してさしつかえないとしています。

Q52

親会社の財務状況が良好な場合、子会社等の債務者区分にそれを勘案できますか

A 　親会社の財務状況が良好であることのみの理由で、その子会社等の債務者区分を決定することは、適切ではありません。あくまでも、当該子会社等の財務内容、収益状況等を個別に検討して、区分することが原則です。

　ただし、親会社の支援内容が当該親会社において機関決定済みであり、具体的な支援効果が判定できるような場合には、それを勘案して債務者区分を決定することも可能です。

解　説

　債務者区分は、あくまでも債務者の財務内容、収益内容等を個別に検討して判断することが原則です。したがって、いかに親会社の財務内容が良好だからといっても、それだけの理由で、本来は破綻懸念先に相当する子会社等を要注意先等とするようなことは、不適切です。

　しかし、経営不振の子会社等の再建に親会社が積極的に関与し、支援しているケースは珍しくありません。

　これら子会社等の査定にあたって、特に親会社の財務状況等を勘案できるのは、親会社の支援いかんが当該子会社等の債務者区分の判断に大きく影響する場合です。すなわち、親会社が当該子会社等を支援することにつき、取締役会あるいは常務会等の経営の意思決定機関において決定し、さらにその支援内容が具体的（たとえば、債務免除による利益供与、増減資に

よる債務超過の解消など）に示されているような場合には、当該子会社等を破綻懸念先とせず、要注意先と区分してもさしつかえないと考えられますが、その場合でも、親会社の財務状況等からみて決定している支援が可能であることに加え、少なくとも２、３期後には当該子会社等の債務者区分が要注意先以上へ上位遷移することが見込まれることが必要でしょう。

　なお、親会社が子会社等の銀行借入を保証しているだけにとどまっている場合には、当該子会社等の経営実態に即して債務者区分を決定したうえで、保証付きの貸出部分を、親会社の信用状況により非分類（優良保証に該当する場合）、またはⅡ分類（一般保証の場合）とすることが相当です。

Q53

債務超過先であっても、短期間に解消見込みならば正常先とできますか。「短期間」とはどの程度を指すのですか

 　現状は債務超過先であっても、業績の回復が順調で、今後短期間で債務超過を解消できる見込みの債務者は、「要注意先」とすることができます。そして、その期間が今後1年間程度と見込まれる先については、業績回復が合理的に見通せるならば、これを「正常先」と判定する余地もあるでしょう。

解説

(1)　債務超過先の区分

　債務者区分にあたっては、債務者の財務状況、資金繰り、収益力等を検討し、返済能力を総合的に判定して債権回収の危険性の度合いを判断します。したがって、債務超過先であっても単にそれだけを理由に、これを破綻懸念先と決めつけることをせず、債務超過の程度、債務超過期間、その解消見通しを勘案して、債務者区分の判定を行うべきです。

(2)　金融検査マニュアルの基準

　金融検査マニュアルによれば、「実質破綻先」は実質的に大幅な債務超過に陥っていて、それが相当期間継続しており、事業好転の見通しがない状況の先です。

　「破綻懸念先」は、実質債務超過状態にあり、業況が著しく低調で、事

業好転見通しもほとんどない状況の先といえます。

「要注意先」については、同マニュアルには具体的記載はありませんが、債務超過の程度は浅く、債務超過期間も比較的短くて、現状の利益確保状況からすれば、今後短期間のうちに債務超過を解消できる見通しにある先といえるでしょう。

したがって、債務超過先であっても、それが今後3～5年程度以内で解消できる見込みならば、基本的に当該債務者を「要注意先」とすることはさしつかえないでしょう。さらに、その期間が今後1年間程度と極めて短期間で見積もられる場合には、当該債務者を「正常先」と判定できる余地もあると考えられます。ただし、これらの場合、業績回復見通しが合理的に見込まれることが前提条件となります。

なお、金融庁・監督指針によれば、貸出条件緩和債権に係る「卒業基準」について、実現可能性の高い抜本的な経営再建計画に沿った金融支援実施により経営再建が図られている場合、当該計画対象債権は貸出条件緩和債権には該当しないものとし、「実現可能性の高い」と判定する要件として、①計画実現に必要な関係者の同意、②債権放棄など支援の額の確定（追加的支援は不要であること）、③計画上の売上高、費用、利益予測が十分に厳しいものであることを掲げています。そして、さらに「抜本的な」と判定する要件としては、おおむね3年後の債務者区分の業況が良好であり、かつ、財務内容にも特段の問題がないと認められる状態となること（ただし、債務者企業の事業の特質により3年を超えることも許容）があげられています（詳しくはQ67参照）。

Q54

不渡手形や融通手形および期日決済に懸念がある
割引手形を有する債務者が要注意先に区分されな
い場合がありますか

 　　　債務者区分の判断は、あくまで財務内容、資金繰り、収益状
況、債務者に対する貸出条件および延滞状況等による回収の可能
性などを検討して決めるべきものです。

　　　したがって、不渡手形や融通手形等を有するだけの理由で、直
ちに当該債務者を要注意先に区分することにはなりませんが、そ
れらの手形が債務者の収益や資金繰りにどの程度の負担となるか
が判断のポイントとなります。

解　説

⑴　問 題 点

　不渡手形や融通手形を保有している債務者にあっては、資金繰りに問題
が生じたり、あるいは当該不渡手形を償却する（損金として処理する）こ
とによって収益面に大きな負担となることは避けられませんので、通常以
上の管理が必要となります。

　融通手形や期日決済に懸念ある割引手形を保有していることは、他人へ
資金の融通支援をしていることになるので、当該債務者の資金余力などに
つき慎重な管理が必要です。

⑵　査定のポイント

　不渡手形や融通手形および期日決済に懸念がある割引手形を保有している債務者については、基本的には資金繰り面、収益面に問題を抱えていることになります。したがって査定にあたっては、当該不渡手形や不渡りのおそれのある手形、あるいは融通手形が当該債務者の収益、資金繰りにどの程度の負担となるかという点が、要注意先とすべきかどうかの判断のポイントとなります。

　当該不渡手形等を償却するに足る収益力、内部留保があるかどうか、また、不渡手形となった場合に資金繰りのうえで齟齬をきたすことがないかどうかを検討し、今後、当該債務者に対する貸出金が延滞となるおそれもなく、また、貸出条件緩和等を行う必要がない場合には、正常先として区分してさしつかえありません。

　ただし、融通手形に応ずるような企業の経営姿勢は、金融機関側からみれば好ましいものではなく、それらを損失処理するなど、本来あるべき会計処理がなされないままとなっている場合には、財務内容に相応の問題が生じていることも考えられるので、原則的には要注意先として管理すべきと考えます。

Q55

「金利減免」および「基準金利」の定義を教えて
ください。「取引の総合的な採算」を勘案すれば、
基準金利と実質的に同等の利回りが確保されてい
る場合は、どのように扱われるのですか

　　金利減免債権とは、金利引下げを行った貸出金のうち、債務者
の再建・支援を目的に実行されたものであって、「基準金利」ま
たは実質的にこれと同等の利回りが確保されていない債権をい
い、銀行法施行規則19条の2によるリスク管理債権額の開示基準
として示されている①破綻先債権、②延滞債権、③3カ月以上延
滞債権および④貸出条件緩和債権の四つの区分のなかの貸出条件
緩和債権のうちの一つとされています。

　　また、「基準金利」とは、「当該債務者と同等な信用リスクを有
している債務者に対して、通常適用される新規貸出実行金利」と
定義され、これを下回るような金利が適用されている貸出金は貸
出条件緩和債権に該当するとされていますが、当該貸出金以外の
貸出金利息や手数料収入、担保・保証等による信用リスクの増減
などによる取引の総合的な採算を勘案すれば基準金利と実質的に
同等の利回りが確保されている場合には、貸出条件緩和債権には
該当しないことになります。

解　説

(1)　金利減免債権の定義

　金利減免債権は、貸出条件緩和債権（債務者の経営再建または支援を図ることを目的として、金利の減免、利息の支払猶予、元本の返済猶予、債権放棄その他の債務者に有利となる取決めを行った貸出金：銀行法施行規則19条の2第1項5号ロ(4)）のなかの一つとされ、リスク管理債権額の開示基準（銀行法施行規則19条の2）に含まれます。

　金利減免債権の定義は、平成11年3月31日付で改正された金融監督庁（平成12年7月1日より金融庁）の「金融監督等にあたっての留意事項について（事務ガイドライン）」に示されましたが、平成15年5月16日付で貸出条件緩和債権の定義が一部改定され、さらに平成17年10月28日付監督指針において、金利を引き下げた貸出金のうち、債務者の経営再建または支援を図ることを目的として実行されたものであって、かつ当該債務者に係る他の貸出金利息、手数料、配当等の収益、担保・保証等による信用リスク等の増減、競争上の観点等の当該債務者に対する取引の総合的な採算を勘案して、当該貸出金に対して、以下に述べる「基準金利」が適用される場合と実質的に同等の利回りが確保されていない債権を指すものとされています。

(2)　金利の引下げが貸出条件緩和債権に該当する場合

　要注意先債権に対する金利引下げが、「当該債務者と同等の信用リスクを有する債務者に対して通常適用される新規貸出実行金利」（これを「基準金利」と称します）を下回るような場合には、通常「債務者の経営再建または支援を図ることを目的」としていると考えられ、貸出条件緩和債権に該当することになります。ただし、債務者の経営再建または支援目的かど

うかの判断は、債務者の経営状況および金融機関の意図等に基づいて行われることを要します。したがって、他の金融機関との競争上の観点から決定されたものや、当初約定時点から決められていたもの等の場合には、経営再建または支援目的とは認められないと考えられ、貸出条件緩和債権とはならないことになります。

　なお、破綻懸念先以下の債務者については、一般的に新規貸出は実行しないと考えられるので、金利減免等が行われた場合はすべて、貸出条件緩和債権に該当します。ただし、破綻先債権、延滞債権、３カ月以上延滞債権に該当する場合は除かれます。

(3)　基準金利

　ここでいう「基準金利」とは、同等の信用リスクを有する債務者群に対して通常適用される新規貸出実行金利であり、貸倒れなどに伴う信用リスクコスト、資金調達コスト、経費コストを織り込み、経済合理性に従って決定されます。

　基準金利を合理的に設定するには、貸出条件緩和の債権の判定対象となる要注意先の債務者について、信用リスクを適切に反映した複数の区分を設け、それぞれの区分に応じた新規貸出約定金利（原則として過去１年以内に新規約定を締結した貸出債権の約定金利）を貸出金額で加重平均する方法で算出します。この場合、単なる「要管理先」および「その他要注意先」の区分は、信用リスクに基づく区分とはいえないとされ、過去のデータ蓄積が不十分である等により信用リスクの精緻な計測を行うことができない場合には、要注意先全体を一つの「同等な信用リスクを有している債務者」グループとみなして基準金利を設置することも、当面は認められるものの、データの蓄積等を行ったうえで、将来的には信用リスクに応じた適切かつ精緻な区分を設けることが必要であるとされています（平成21年６月26日付改訂の金融庁「貸出条件緩和債権関係Ｑ＆Ａ」（以下、「Ｑ＆Ａ」）各

論問１）。

⑷ 「基準金利」と「取引の総合的採算」

貸出金に対して基準金利が適用されている場合と実質的に同等の利回りが確保されていれば、当該貸出金は貸出条件緩和債権とはなりませんが、その際に総合的な採算として勘案される要素としては、たとえば、当該債務者に係る他の貸出金利息、金利以外の手数料、配当等の収益、担保・保証等による信用リスクの増減、競争上の観点等があげられ、その場合には、当該債務者から貸出期間にわたって継続的に収受が見込める収益、あるいは一時的なものであっても合理的な計算に基づき貸出期間全体にわたって配分可能な収益であり、かつ間接費用を含む費用を控除した後の利益で勘案するものとされています。また、将来の収益については、貸出期間にわたってその収入が確実に得られることが合理的に説明可能である場合にのみ勘案することができます（Q&A各論問15）。

ただし、このようにして求められた、ある信用区分における新規貸出約定平均金利が、当該区分の信用リスク等（デフォルトリスクだけでなく回収可能性等も勘案した貸出金に係るリスク）に見合うリターンが確保されている旨を合理的・客観的に証明できる方法により求めた金利（理論値）を著しく下回る場合には、その理論値金利を基準金利とすることとされています（Q&A総論問１、各論問３）。この理論値金利は、各金融機関がそれぞれデータ蓄積状況や貸倒引当金の算出方法等に準じて、合理的に算出されるものですが、理論的には

$$\frac{倒産確率（PD）×倒産時損失率（LGD）}{1-（PD×LGD）}+調達レート+経費率$$

で求められます（Q&A各論問４）。各金融機関においては適切な信用区分ごとに、合理的・客観的方法で求めた理論値金利と新規貸出約定平均金利を比較したうえで、著しい乖離の有無についての合理的な説明が可能な形

で、基準金利を設定することが望まれます。

さらに、担保・保証等の差異や貸出期間の長短などの個々の貸出金の属性は、基準金利の算定段階では勘案されず、「取引の総合的採算」を検討する段階で勘案されることになります（Q＆A各論問9）。

(5) 信用リスクについての判断基準

基準金利を構成する信用リスクコストの検証に関して、金融検査マニュアルはいくつかの判断基準を示しています。

まず、担保や保証により100％保全されており信用リスクが極めて低いと考えられる場合には、調達コスト（資金調達コスト＋経費コスト）を下回る場合を除き、貸出条件緩和債権には該当しないものとしています。つまり、このような場合には信用リスクコストはゼロに近く、基準金利≒調達コストとしてさしつかえないことになります。この場合、担保や保証については「優良」「一般」のいかんを問わず保全状況に勘案します。

さらに、中小企業向け融資については、条件変更時の貸出金の金利水準が金融機関の調達コストを下回る場合であっても、将来の黒字化を織り込んだ収支計画等が策定されており、かつ、その収支計画等が合理的かつ実現可能性の高い経営改善計画の要件を充足していれば、貸出条件緩和債権には該当しないものと判定できるとされています（マニュアル別冊・事例22。なお、事例23も同旨）。

また、代表者等が企業の保証人になっておらず、かつ個人資産を担保提供していない場合であっても、代表者等の支援意思が確認できているときには、当該代表者等の資産を企業の返済能力に加味できることを踏まえて信用リスクを勘案します。さらに、貸出条件の変更をしている債権であっても、当該企業の保有資産の売却等の見通しが確実であり、それにより返済財源が確保されているときには、信用リスク自体が軽減されているものと判断できます（マニュアル別冊・事例21、22参照）。

Q56

「事実上延滞」とは具体的にどのような場合を指しますか。また、延滞以外に「履行状況に問題がある」とはどのような場合を指しますか

A 債務者区分を判断するにあたっては、債務者の財務内容、資金繰り、収益力、貸出の条件のほか、貸出金の履行状況が検討の対象となります。

特に、貸出金の査定は、回収の可能性を検討する作業といっても過言ではありませんので、延滞の状況は債務者区分の判断にあたって重要な検討項目です。通常、延滞の有無は、約定どおり債務が履行されているかどうかによって判断することになります。しかし、表面的に履行状況を検証しただけでは、債務者の弁済能力を検討したことにはなりません。延滞の状況は、事実上の延滞状況の有無および延滞以外の履行状況に問題がある場合の検証といった、実質的な債務履行状況で判断することが必要です。

解 説

(1) 「事実上延滞」の定義

約定どおり債務が履行されていたとしても、次のような場合には、債務者の実質的な弁済能力とはみられず、「事実上延滞」しているものとみることになります。

① 弁済期日の直前に貸増し等を行い、当該貸増し資金が元本または利息の支払の原資に充てられているような場合

通常、利息貸出金といわれている貸出金などがこれに該当します。もっとも、資金繰りのために弁済期日の直前に借入金を起こすことは珍しくありません。弁済原資となっているかどうかは、稟議書による確認や、場合によっては資金トレースなども必要です。

② 延滞以外に「履行状況に問題がある」場合

特定の履行状況を想定したものではありませんが、現に延滞となっていなくても、早晩延滞となるような場合が該当します。たとえば、自行（庫・組）の貸出金は延滞となっていないが、すでに他行（庫・組）の借入金は延滞となっているような場合、あるいは市中で手形を割引し、債務の履行に充てているような場合などのほか、手元資金である流動性預金、あるいは内部留保的な固定性預金が徐々に取り崩され、早晩、弁済財源が枯渇することが避けられないような場合です。

このほか、短期貸出であってその弁済原資が乏しく、長期間にわたり書換え継続されている場合（いわゆる、コロガシ扱い貸出）も、これに該当する可能性があります（Q68参照）。

⑵ 業績面でのトレースの重要性

いずれの場合にも、履行状況に問題が発生するときは、それ以前に業績面等にその兆候が現れます。履行状況は、いわばその結果であり、結局は債務者の業態把握や財務諸表等を常に分析し、検討しておくことが必要であることはいうまでもありません。

Q57

「業況が低調ないし不安定」「財務内容に問題がある」とは、どのように判断すればよいのですか

 　　債務者区分を判断するにあたっては、業況の推移や財務内容は重要な検討項目の一つです。

　　業況とは、通常、売上高と収益の状況を指したものです。売上げは収益（利益）の源泉となるものであり、また、利益は、借入金の弁済、利息の支払の原資となるものです。このため、資産査定にあたっては、業況が良好であるか不振であるかは大きな問題となります。

解　説

⑴　低調・不安定の定義

　業況が低調かどうか、あるいは不安定かどうかの判断は、同業種・同規模企業の業況と比較してみて判断することが必要ですが、それだけでは不十分です。

　業況の推移は、債務の履行能力を示すものですから、融資に際して事前に審査をした業績見込み、事業計画等と融資実行後の実績とを対比し、どのような推移をたどっているかを検討してみることがぜひとも必要です。

　この結果、計画以上の業績で推移していれば特に問題にはなりません。しかし、それ以下である場合には低調とみなされ、業況が不安定であれば今後の業績の推移、ひいては企業の存続さえ懸念されることとなります。

　さらに、業況が低調ないし不安定とみられる場合には、業況悪化が単に

一時的な要因によるものか、構造的な原因によるものかについても十分検討しておかなければなりません。

　また、常に留意しておかなければならない点は、一般の景気動向の推移です。債務者の業況等の把握に際しては、現状における債務者の個別事情を把握することは当然のことですが、当該債務者が属する業界、ひいては日本経済の今後の動向を十分勘案し、それを踏まえた債務者の業況等の推移を見極め、判断することが必要です。

(2)　問題ある財務内容とは

　財務内容についてみますと、借入金過多、借入金急増、繰越欠損を抱えている、あるいは内部留保が少ないといったことのほか、不良資産を内蔵している場合、含み損を抱えている場合等も「財務内容に問題がある」といえます。また、税効果会計のもとでは繰延税金資産の回収可能性についても、十分検討しておかなければなりません。

　財務内容は企業の体力であり、資金の調達力を示すものです。査定にあたっては、表面的なバランス・シートだけではなく、可能な限り実態バランスをもとに債務者区分を判断することが必要です。

　財務内容に問題がある債務者とは、業況と同様に今後の弁済能力に懸念がもたれ、通常以上の注意をもって管理を必要とする債務者といえます。

(3)　中小・零細企業等の特性

　中小・零細企業等においては、後記のような経営上や財務面の特性があり、債務者区分の判断にあたっては、これらを勘案して債務者の経営実態を総合的に把握することが必要です。したがって、赤字や債務超過が生じていることや貸出条件の変更が行われているといった表面的現象のみをもって判断することは適当ではなく、取引実績やキャッシュフローを重視し、貸出条件の変更理由や資金使途、性格を確認することが重要です。

〈中小・零細企業等の特性〉

①　中小・零細企業は総じて景気の影響を受けやすく、一時的な収益悪化により赤字に陥りやすい面がある。

②　自己資本が大企業に比べて小さく、一時的要因により債務超過に陥りやすい面がある。また、大企業と比較してリストラの余地等も小さく、黒字化や債務超過解消までに時間がかかることが多い。

③　中小・零細企業等に対する融資形態の特徴として、設備資金等の長期資金を短期資金の借換えの形で融資しているケースがみられる。

Q58

金融機関の支援を前提とした合理的かつ実現可能性が高い経営改善計画等が策定されている場合には、要注意先に区分することができますか

 　債務者区分の判断にあたっては、基本的には現状における債務者の財務内容、資金繰り、収益状況のほか、債務の履行状況等の貸出金の回収の可能性等を検討して決定することとなります。

　しかし、これだけで判断するのは十分ではなく、このほかにも今後の業績等の動向、経営改善計画等の妥当性、当該債務者に対する金融機関等の外部からの支援措置の効果等も欠かせない検討事項です。

　通常、自助努力では経営改善の見込みが乏しく経営破綻に陥る可能性が高い債務者は破綻懸念先に債務者区分されますが、金融機関等の支援を前提とした合理的かつ実現可能性が高いと見込まれる経営改善計画等が功を奏し、経営再建が軌道に乗っていると判断できる場合には、当該債務者を要注意先とすることも可能です。

解　説

(1)　経営改善計画等実行先についての債務者区分の判断基準

　経営改善計画等が策定され、それを実行中の債務者に対して、取引金融機関等が金利減免・棚上げ、資金繰り支援のほか、債権放棄等による利益（収益）供与などを行い、その再建を支援することがあります。このよう

な支援が行われている債務者について、これを破綻懸念先とするのか、要注意先として区分できるかといった査定上の問題が生じます。

　基本的には、当該支援が奏功し、再建が軌道に乗っていると見込まれる状況にあれば、これを要注意先として区分することとしてさしつかえありません。

(2)　金融検査マニュアルの取扱い

　金融検査マニュアル「資産査定管理態勢の確認検査用チェックリスト」（自己査定（別表1）1.(3)③）によれば、破綻懸念先とみられる債務者であっても、金融機関等の支援を前提として経営改善計画等が策定されており、次の要件のすべてを満たしている場合には、その計画等を合理的かつ実現可能性が高いもの（合実計画）と判断して当該債務者を要注意先と判断してさしつかえないとされています。

イ　経営改善計画等の計画期間が原則としておおむね5年以内であり、かつ、計画の実現可能性が高いこと（業種等の実態に応じて判断するものとする）。

　　ただし、経営改善計画等の計画期間が5年を超えおおむね10年以内となっている場合で、経営改善計画等の策定後、経営改善計画等の進捗状況がおおむね計画どおり（売上高等および当期利益が事業計画に比しておおむね8割以上確保されていること）であり、今後もおおむね計画どおりに推移すると認められる場合を含む。

ロ　計画期間終了後の当該債務者の債務者区分が原則として正常先となる計画であること。ただし、計画期間終了後の当該債務者が金融機関の再建支援を要せず、自助努力により事業の継続性を確保することが可能な状態となる場合は、計画期間終了後の当該債務者の債務者区分が要注意先であってもさしつかえない。

ハ　すべての取引金融機関等（被検査金融機関を含む）において、経営改

善計画等に基づく支援を行うことについて、正式な内部手続を経て合意されていることが文書その他により確認できること。

　　ただし、被検査金融機関が単独で支援を行うことにより再建が可能な場合または一部の取引金融機関等（被検査金融機関を含む）が支援を行うことにより再建が可能な場合は、当該金融機関等が経営改善計画等に基づく支援を行うことについて、正式な内部手続を経て合意されていることが文書その他により確認できれば足りるものとする。

ニ　金融機関等の支援の内容が、金利減免、融資残高維持等にとどまり、債権放棄、現金贈与などの債務者に対する資金提供を伴うものでないこと。

　　ただし、経営改善計画等の開始後、すでに資金提供を行い、今後は資金提供を行わないことが見込まれる場合、および経営改善計画等に基づき今後債権放棄等を計画的に行う必要があるが、すでに支援による損失見込額を全額引当金として計上済みで、今後は損失の発生が見込まれない場合を含む。

　　なお、制度資金を利用している場合で、当該制度資金に基づく国が補助する都道府県の利子補給等は債権放棄等に含まれないことに留意する。

　　したがって、経営改善のための金融支援を行う方針であるが、経営改善計画等の策定が未了で、金融機関としても支援にかかる損失見込額の引当等をしていない段階の債務者については、破綻懸念先区分にとどまることになります。

　　なお、この基準はあくまで目安であり、業種等の特性を踏まえ、事業の継続性と収益性の見通し、キャッシュフローによる債務償還能力、経営改善計画等の妥当性、金融機関等の支援状況等を総合的に勘案して検討するものであって、この基準の要件を形式的に満たさないことをもって直ちに破綻懸念先とすることは適切ではありません。

また、特に、中小・零細企業等については、必ずしも経営改善計画等が策定されていなくとも、当該企業の財務状況のほか、当該企業の技術力、販売力や成長性、代表者等の役員に対する報酬の支払状況、代表者等の収入状況や資産内容、保証状況や保証能力等を総合的勘案のうえ、当該企業の経営実態を踏まえて検討し、経営改善計画等が策定されていない債務者を直ちに破綻懸念先と判断してはならないとされています。

　なお、「マニュアル別冊・中小企業融資編」においては、中小零細企業に係る貸出条件緩和債権の卒業基準について、前記の「合理的かつ実現可能性の高い経営改善計画（合実計画）」が策定されている場合には、その計画を「実現可能性の高い抜本的な計画（実抜計画）」とみなしてさしつかえないものとして、貸出条件緩和債権から外す余地があることを示しており、したがって「その他要注意先」に区分することも可能となります。この点についてはQ67も参照してください。

Q59

要注意先に対する債権はどのように分類されますか。分類算式にはどのようなものがありますか

　　　要注意先に対する債権については、不渡手形や決済に懸念がある割引手形、赤字補填資金、貸出条件に問題がある債権、延滞債権やその他回収に危険のある債権などから、優良担保や優良保証で保全された部分を除いた額をⅡ分類とします。

　　　要注意先債権の分類算式は、債務者分類方式を原則としつつ、形式分類方式、長期固定分類方式、繰越損失・不良資産等見合い額分類方式を限定的に併用します。

解　説

(1)　要注意先の分類基準

　要注意先に対する債権の分類は、下記イからホに該当するもので、優良担保や優良保証等により保全されていない部分を原則としてⅡ分類とします。

イ　不渡手形、融通手形および期日決済に懸念のある割引手形

ロ　赤字・焦付債権等の補填資金、業況不良の関係会社に対する支援や旧債肩代わり資金等

ハ　金利減免・棚上げ、あるいは元本の返済猶予など、貸出条件の大幅な軽減を行っている債権、極端に長期の返済契約がなされているもの等、貸出条件に問題のある債権

ニ　元本の返済もしくは利息支払が事実上延滞しているなど、履行状況に

問題のある債権および今後問題を生じる可能性が高いと認められる債権

ホ　債務者の財務内容の状況から回収について、通常以上を上回る危険性
があると認められる債権

(2)　分類額の算定方法（分類算式）

分類額の算定方法には、大略次の四つの方法がありますが、債務者分類
方式が大原則です。

①　債務者分類方式：当該債務者の貸出金等の全額 − 分類対象外債権

原則的分類算式で、要注意先以外の破綻懸念先、実質破綻先、破綻先
ではすべてこの算式が用いられます。

②　形式分類方式（部分分類方式）：

特定された分類対象貸出 − 当該貸出に紐付きの優良担保・保証額

(1)のイまたはロのケースでは、この算式が用いられる余地がありま
す。

③　長期固定分類方式：

〔実質長期借入金 − 収益返済可能額〕× 融資シェア

ただし、

実質長期借入金 ＝ 固定資産 ＋ 繰延資産 ＋ 流動資産中の固定資産
　　　　　　　　　− 自己資本

収益返済可能額 ＝ 〔償却前税引後利益の直近 2 〜 3 期の平均値
　　　　　　　　　− 社外流出〕× 相当年数

大企業や長期借入の多い債務者で、安定的返済財源（収益）の確保に
不安のある先について、限定的に用います。

④　繰越損失・不良資産等見合い額分類方式：Q60を参照してください。

「自行（庫・組）の繰越欠損金等の見合い貸出金額」は、どのように算出するのですか

　自己査定において繰越欠損金等の見合貸出金額を算出するには、便宜的に当該繰越欠損金等に自行（庫・組）の融資シェアを乗じて求め、これをⅡ分類対象債権とすることが認められています。

解説

　貸出を実行するにあたっては、事前に資金使途を明確にし、さらに必要とされる金額を算出して実行するのが一般的な融資の取組姿勢です。

　たとえば、設備資金については、資金使途を特定し、その必要額を算定することは可能です。しかし、運転資金については、資金使途等を明確にすることはむずかしいところがあります。特に、経常的な運転資金については、いわば資金繰りの繁閑を補う資金であり、見合いとなっている使途や金額を特定することは困難です。

　赤字決算により繰越欠損金が生じた場合、当初から繰越欠損補填資金として融資を行っているときは、当然、当該融資が赤字見合いの貸出として特定されますが、赤字見合い等の借入金がない債務者で繰越欠損金が生じた場合には、資金使途を特定せず融資を行っていた経常的な運転資金が結果的に当該繰越欠損金見合いの資金となっていると考えられます。

　このようなケースの場合、繰越欠損金見合いとなっている貸出金額は、便宜的に次のような算式で算定することが認められます。

○自行（庫・組）の繰越欠損金等の見合い貸出金額

　＝繰越欠損金の金額×自行（庫・組）の融資シェア

○自行（庫・組）の融資シェア

$$= \frac{自行（庫・組）の貸出金総額（割引手形を除く）}{当該債務者の借入金総額（割引手形を除く）}$$

　分類額の算出にあたって、どの貸出が繰越欠損や不良資産の補填等に充当されているのかが明確でないときには、例外的に、前記のように融資シェアを勘案して、これらの補填等に見合う債権金額を算出して、それをⅡ分類とすることが認められます。

Q61

「要管理債権」および「貸出条件緩和債権」の判定基準について説明してください

 「要管理債権」とは、債権区分における区分であって、要注意先に対する債権のうち「３カ月以上延滞債権」と「貸出条件緩和債権」をいいます。そして「貸出条件緩和債権」とは、経済的困難に陥った「債務者の再建・支援を図るために、債務者に有利となる取決めを行った」貸出債権を指します。

解説

(1) 要管理債権

金融機能再生緊急措置法施行規則４条に定められた債権区分は、正常債権、要管理債権、危険債権、破産更生債権およびこれらに準ずる債権の四区分です。金融機関は債権の自己査定の結果を、これらの四区分に従い当局へ報告し、公表することとされています（Q28参照）。

そのうち要管理債権とは、要注意先に対する債権における「３カ月以上延滞債権」および「貸出条件緩和債権」をいいます。

「３カ月以上延滞債権」とは、元金または利息の支払が、約定支払日の翌日を起算日として３カ月以上延滞している貸出債権をいいます。この場合の延滞状況の判断は、実質的に延滞しているか否かでなされることが必要です（Q28参照）。

また、要管理債権を有する要注意先債務者を「要管理先」といい、それ以外の「その他要注意先」と分別して管理することが望まれます。この場

合、要管理債権以外の要注意先への債権は、債権区分においては「正常債権」に区分されます（Q28参照）。

　（注）　要管理債権が貸出条件緩和債権（後記参照）のみであり、そのすべてが資本性借入金（Q45参照）または「マニュアル別冊・中小企業融資編」7.に記載された資本的劣後ローンとみなすことができる債権である債務者は、「要管理先」には該当しません。

(2)　貸出条件緩和債権

「貸出条件緩和債権」とは、経済的困難に陥った<u>債務者の再建または支援を図り、債務者に有利となる取決めを行った貸出債権</u>であり、金利減免や棚上げ、返済猶予を実施した貸出債権のほかに、債権の一部放棄、代物弁済の受領、貸出の一部の株式転換（デット・エクイティ・スワップ：DES）などを行った債務者への貸出債権が該当します（後述の別記参照）。

　ただし、過去において債務者の経営再建・支援を図ることを目的として金利減免、金利支払猶予、債権放棄、元本返済猶予、代物弁済や株式転換等を行った債務者に対する貸出金であっても、当該債務者の経営状態が改善し信用リスクが減少した結果、当該貸出金に対して基準金利（Q55参照）が適用される場合と実質的に同等の利回りが確保されていると見込まれる場合には、当該貸出金は貸出条件緩和債権には該当しないことになります（貸出条件緩和債権の「卒業基準」。Q67参照）。

〈別記〉

金融庁・主要行監督指針Ⅲ―3―2―4―3⑵（中小・地域金融機関監督指針Ⅲ―4―9―4―3⑵も同旨）

③　貸出条件緩和債権

　イ．施行規則19条の2第1項第5号ロ⑷の「債務者の経営再建又は支援を図ることを目的として」いるかどうかの判定においては、債務者の経営状況および金融機関の意図等に基づき判断することとし、当該条件変更が、債務者の経営再建または支援を図ることを目的としていな

いと認められる場合には、債務者に有利となる取決めを行っている場合であっても、貸出条件緩和債権には該当しないことに留意する。

(注) 債務者の経営再建又は支援を図る目的の有無については、単に融資形態のみをもって判断するのではなく、債務者の状況や資金の性格等を総合的に勘案して判断する必要がある。例えば、書換えが継続している手形貸付であっても、いわゆる正常運転資金については、そもそも債務者の支援を目的とした期限の延長ではないことから、貸出条件緩和債権には該当しないことに留意する。

ロ．施行規則19条の2第1項第5号ロ(4)の「債務者に有利となる取決め」とは、債権者と債務者の合意によるものか法律や判決によるものであるかは問わないことに留意する。また、その具体的な事例としては、例えば、以下のような約定条件の改定を行った債権又はその組み合わせで、かつ当該債務者に関する他の貸出金利息、手数料、配当等の収益、担保・保証等による信用リスク等の増減、競争上の観点等の当該債務者に対する取引の総合的な採算を勘案して、当該貸出金に対して、基準金利（当該債務者と同等な信用リスクを有している債務者に対して通常適用される新規貸出実行金利という）が適用される場合と実質的に同等の利回りが確保されていない債権が考えられるが、これらにかかわらず施行規則の定義に合致する貸出金は開示の対象となることに留意する。

a．金利減免債権：金利を引き下げた貸出金

b．金利支払猶予債権：金利の支払を猶予した貸出金

c．経営支援先に対する債権：債権放棄やDES（デット・エクイティ・スワップ）などの支援を実施し、今後も再建計画の実施に際し追加的支援の蓋然性が高い債務者に対する貸出金

d．元本返済猶予債権：元本の支払を猶予した貸出金

e．一部債権放棄を実施した債権：私的整理における関係者の合意や会社更生、民事再生手続における認可決定等に伴い、元本の一部又

は利息債権の放棄を行った貸出金の残債

 f. 代物弁済を受けた債権：債務の一部弁済として、不動産や売掛金などの資産を債務者が債権者に引き渡した貸出金（担保権の行使による引き渡しを含む。）の残債

 g. 債務者の株式を受け入れた債権：債務の一部弁済として、債務者の発行した株式を受領した貸出金の残債。ただし、当初の約定に基づき貸出金を債務者の発行した株式に転換した場合は除く

（注） 上記の事例に係る判定に当たっては、例えば、以下の点に留意する。

  一 適用金利が基準金利を下回る場合であっても、金利の減免や元本支払猶予等の貸出条件の変更を行っていない貸出金であれば、貸出条件緩和債権には該当しないこと。

  二 ただし、金利の減免や元本支払猶予等の貸出条件の変更を行っていない貸出金であっても、新規貸出時に、債務者の経営状況、資金使途、及び設定された貸出条件からして、実質的に当該債務者に対する既存債権の条件緩和、又は既存の貸出条件緩和債権の返済を目的として実施されたものであることが明らかな場合は、貸出条件緩和債権に該当すること。

  三 基準金利は経済合理性に従って設定されるべきであること。具体的には、

  ・設定に際し、信用リスクに基づく適切かつ精緻な区分を設け、その区分に応じた新規貸出約定平均金利を基準金利とすること。

  ・ただし、新規貸出約定平均金利が、その区分において、信用リスク等に見合ったリターンが確保されている旨を合理的・客観的に証明できる方法により求めた金利を著しく下回る場合には、当該方法により求めた金利を基準金利とすること。

  四 開示の判断は、「c. 経営支援先に対する債権」の場合は債務者単位で行うこと。また、「e. 一部債権放棄を実施した債権」、「f. 代物弁済を受けた債権」及び「g. 債務者の株式を受け入れた債権」であって、開示を逃れるために意図的に債権を分割していると認められる場合は、当該債務者に対する分割をする前の当該貸出金の残債を開示する必要がある。これらの場合を除いては、個々の債権単位で開示の判断を行うこと。

  五 特に債務者が中小企業である場合は、当該企業の財務状況のみならず、当該企業の技術力、販売力や成長性、代表者等の役員に対する報酬

の支払状況、代表者等の収入状況や資産内容、保証状況と保証能力等を総合的に勘案し、当該企業の経営実態を踏まえて区分すること。

六　条件変更を実施している債権であっても、当該企業が保有する資産の売却等の見通しが確実であり、それにより返済財源が確保されている場合等には、信用リスクそのものが軽減されていること。

(3) 経営再建・支援目的と債務者に有利となる取決め

貸出条件緩和債権に該当する要件としては、「債務者の経営再建・支援目的」および「債務者に有利な取決め」の２点があります。したがって、対象貸出金が貸出条件緩和債権となるかどうかの判定においては、この２点につき適正に検討しなければなりません。

金融庁「貸出条件緩和債権関係Ｑ＆Ａ」（平成21年６月26日改訂のもの。以下、「Ｑ＆Ａ」）は、この点に関し次のような明解な判断基準を明らかにしています（Ｑ＆Ａ各論問10）。

① 「債務者の経営再建又は支援を図ることを目的として」いない場合は、たとえ「債務者に有利となる取決め」を行っている場合であっても、貸出条件緩和債権にはならない。

② それゆえ、金利減免や元本返済猶予等の貸出条件の改定を実施し、当該債務者に対する総合的採算を勘案しても基準金利と同等の利回りが確保されていない債権は、「債務者に有利となる取決め」が行われたと認められるが、その場合でも、当該条件変更が(a)正常先に対して行われたもの、(b)他の金融機関との競争上の観点から決定されたもの、(c)当初約定時点から決められていたもの、(d)住宅ローン等の定型商品における軽微な条件変更など通常予定される貸出条件の範囲内のものである場合などにおいては、「債務者の経営再建・支援目的」ではないと認められるので、貸出条件緩和債権には該当しない。

なお、貸出条件緩和債権を有する債務者について、個別貸出金単位で緩和した条件を復元した場合、当該債務者に対する取引の総合的な採算

を勘案して信用リスク等に見合った利回りが確保されていないときには、当該個別貸出金だけが貸出条件緩和債権から解除されることはありません（Q&A各論問25）。

　また、過去に条件緩和を行ったが、その時点では基準金利と実質的に同等な利回りが確保されているとして貸出条件緩和債権と認定しなかった債権について、その後金融経済情勢の変化等により基準金利が引き上げられた結果、基準金利と実質的に同等な利回りが確保できなくなっている場合には、新たな条件の変化がないまま基準金利の変化のみを理由にして自動的に貸出条件緩和債権と認定されることはありません（Q&A各論問8）。

Q62

「貸出条件の大幅な軽減を行っている債権」とは、どのような債権ですか。このような債権は貸出条件緩和債権になるのですか。条件変更をしている債権であっても、信用リスクが軽減され貸出条件緩和債権に該当しない場合があるのですか。担保や保証で保全されている債権はどのように取り扱われますか

 「貸出条件の大幅な軽減を行っている債権」とは、債務者の業況等が悪化して約定返済が困難になり、

① 債務者の支援のために金利減免・棚上げ、元本の返済猶予等を行っている貸出金

② 本来、収益返済によるべき設備資金等を、合理的な理由なく最終期日に一括返済としている債権

等をいいます。このような債権は、要管理債権基準の「貸出条件緩和債権」に含まれることになります。

　しかし、中小・零細企業等に対する貸出金については、条件変更が行われている債権であっても、当該企業の保有資産等の売却処分等が確実でそれによる返済財源が確保されている場合等には信用リスクの軽減効果が認められ、その結果、当該債務者との取引の総合的採算を勘案すれば当該貸出金に対して基準金利が適用される場合と同等の利回りが確保されていると判定できる場合には、貸出条件緩和債権に該当しないものとすることができます。

また、形式的には貸出条件緩和債権に該当する債権であっても、担保や保証で100%保全されている債権については、原則的に貸出条件緩和債権に該当しないものとすることができます。

解　説

(1)　貸出条件の大幅な軽減を行っている債権

　要注意先に対する債権の分類基準については、Q59で説明のとおりですが、そのなかの「貸出条件に問題がある債権」の例示として、「貸出条件の大幅な軽減を行っている債権」があげられており、これに該当する要注意先債権は、原則として「Ⅱ分類」となります。

　金融検査マニュアルは、これに該当する債権の具体例として、「金利減免・棚上げ」「元本の返済猶予」「最終期日一括返済扱いとしている設備資金」等をあげています。このほかにも貸出条件の全部または一部につき、債務者に有利になるような一定の条件変更や譲歩を行った貸出債権（これに準ずる債権を含む）は、広くこれに該当します。したがって、債権放棄や第三者による債務引受（これらの施策が実行された後の再建計画推進中の先は要注意先となることが多い）、合理的に考えられるより長期間の返済期間の設定なども、大幅な貸出条件の軽減と考えられます。

　ただし、その判定基準には、「債務者の再建または支援を図る」ために「大幅な」軽減を行うという要素がありますので、この要素を満たさないような、コマーシャルベースの金利引下げなどは、たとえ基準金利を下回っていても対象になりません。

　このような「貸出条件の大幅な軽減を行っている債権」は、貸出条件緩和債権に含まれることになります。

　なお、債務者が制度資金（法令等に基づき、国や地方公共団体が民間金融

機関の貸出に対して実施する政策金融）を利用している場合には、制度資金の内容やそれを融資するに至った要因等を総合的に勘案して貸出条件の大幅な軽減を行っているかどうかを検討するものとし、制度資金を利用している貸出金を直ちに「貸出条件の大幅な軽減を行っている債権」と判断してはなりません。

(2)　資産の売却処分等が確実でそれによる信用リスク軽減効果が認められる場合の条件変更債権の特例

「マニュアル別冊・中小企業融資編」においては、中小・零細企業等に対する貸出金について、「条件変更を実施している債権であっても、当該企業が保有する資産の売却等の見通しが確実であり、それにより返済財源が確保されている場合等には、信用リスクそのものが軽減されていることを勘案」して、貸出条件緩和債権の基準金利を検証するものとされています。

つまり、売却処分等の見通しが確実な資産については、当該債務者に対する貸出金利と基準金利とを比較・評定するに際して、担保や保証に準じ、その処分対価相当額だけ信用リスクを軽減させることが可能であり、その結果、当該債務者との取引の総合的な採算を勘案すれば当該貸出金に対して基準金利が適用される場合と同等の利回りが確保されていると判定できる場合には、貸出条件緩和債権に該当しないものとすることができます（Q55(5)、Q61(2)、Q63も参照のこと）。

返済財源として勘案できる売却対象資産の範囲は、各金融機関の担保・保証基準に即して認定します。また、遊休不動産の売却にとどまらず、たとえば、第一次産業における季節的な集荷時期到来による収入や資産の証券化による収入なども対象となります。

信用リスクの軽減に勘案できる金額は、売却等が確定している場合はその価額、確定していない場合は金融機関の評価基準に則した適切な処分可

能見込額となりますが、後者の場合の金融機関の評価基準は金融検査の対象となります。売却等の見通しの確実性を疎明するには、売買契約書（写）やマーケットにおける処分見込みの確実性を証する文書などを用います。しかし、たとえば、再建計画等で売却が予定されており商談も進行中であるが価額等の具体化まで至っていない段階のものは、対象とするには無理があります。

　この基準は、企業の再建計画等におけるリストラ効果を、極力金融機関の資産査定に反映させることをねらったものといえるでしょう。

⑶　担保・保証により100％保全されている条件変更債権の特例

　⑵と同様に、中小・零細企業等に対する貸出金について、担保や保証により100％保全されており信用リスクが極めて低いと考えられる場合には、金融機関の調達コスト（資金調達コスト＋経費コスト）を下回る場合を除き、貸出条件緩和債権には該当しないものとしています。この際の担保や保証については、「優良」「一般」の区別なく信用リスクの判定が可能です。

　また、代表者等の当該企業への支援意思が金融機関の業務日誌等で確認できる場合には、たとえ代表者等が当該企業の保証人になっておらず、かつ、個人資産を担保提供していなくても、当該代表者等の保有資産を企業の返済能力に加味することができます。この場合、保有不動産については処分可能見込額で算定し、代表者等に借入金があるときはその額を控除します（Q36参照）。

　マニュアルは、これまでも別冊「中小企業融資編」・事例22において、信用保証協会保証付貸出金のような保全100％の貸出条件緩和債権（元本返済猶予債権）について、信用リスクが極めて低いことにより信用リスクコストを加味する必要性がごく低いものとして、金融機関の調達コストが確保されていれば、当該債権は貸出条件緩和債権には該当しないと判断し

ています。

　さらに、マニュアル別冊の事例23では、担保・保証等で保全されている元本返済猶予債権について、それが貸出条件緩和債権に該当するか否かについては、担保・保証等による信用リスクの減少等、当該債務者との取引における総合的な採算を勘案して、当該貸出金に対して基準金利が適用される場合と実質的に同等の利回りが確保されているかどうかで判定するものとしています。

　事例のように、担保不動産で対象貸出金の6割が保全され、残り4割も有事の際に私財の提供意思を明らかにしている代表者の個人資産で十分カバーできる場合には、その信用リスクは僅少であり、したがって、貸出条件緩和債権には該当しないとする判断を示しています。

　これに加えて事例23には、たとえ貸出金の金利水準が金融機関の調達コストを下回る場合でも、黒字化を織り込んだ合理的かつ実現可能性の高い経営改善計画の要件を満たす収支計画等が策定されている中小企業に対する貸付金については、貸出条件緩和債権としないとするコメントが盛り込まれています。

Q63

中小企業取引における貸出条件の変更については、どのような点に留意が必要ですか

中小企業取引においては、貸出条件の変更を行った貸出が直ちに貸出条件緩和債権に該当するものではなく、条件変更に至った事情や資金使途を十分検証し判断することが必要です。金融円滑化措置のもとでは、条件変更を行っても直ちに不良債権に該当しない要件が拡充されており、金融機関としては弾力的な対応を心がけることが求められます。

解　説

(1) 金融検査マニュアル別冊〔中小企業融資編〕の留意点

a 「貸出条件および履行状況」の検証

「マニュアル別冊・中小企業融資編」では、中小企業等の債務者区分判断に際して、「貸出条件および履行状況」を検証ポイントに掲げています。つまり、貸出条件および履行状況は債務者区分の判断における重要なファクターであり、貸出の条件変更等が行われている場合には、検査官はその理由を検証することが必要であるとしています。

たとえば、設備資金融資が収益の減少による返済能力の低下から約定返済ができなくなり、そのために元本の返済期日の延長が行われている場合や、運転資金融資が他の借入の返済や利払いに充当されており、それによって当該借入の元本や利息の延滞が回避されているような場合にあっては、貸出条件およびその履行状況に問題があると考えられます。

その一方で、中小企業等においては工場設備資金等を短期資金の借換えの形で賄っているケースもあり、このような場合に、短期資金の借換えという融資形態のみで形式的に債務者区分の適否の判断を行うことは適切でなく、そのような融資形態になった理由や資金使途を確認のうえ、実態に即した柔軟な判断を行う必要があるとされています。

　前記マニュアル別冊には、手形貸付取引において金利のみを支払い元本は期日延長を繰り返しているようなケースでは、資金使途や期日延長を繰り返している事情を検証して、それが実質延滞状況にあり法人・個人一体でみた場合の返済能力も不足しているのであれば、履行状況に問題ありとしているケース（事例16）や、賃貸ビル建設資金融資がテナントの入居率の不安定さ等による収益力の低下によって約定返済条件の変更を余儀なくされている場合には債務者の返済能力に問題があるとして扱う一方、ビル建築資金を建物完成までは短期つなぎ資金として融資し、その後これを通常の借入期間の範囲内で長期融資に切り替えたものなどは、貸出条件および履行状況に問題があることにはならないとしたケース（事例17）が、具体的な判断事例として掲げられています。

b　貸出条件緩和債権判定に際しての留意事項

　貸出条件の変更を行った債権のうち、債務者の経営再建または支援を目的として、金利減免、利息や元本の支払猶予、債権放棄その他債務者に有利となる取決めを行ったものは、「貸出条件緩和債権」となります（Q61参照）。

　しかし金融検査マニュアルは、中小企業等に係る貸出条件緩和債権についての検証ポイントとして、以下のような点も明らかにしています。

① 「債務者の経営再建又は支援を図る目的」の判定にあたっては、単に融資形態のみで判断するのではなく、債務者の状況や資金の性格等を総合的に勘案すること。たとえば、書換えが継続している手形貸付（短期コロガシ扱い）であっても、いわゆる正常運転資金については、そもそ

も債務者の支援を目的とした期限の延長ではないことから、貸出条件緩和債権には該当しない（Q68参照）。

② 「債務者に有利になる取決め」の判定に際しては、「基準金利」という着眼点から判断すること。ここで基準金利の検証に際しては、代表者等の企業への支援意思が確認できるのであれば当該代表者等の資産を返済能力に加味できること（Q37参照）を踏まえて信用リスクを勘案すること、企業の保有資産の売却等により条件変更貸出への返済が確実視できる場合には信用リスク自体がその分だけ軽減されること（Q62参照）、担保・保証等により保全されている場合には保全状況を踏まえて信用リスクを勘案すること（Q62参照）に留意する。

③ 貸出条件緩和債権の「卒業基準」（Q67参照）の適用に際しては、前記②の事項を勘案するほか、以下の点に留意すること。

・債務者が経営改善計画等を策定していない場合であっても、今後の資産売却予定、役員報酬や諸経費の削減予定、新商品等の開発計画等のほか、債務者の実態に即して金融機関が作成・分析した資料を踏まえて、信用リスクを勘案すること。

・計画の進捗状況がおおむね1年以上順調に推移している場合には、当該計画を実現可能性の高いものと判断してさしつかえないこと。

④ 債務者が「実現可能性の高い抜本的な経営再建計画」を策定していない場合であっても、貸出条件変更日から最長1年以内に当該計画を策定する見込みがあるときは、当該条件変更貸出を最長1年間は貸出条件緩和債権としないことができること。ここで「計画を策定する見込みがあるとき」とは、金融機関と債務者間で合意には至っていないが、債務者の経営再建のための資源等（売却可能な資産、削減可能な経費、新商品の開発計画等）の存在が確認でき、かつ、債務者に計画策定の意思がある場合をいいます。

(2) 金融検査マニュアル・金融円滑化編チェックリストの留意点

中小企業等に対する貸出条件等の変更については、平成21年12月の金融円滑化法制定とともに策定された、金融検査マニュアル「金融円滑化編チェックリスト」において、次のような点が金融検査の際の与信審査・与信管理の留意事項として掲げられています。

① 債務者に対する経営相談・経営指導および債務者の経営改善計画の策定支援等に積極的に取り組んでいるか。こうした取組みを通じて債務者の事業再生に積極的に取り組んでいるか。

② 合理的な理由なく、特定業種であることや、債務超過等の財務諸表の表面的な計数、過去に貸付条件の変更等を行った履歴があること等の形式的な判断のみで融資を抑制したり早期に回収を図ったりする等といった不適切な対応をしていないか。

③ 顧客からの新規融資や貸付条件の変更等の相談・申込みに対し、たとえば、財務諸表等の表面的計数や特定業種であることのみに基づいて判断する等、機械的・画一的な判断を行うのではなく、顧客の事情をきめ細かく把握したうえで対応しているか。

④ 顧客の技術力・成長性等や事業そのものの採算性・将来性を重視せず、担保や個人保証に過度に依存した対応を行っていないか。たとえば、顧客の事業価値やキャッシュフローの見通し等を適切に検討することなく、融資額が不動産担保の処分可能見込額を超えるといった理由のみで融資を謝絶または減額していないか。あるいは、担保価額の減少等を理由として、相当の期間を設けることなく、顧客の実情にそぐわない追加担保・保証を要求していないか。

⑤ 顧客からの新規融資や貸付条件の変更等の相談・申込みに対し、顧客の実情にそぐわない担保・保証の要求、貸付条件の提示、金利の引上げ等を行っていないか。

⑥ 債務者からの貸付条件の変更等の相談・申込みに対し、何ら検討を行

うことなく、直ちに債権売却を行う等といった不適切な対応を行っていないか。

⑦ 貸付条件の変更等を行った債務者について、債務者の実態を十分に把握したうえで適切な資金供給を行っているか。貸付条件の変更等の履歴があることのみをもって、新規融資や貸付条件の変更等の相談・申込みを謝絶していないか。

⑧ 延滞が発生した債務者について、延滞発生原因の把握・分析を行い、適時に相談・助言を行うなどにより延滞長期化の未然防止に取り組んでいるか。

⑨ 当局が定める金融検査マニュアルや当局が行う金融検査を理由に、新規融資の謝絶や資金回収を行うなどの不適切な取扱いを行っていないか。

金融円滑化法は平成25年3月に期限が到来し失効しましたが、金融円滑化措置自体は恒久的なものとして引き続き存置され、金融機関に対し積極的に、貸出条件の変更申込みへの対応を含めた中小企業等に対する円滑な資金供給機能を果たすことを求めています。

貸付条件の変更等を行った債務者に対する貸出金が貸出条件緩和債権に該当しない場合としては、どのような場合がありますか。その場合、債務者区分はどうなりますか

A 貸付条件の変更等を行った債権は、条件変更から最長1年以内に「実現性の高い抜本的な経営再建計画」等の策定が可能であると見込まれる場合には、最長1年間は貸出条件緩和債権には該当しません。この場合、債務者区分は、「その他要注意先」になります。

また、住宅ローン借入者に対する条件変更等の場合には、従前同様、軽微な条件変更など通常予定される貸出条件の範囲内でのものである限り、貸出条件緩和債権には該当しません。この場合、債務者区分は、「正常先」になります。

解説

(1) 中小企業者に対する貸付条件の変更等

a 条件変更から1年以内に実抜計画の策定が見込まれる場合

従来、中小企業向け融資については、①経営改善に係る期間が5年（5〜10年でおおむね計画どおりに進捗している場合を含む）以内となる経営再建計画があれば、貸付条件の変更等を行っても貸出条件緩和債権に該当しないこととされていました。また、②経営再建計画を策定していなくても、金融機関と債務者が合意した今後の資産売却や経費削減の予定等があれ

ば、金融機関が作成・分析した資料で経営再建計画と同様の取扱いが認められていました。

さらに、中小企業金融円滑化法の施行にあわせて、恒久的な措置として、条件変更から最長１年以内に「実現可能性の高い抜本的な経営再建計画」等を策定することが見込まれる場合には、計画等の策定を条件変更した時点から最長１年間猶予し、その間は貸出条件緩和債権に該当しないこととされました。この場合、債務者区分は、「貸出条件に問題がある債務者」として「その他要注意先」になります。

なお、「経営再建計画等を策定することが見込まれる場合」とは、金融機関と債務者との間で合意には至っていないが、債務者の経営改善のために活用できる資源等（たとえば、売却可能な資産、削減可能な経費、新商品の開発計画、販売拡大の見込み）が存在することを確認でき、かつ、債務者に当該経営再建計画を策定する意思がある場合をいいます。

「貸出条件緩和債権」の要件の弾力化〔恒久措置〕

	原　則	中小企業向け融資
計画の策定時期	貸出条件の「変更時まで」に策定することが必要。	貸出条件の変更時より「最長１年以内」に策定すれば可。
経営再建の達成時期	「３年以内」に達成することが必要。	「５年以内（最長10年以内）」に達成されれば可。

b　計画策定の猶予期間中に再度の条件変更を行った場合

最長１年間の経営再建計画策定の猶予期間中に計画を策定しないまま、再度の貸出条件の変更を行った場合には、計画を策定できなかった経緯および再度の貸出条件の変更を行うに至った事情を踏まえ、経営再建計画を策定する見込みについて慎重かつ適切に判断することが必要です。経営実態に変化がないにもかかわらず、計画が策定されないまま、安易に貸出条件緩和債権から除外することは不適切といえます。

⑵　住宅ローン借入者に対する貸付条件の変更等

　住宅ローン借入者に係る開示債権上の取扱いは、従前と同様です。

　すなわち、従来、住宅ローンについては、①延滞状況等の簡易な基準により分類を行うことができるものとされていることに加え、②軽微な条件変更など通常予定される貸出条件の範囲内でのものである場合には、「債務者の経営再建または支援を図ることを目的として」いないと認められ、基準金利と同等の利回りが確保されていない場合であっても、貸出条件緩和債権には該当しないとされています。

　「軽微な条件変更」の定義は必ずしも明確でないものの、住宅ローンの場合には、担保・保証により全額保全されていることが多いことでもあり、住宅ローン借入者に対する貸付条件の変更等を行っても、当該債権は貸出条件緩和債権に該当しないケースが多いものと考えられます。この場合、債務者区分は、「通常予定される貸出条件の範囲内」である限り「正常先」になります。

Q65

調達コストを下回る場合であっても、当該貸出金が貸出条件緩和債権に該当しない場合がありますか

 当該貸出金の債務者（中小企業）が、合理的かつ実現可能性の高い経営改善計画に基づき経営改善を推進中ならば、当該貸出金は貸出条件緩和債権には該当しません。その際には、基準金利と実質同等の利回り確保の状況は検討対象外であり、当該貸出金の適用金利がたとえ調達コストを下回っていてもかまわないことになります。

解 説

「マニュアル別冊・中小企業融資編」では、中小企業に対する貸出条件緩和債権の卒業基準として、「合理的かつ実現可能性の高い経営改善計画」が策定されていれば、当該債務者に係る条件変更貸出は貸出条件緩和債権には該当しないこととしています（「マニュアル別冊・中小企業融資編」検証ポイント5.(2)ホ）。さらに、「卒業基準充足」と「基準金利と実質的に同等な利回り確保」の2要件のうち、いずれか一つの要件を満たしていれば、貸出条件緩和債権には該当しない旨を明らかにしています。つまり条件変更を行った貸出金の金利水準が、仮に金融機関の調達コスト（資金調達コスト＋経費コスト）を下回っている場合でも、合理的かつ実現可能性の高い経営改善計画に基づき経営改善が図られている中小企業向けの貸出であれば、当該条件変更貸出は貸出条件緩和債権には該当しないことになりま

す。

　マニュアル別冊の事例23では、「本事例のように黒字化を織り込んだ収支計画等が策定されている場合には、条件変更時の貸出金の金利水準が金融機関の調達コストを下回るような場合であっても、収支計画等が合理的かつ実現可能性の高い経営改善計画の要件を満たしていれば、貸出条件緩和債権には該当しないものと判断してさしつかえないと考えられる」ことを明記しており、調達コスト以下であっても貸出条件緩和債権に該当しない場合があることを示しています。

　ただし、条件変更時には卒業基準を満たす計画が策定されていても、その後の進捗状況が計画を大幅に下回るなどして卒業基準を満たさなくなった場合には、貸出条件緩和債権に該当する可能性が出てくることに留意が必要です。

Q66

「十分な資本的性質が認められる借入金（資本性借入金）」を融資している金融機関における当該貸出金については、貸出条件緩和債権の判定においてどのように取り扱われますか

 　「十分な資本的性質が認められる借入金（資本性借入金）」を融資している金融機関における当該貸出金に係る貸出条件緩和債権の判定は、通常の貸出金の場合と同様、「その目的が経営再建又は支援であるか」および「債務者に有利な取決めとなっているか」という基準に照らして行います。

　資本性借入金は、資本の一部とみなして債務者区分が行われますが、DDSにより既往貸出をそれに振り替えた場合は、所定の貸倒引当金を計上します。

解　説

(1) 貸出条件緩和債権の判定

　期中において融資契約の見直しを行い、通常の貸出債権から「十分な資本的性質が認められる借入金」（以下、「資本性借入金」）への転換を行った場合、それが貸出条件緩和債権に該当するかどうかの判定は、通常の貸出金と同様、「債務者の経営再建又は支援を図る目的」で「債務者に有利となる取決め」を行っているかどうかという基準に照らして判断します。

　この場合、金利を通常の固定金利等から業績に連動した金利設定へ条件変更したときに、その条件変更が債務者に有利となる取決め（金利減免）

に該当するかの判断にあたっては、条件変更後に前期の企業業績に応じて決定された期間ごとの金利と基準金利を比較するのではなく、条件変更時に当該債務者に対する取引の総合的な採算を勘案し、当該貸出金に対して、基準金利が適用される場合と実質的に同等の利回りが確保されているかどうかで判断します。また、当該債務者に対する取引の総合的な採算を勘案するにあたって、当該債務者と同等の信用リスクを有する企業群の過去の業績データが蓄積されている場合には、このデータを参考にして、与信期間を通じた総合採算を適切に算出する等の方法が考えられます。

資本性借入金は、通常は貸出条件緩和債権として扱われるでしょうが、債務者区分を判定する際には、資本の一部とみなされます。

なお、「資本性借入金」に該当する金融機関側の貸出金は、信用リスク・アセットの計算上は「貸出」として扱われ、たとえば、標準的手法による場合、当該貸出金が自己資本告示上の中小企業向けエクスポージャーとしての要件を満たしているのであれば、そのリスク・ウェイトは75％となります。

(2) 資本性借入金と貸倒引当金

このような貸出金に係る貸倒引当金の算定にあたっては、「資本的劣後ローン等に対する貸倒見積高の算定及び銀行等金融機関が保有する貸出債権を資本的劣後ローン等に転換した場合の会計処理に関する監査上の取扱い」（平成16年11月2日付、日本公認会計士協会）によるべきとされており、たとえばDDSによる劣後ローンの場合は、当該貸出の劣後性による高い信用リスクを勘案して、債権額全額を上限として貸倒見積高を算定する方法（有担保債権ならば担保による回収見込額を控除する）などが考えられます（詳しくはQ45およびQ138参照）。

Q67

貸出条件緩和債権の「卒業基準」とは何ですか。
「マニュアル別冊・事例24、25」のポイントは何
ですか

 　「卒業基準」とは、過去に貸出条件を緩和した貸出金であって
も、債務者の経営状況の改善により信用リスクが減少した場合に
おいて、当該貸出金を貸出条件緩和債権から外すことができる基
準のことであり、監督指針に規定されています。特に、実現可能
性の高い抜本的な経営再建計画に沿った金融支援により経営再建
が開始されている場合には、当該計画に基づく貸出金は貸出条件
緩和債権には該当しないものとされ、中小企業等の場合には、計
画の策定がなくともそれに代わる個別再建策や金融機関が企業実
態を踏まえて作成・分析した資料を用いて信用リスクの判定をす
ることが可能であり、さらに、計画がおおむね１年以上順調に進
捗しており追加的支援が不要であれば、その計画の実現可能性は
高いものとみなすことができます。

　また、中小企業である債務者が当初の経営再建計画を途中で見
直し、見直し後の計画が「合理的かつ実現可能性の高い改善計
画」の要件を満たしているときは、卒業基準を満たしていると判
断してさしつかえありません。

(1)　「卒業基準」とは

　過去において貸出条件を緩和した債務者に対する貸出金であっても、債務者の経営状況が改善し信用リスクが減少した結果、その貸出金に対して基準金利が適用される場合と実質的に同等の利回りが確保されていると見込まれる場合には、当該貸出金はもはや、貸出条件緩和債権には該当しないものと判断できます。これが貸出条件緩和債権のいわゆる「卒業基準」と称されるもので、金融庁主要行監督指針Ⅲ—3—2—4—3(2)③ハに、下記のように記載されています（中小・地域金融機関監督指針Ⅲ—4—9—4—3(2)③ハも同旨）。

　「過去において債務者の経営再建又は支援を図ることを目的として金利減免、金利支払猶予、債権放棄、元本返済猶予、代物弁済や株式の受領等を行った債務者に対する貸出金であっても、金融経済情勢等の変化等により新規貸出実行金利が低下した結果、又は当該債務者の経営状況が改善し信用リスクが減少した結果、当該貸出金に対して基準金利が適用される場合と実質的に同等の利回りが確保されていると見込まれる場合、又は当該債務者の業況が良好であり、かつ、財務内容にも特段の問題がないと認められる状態となった場合には、当該貸出金は貸出条件緩和債権には該当しないことに留意する。特に、実現可能性の高い（注1）抜本的な（注2）経営再建計画（注3）（実抜計画）に沿った金融支援の実施により経営再建が開始されている場合（注4）には、当該経営再建計画に基づく貸出金は貸出条件緩和債権には該当しないものと判断して差し支えない。また、債務者が実現可能性の高い抜本的な経営再建計画を策定していない場合であっても、債務者が中小企業であって、かつ、貸出条件の変更を行った日から最長1年以内に当該経営再建計画を

策定する見込みがあるとき（注5）には、当該債務者に対する貸出金は当該貸出条件の変更を行った日から最長1年間は貸出条件緩和債権には該当しないものと判断して差し支えない。

（注1）「実現可能性の高い」とは、以下の要件を全て満たす計画であることをいう。
 一 計画の実現に必要な関係者との同意が得られていること。
 二 計画における債権放棄などの支援の額が確定しており、当該計画を超える追加的支援が必要と見込まれる状況でないこと。
 三 計画における売上高、費用及び利益の予測等の想定が十分に厳しいものとなっていること。

（注2）「抜本的な」とは、概ね3年（債務者企業の事業の特質を考慮した合理的な期間の延長を排除しない。）後の当該債務者の業況が良好であり、かつ、財務内容にも特段の問題がないと認められる状態となること。なお、債務者が中小企業である場合の取扱いは、金融検査マニュアル別冊「中小企業融資編」を参照のこと。

（注3） 中小企業再生支援協議会（産業復興相談センターを含む）又は株式会社整理回収機構が策定支援した再生計画、産業復興相談センターが債権買取支援業務において策定支援した事業計画、事業再生ADR手続に従って決議された事業再生計画、株式会社地域経済活性化支援機構が買取決定等した事業者の事業再生計画、株式会社東日本大震災事業者再生支援機構が買取決定等した事業者の事業再生計画については、当該計画が（注1）及び（注2）の要件を満たしていると認められる場合に限り、「実現可能性の高い抜本的な経営再建計画」であると判断して差し支えない。

（注4） 既存の計画に基づく経営再建が（注1）及び（注2）の要件を全て満たすこととなった場合も、「実現可能性の高い抜本的な経営再建計画に沿った金融支援の実施により経営再建が開始されている場合」と同様とする。
 なお、（注3）の場合を含め、（注1）及び（注2）の要件を当初全て満たす計画であっても、その後、これらの要件を欠くこととなり、当該計画に基づく貸出金に対して基準金利が適用される場合と実質的に同等の利回りが確保されていないと見込まれるようになった場合には、当該計画に基づく貸出金は貸出条件緩和債権に該当することとなることに留意する。

（注5）「当該経営再建計画を策定する見込みがあるとき」とは、銀行と債務者との間で合意には至っていないが、債務者の経営再建のための資源等（例えば、売却可能な資産、削減可能な経費、新商品の開発計画、販路拡大の見

込み）が存在することを確認でき、かつ、債務者に経営再建計画を策定する意思がある場合をいう。」

（注１）一における「計画の実現に必要な関係者との同意」とは、あらかじめ計画に協力する（または反対をしない）旨の意思を確認しておくべき関係者の協力意思を書面で明確に確認できることが必要とされています（Q＆A各論問27）。

また三においては、再建計画の実現性の検証にあたって、「売上高」は事業の継続性と収益性を測る重要項目として、「利益」はキャッシュフローによる債務償還能力をみるポイントとして重視していることが示されています（Q＆A各論問27）。

（注２）の「抜本的な」の要件においては、「計画を踏まえた信用リスクの低下及び計画の不確実性を加味した基準金利の適用」が求められていましたが、平成20年11月改訂で削除されました。したがって再建計画期間中の基準金利充足要件は、平成20年11月以前に貸出条件緩和債権であった債権を含めて課されないことになりました（Q＆A各論問31）。

「マニュアル別冊・中小企業融資編」では、この「卒業基準」の適用判断事例として、後記のように、「これまで実施してきた経営再建策によって債務者の業況が好転し信用リスクが軽減した場合」（事例24）、「中小企業再生支援協議会の支援で策定された経営再建計画に沿って経営再建が開始されている場合」（事例25）が掲載されています。

また、「私的整理に関するガイドライン」に基づく再建計画の場合も、計画終了時点で当該債務者が正常先となることが想定されているならば、（注２）の「抜本的な」の条件に該当するものと考えられます（Q＆A各論問33）。

この「卒業基準」は、過去の貸出条件緩和債権を見直す際の基準であり、現に条件変更等の事態が発生している貸出金については、主要行監督指針Ⅲ─3─2─4─3(2)③ロ、中小・地域金融機関監督指針Ⅲ─4─9

—4—3(2)③ロに掲げる基準に従って判断することとなります（Q61参照）。

(2) 中小・零細企業等に対する取扱い

「マニュアル別冊・中小企業融資編」において、中小・零細企業等への貸出金については、その特性を踏まえ、卒業基準の判定に際して、代表者等が支援意思を明らかにしているならばその資産を加味して返済能力を検討すること、企業の保有資産売却による貸出金返済が確実ならばそれを勘案して信用リスクの軽減度を判定することのほか、以下のような点に留意するものとしています。

①　債務者が経営改善計画を策定していない場合であっても、たとえば、今後の資産売却予定、役員報酬や諸経費の削減予定、新商品等の開発計画等収支計画表等のほか、債務者の実態に即して金融機関が作成・分析した資料を踏まえ信用リスクを勘案すること。

②　株式会社整理回収機構が策定した再生計画についても、中小企業再生支援協議会等が策定支援した再生計画と、原則として同様に扱うこと。

③　その進捗状況がおおむね１年以上順調に進捗している場合には、その計画は実現可能性の高い計画であると判断してさしつかえないこと。

④　中小・零細企業等の場合、大企業に比べて経営改善に時間がかかることが多いので、資産査定管理態勢の確認検査用チェックリストの自己査定（別表１）1.(3)③の経営改善計画等に関する規定を満たす計画、（これを「合理的かつ実現可能性の高い経営改善計画（合実計画）」という）（Q58参照）が策定されている場合には、当該計画を「実現可能性の高い抜本的な計画」とみなせること（ただし、当該計画の進捗状況が計画を大幅に下回っている場合を除きます）。

これらの取扱いのうち③については、卒業基準に係る前記監督指針（注1）の一、二、三のすべてを不要とする趣旨のものではなく、三の要件に

ついて検査時の疎明基準を緩和するものと解されます。

(3) 中小企業金融円滑化法施行の際の金融検査マニュアルの改訂

　平成21年12月の中小企業金融円滑化法施行に際し、中小企業である債務者が、実現可能性の高い抜本的な経営再建計画を策定していない場合であっても、貸出条件の変更を行った日から最長１年以内に経営再建計画を策定する見込みがあるときは、計画等の策定を最長１年間猶予し、その間は当該債権を貸出条件緩和債権としないことができるものとされました。

　ここで「経営再建計画を策定する見込みがあるとき」とは、金融機関と債務者の間で合意には至っていないが、債務者の経営再建のための資源等（売却可能な資産、削減可能な経費、新商品の開発計画等）の存在が確認でき、かつ、債務者に当該計画の策定意思がある場合をいいます。

　本項目の適用を受けた債務者が、策定猶予期間中に計画を策定しないまま、再度の貸出条件変更に至った場合に本項目を再度適用することは、策定できなかった経緯や再度の条件変更に至った事情を踏まえ慎重に判断すべきであり、経営実態に変化がないまま単純に本項目を繰り返し適用することは不適切です。

　この措置は、平成25年３月末の中小企業金融円滑化法の期限切れ後も、引き続き有効です。

(4) 事例24、25のポイント

　マニュアル別冊は、貸出条件緩和債権の「卒業基準」の適用判断事例として、２つの事例を掲げています。

　事例24は、これまで実施してきた経営再建策によって債務者の業況が好転し信用リスクが軽減したケースです。この事例においては、債務者による経営再建計画の策定は行われていませんが、後継者である経営者長男の主導で販売ブランドの見直しと営業政策の転換、不良在庫の一掃等の個別

再建策が講じられており、その効果が現れて業況が改善したので、債務者の信用格付を上位に遷移させています。そのうえで、債権の半分程度が保全されている状況を加味した実質的利回りが、当該区分の債務者に対する基準金利に比べて高いことから、この債務者に対する条件変更貸出金はもはや貸出条件緩和債権には該当しないものと判断しています。

さらには、債務者企業が赤字体質を脱し、<u>10年程度（従前の「5年」を拡張）</u>で債務超過の解消が見込まれる場合には、基準金利と同等の実質利回りが確保されていなくとも、合理的かつ実現可能性の高い経営改善策が講じられていると判断し、もはや貸出条件緩和債権に該当しないものとしてさしつかえないとされています。

事例25は、中小企業再生支援協議会の支援で策定された経営再建計画に沿って経営再建が開始されているケースです。当該債務者は、中小企業再生支援協議会の支援のもとで経営再建計画を策定しており、それによれば、売上高、費用、利益等の予測が十分に厳しいものとなっていること、おおむね5年後には債務者区分が正常先となる計画であること、地域再生ファンドを活用した債務の株式化（DES）や新たな資本注入によりバランス・シートが明らかに改善することから、当該経営再建計画は「実現可能性の高い抜本的な計画」と判断できるので、当該貸出金は貸出条件緩和債権には該当しないと判断しています。ただし、中小企業再生支援協議会の策定支援した計画は、その実施状況を専門家がモニタリングすることとされており、その結果いかんでは信用リスクが再び上昇して貸出条件緩和債権に該当することもあるので、計画の進捗状況はしっかりと見守る必要があります。

(5) 見直し後の経営再建計画と卒業基準

債務者が中小企業である場合には、当初策定した経営再建計画について計画どおりの進捗が困難となり、計画を見直した場合であっても、見直し

後の計画が「合理的かつ実現可能性の高い経営改善計画」（合実計画）の要件を満たすのであれば、卒業基準を満たしていると判断してさしつかえありません。ただし、実現可能性を十分検討することなく、一見合理的かつ実現可能性の高い計画を策定し、うまくいかなければ計画を再度見直すといったプロセスを繰り返した場合には、金融機関の判断に疑義が生じることになります。

　合実計画が策定されているかどうかは、自己査定のつど、その時点の判断材料で行います。したがって、条件変更を行った時点では計画が策定されていない、あるいは条件変更を行った時点の計画が合実計画の要件を満たしていない場合であっても、資産査定時点で合実計画の要件を満たす計画が策定されていれば、その計画は卒業基準を満たすことになります。

Q68

コロガシ単名手形貸付は「貸出条件緩和債権」と なりますか

 コロガシ単名手形貸付であっても、それが正常な運転資金とみなされ、実質的に経営再建・支援を目的としていないことが合理的に説明可能な場合は、基準金利、総合採算のいかんによらず、貸出条件緩和債権には該当しません。

解 説

(1) コロガシ単名手形とは

いわゆる、コロガシ単名手形貸付（以下、「コロガシ単名」）とは、短期資金融資の形式をとりながら、手形期日の到来するたびに書換えが行われ（新手形による新規融資で旧手形貸付を決済している場合も含みます）、結果的に長期間にわたって融資が継続し、返済が行われていないものをいいます。

この種の融資は底溜りの運転資金に充当されているものが多く、経常的な短期資金需要に対応しているもの（正常な運転資金）もあります。その場合は経常的営業資産（売上債権と在庫）の回転により返済財源が捻出されている状況が確認できることが必要です。しかしながら、コロガシ単名は銀行取引では商慣習化している面もあり、特に中小企業取引においては設備資金等の長期資金を短期資金の借換えの形で融資しているケースもあって、実質的な長期資金融資と化している場合が多いとみられます。

⑵ 貸出条件緩和債権とする判断基準

　債務者が正常な営業を行っていくうえで恒常的に必要と認められる運転資金（正常運転資金）に対して、「短期継続融資」で対応することは何ら問題なく、妥当な融資形態の一つであると認められます。

　金利減免や元本返済猶予等の貸出条件改定を行い、当該債務者に対する総合的な採算を勘案しても基準金利と同等の利回りが確保されていない債権は、「債務者に有利な取決め」が行われた債権であり、貸出条件緩和債権の対象となりえますが、当該貸出条件の改定が「債務者の経営再建又は支援を図ることを目的として」いないと認められる場合には、貸出条件緩和債権とはならないとされています（Q61参照）。

　そのうえで、Q&A各論問10において、正常な運転資金を短期貸出にて同一条件で反復・継続している貸出金（コロガシ単名）で実態的に経営再建または支援を目的としていないことが合理的に説明可能な場合には、当該貸出金は基準金利、総合採算のいかんによらず貸出条件緩和債権に該当しないとする考え方を明らかにしています。

　具体的な事例検討については、次項のQ69を参照してください。

　なお、コロガシ単名はその資金的性質から、資本性借入金にシフトするのに適していると考えられ、その結果資本部分がかさ上げされて債務者区分を上位に遷移できる余地もあるので、検討してみるべきでしょう。

Q69

元本返済猶予債権に係る「マニュアル別冊・事例 18、19、21」のポイントは何ですか

A 　元本返済を猶予した貸出金については、その返済猶予が債務者の経営再建・支援目的で行われたものでなければ当然に、再建・支援目的で行われた場合でも返済猶予後における債務者に対する基準金利が適用される場合と実質的に同等の利回りが確保されているならば、当該貸出金は貸出条件緩和債権には該当しません。

解説

(1) 貸出条件緩和債権の範囲

　貸出条件緩和債権の対象となる元本返済猶予債権とは、元本の支払を猶予した貸出金であって、かつ当該債務者に対する取引の総合的な採算を勘案しても、基準金利と実質的に同等な利回りが確保されていないものを指しますが、それが正常先債務者に対して他金融機関との競争上の観点から決定された場合など、債務者の経営再建・支援目的に当たらないときには、貸出条件緩和債権とはなりません（Q61参照）。

　また、中小企業等に対する元本返済猶予債権が貸出条件緩和債権に該当するか否かを判断するに際して、金融検査マニュアルは平成16年の別冊の改訂において、「基準金利」という着眼点を加えて判定するものとしていますが、重要な点は、仮に債務者の経営支援目的とみなされるような返済期限の延長が行われた貸出金であっても、期限延長後における債務者に対する基準金利が適用される場合と実質的に同等の利回りが確保されている

ならば、当該貸出金は貸出条件緩和債権には該当しないということです。

そのうえで、中小企業等についての基準金利の検証に際しては、

① 担保・保証等により100％保全されている貸出金については、調達コストを下回る金利が適用されている場合を除き、貸出条件緩和債権には該当しないこと、

② 代表者等の保有資産を企業の返済能力に加味して信用リスクを判定できること、

③ 保有資産の売却等の見通しが確実でそれにより返済財源が確保されている場合には、その分だけ信用リスクが低減されること、

の3点を勘案できるものとされています。

(2) 事例検証

「マニュアル別冊・中小企業融資編」に掲げられた事例18は、この点で、元本返済猶予債権を貸出条件緩和債権とするか否かを判断する場合の原則的な考え方を示すものです。一般的に、書換えが繰り返されている手形貸付については、債務者の返済能力の低下が推定され信用リスクは増大しています。しかし、基準金利が適用される場合と実質的に同等の利回りが確保されていることの検証に際しては、担保・保証等による信用リスクの減少等を含めた総合的な採算を踏まえる必要があります。ただし、書換えが繰り返されている手形貸付であっても、その使途が正常な運転資金と認められ、経営再建・支援目的ではない場合は、基準金利、総合採算のいかんにかかわらず、貸出条件緩和債権とはなりません（Q68参照）。この事例のように、返済引当となっている在庫銘木の処分見込額が対象貸出金に十分見合っているものならば、信用リスクは極めて低いものと考えられ、期限延長後の貸出金の金利水準が金融機関の調達コストを下回っていない限り、当該貸出金は貸出条件緩和債権にはならないといえるでしょう。

事例19においては、基準金利の設定状況（行内格付や貸出期間等にかかわ

りなく一律に短期プライムレートを基準金利としていること）が十分合理的とはいえません。したがって、これを基準とした貸出条件緩和債権の判定は不適切とされています。なお、平成18検査事務年度「金融検査指摘事例集」（平成19年7月公表）には、他行の約定金利を基準金利として貸出条件緩和の判定を行ったケースや、一定金額未満の与信先について合理的理由なく貸出条件緩和の判定をしたケースが、いずれも不適切な事例として掲げられています。

　事例21は、収益物件取得資金に係る貸出金の最終返済期限を延長した場合において、それが法定耐用年数以内であるならば債務者に有利な一定の譲歩を行ったとはいえないので、元本返済猶予債権には該当しないのではないかという見解に対して、「債務者に有利な取決め」か否かの判断については基準金利の着眼点から判断すべきものであり（Q63参照）、当該債務者の信用格付、貸出保全状況、貸出期間等の要素を勘案した金利水準を確保できていることが必要とされています。

Q70

「極端に長期の返済契約」とは、どのような契約をいいますか

　たとえば、設備資金の融資で返済期間が当該設備の耐用年数を超えているものは、これに該当すると考えられます。そのほか、資金使途等から判断して一定期間内に返済を行うことが適当であるにもかかわらず、債務者の収益力、財務内容等に問題があり、通常の妥当な期間を超えた返済期間となっているものを指します。返済期間の妥当性は、資金使途等を基準にして、個々の案件ごとに判断します。

解説

(1) 「極端に長期の返済契約」の定義

　金融検査マニュアルでは、要注意先に対する債権のうち、Ⅱ分類とすべきものの一つとして「貸出条件に問題のある債権」をあげ、その例示として「極端に長期の返済契約」がなされた融資などの債権を掲げています。

　さらに、「極端に長期の返済契約」の定義として、資金使途等から判断して一定期間内に返済を行うことが適当であるにもかかわらず、債務者の収益力、財務内容等に問題があり、通常の妥当な期間を超えた返済期間となっているものと規定し、設備資金融資については返済期間が当該設備の耐用年数を超えているものはこれに該当するとしています。

　長期貸出は、債務者の業績等の変化に伴って信用リスクが顕現化する機会が多く、その取上げや管理にあたっては、短期貸出に比べてより慎重な

対応が必要であり、貸出期間が極端に長い場合は、融資金回収の安全性が劣ると考えられます。

(2) 「極端に長期」と判断する基準

　融資の返済期間は、融資対象設備から生み出される収益や債務者の今後の収益力に基づき決定されるべきものであり、妥当な返済期間は資金使途等を基準にして、個々の融資案件ごとに判断します。

　本来、資金使途等から判断される返済財源（今後の予想利益から社外流出分を除いたものが主）の範囲内に収まるべき返済期間が、収益力が脆弱で財務内容に問題があるために、その期間を大きく超えて約定されている場合には、「極端に長期」として扱うことになるでしょう。

　なお、債務者が制度資金を利用している場合には、その制度資金を直ちに「極端に長期」の返済契約と判断することなく、制度資金の内容、それを融資するに至った要因等を、総合的に勘案して検討することが大切です。

Q71

破綻懸念先の定義を説明してください

 　破綻懸念先とは、現状、経営破綻の状況にはないが、経営難の状態にあり、経営改善計画等の進捗状況が芳しくなく、今後、経営破綻に陥る可能性が大きいと認められる債務者をいいます。

　具体的には、

①　実質債務超過で業況が著しく低調であり

②　貸出金が延滞状態にあって最終的に損失発生の可能性が高い債務者を指します。

解　説

(1)　金融検査マニュアルにおける定義

　金融検査マニュアルは、破綻懸念先について、以前の旧大蔵省通達「資産査定について」に比べ、以下のとおり、より具体的に定義しています。

　「現状、経営破綻の状況にはないが、経営難の状態にあり、経営改善計画等の進捗状況が芳しくなく、今後、経営破綻に陥る可能性が大きいと認められる債務者（金融機関等の支援継続中の債務者を含む）。具体的には、現状、事業を継続しているが、実質債務超過の状態に陥っており、業況が著しく低調で貸出金が延滞状態にあるなど元本及び利息の最終の回収について重大な懸念があり、従って損失発生の可能性が高い状況で、今後、経営破綻に陥る可能性が大きいと認められる債務者」

　旧大蔵省通達「資産査定について」の定義と比較すると、「事業好転の見通しがほとんどない状況で、自行としても消極ないし撤退方針としてお

り」の部分が削除されている一方で、下線部分が追加されています。つまり、自行（庫・組）の取引方針を区分の要件から外すとともに、金融機関が支援継続中であっても、経営破綻に陥る可能性が大きい債務者、元本および利息について全額の回収が見込めない債務者は破綻懸念先とするという姿勢が明らかにされています。

(2) 破綻懸念先とするメルクマール

　債務者を破綻懸念先とするメルクマールは、「実質債務超過状態」「業績が著しく低調」「貸出金の損失発生の可能性」の3点に集約できます。

　「実質債務超過状態」にある債務者は原則として破綻懸念先です。債務超過状態が経営改善計画等の実行により短期間のうちに解消できる見込みがあれば、要注意先に区分できる余地がありますが、債務超過が大幅でその状況が相当期間続いていれば、実質破綻先としなければならない場合もあります。

　短期間に実質債務超過のメドが立たず、事業好転の見通しも立ちにくい債務者は、「業績が著しく低調」と判断すべきと考えられます（Q73参照）。

　また、「貸出金の損失発生の可能性」は、追加された要素であり、延滞状況や経営再建の見通しと併せて、判断することになります。

　以前は、自行（庫・組）が支援方針であることを理由に、このような状況にある債務者を要注意先にとどめているケースがありましたが、金融検査マニュアルでは、そのような考え方は否定されています。

　また、債務者の経営内容等からすれば破綻懸念先とすべきところを、単に親会社等の財務状況が良好であるという理由だけで、これを要注意先以上に区分することは不適当です（Q52参照）。

Q72

「経営難」とは、どのような状態を指しますか

 　　現状、事業は継続しているものの、経営状態が芳しくなく、債務者の自助努力のみでは事業好転見通しが立ちにくい状態で、今後、経営破綻に陥る可能性が大きい事態をいいます。

解 説

（1）　要注意先・破綻懸念先・実質破綻先の区分基準

　債務者を、要注意先、破綻懸念先、実質破綻先へ区分する基準については、金融検査マニュアルにおいても、それほど明解ではありません。

　したがって、経営状態、財務状況、貸出条件等の履行状況、事業好転の見通し等を目安に、債務者の状況を総合的に判断して区分することになりますが、マニュアルに示されている要素をベースに区分基準をまとめると、次頁の資料のようになります。

　債務者の「経営難」は、当該債務者を破綻懸念先と判断する要素の一つですが、それは債務者を経営状態の局面から判定するものです。

（2）　「経営難」の具体的イメージ

　債務者が経営難の状態にあることとは、具体的には、現状、事業は継続中であるが、収益力の不足や資産内容の劣化により経営成績が悪化し、したがって、経営状態が芳しくなく、債務者の自助努力のみでは事業好転の見通しが立ちにくい状態で、今後、経営破綻に陥る可能性が大きい事態をいいます。

しかし、経営難の判断は、「業況が著しく低調」かどうかの判断（Q73参照）および「実質債務超過状態」の判断（Q75参照）と表裏一体で、これらと関連づけて行う必要があります。

〔資料〕金融検査マニュアルによる要注意先・破綻懸念先・実質破綻先の区分基準

	要 注 意 先	破 綻 懸 念 先	実 質 破 綻 先
基本的概念	貸出条件に問題あり 履行状況に問題あり 今後の管理に注意を要す	今後、経営破綻に陥る可能性が大きい 金融機関等の支援継続中の先を含む	実質的な経営破綻
経営状態	業況が低調ないし不安定	事業は継続中だが経営難 業況が著しく低調	形式的に事業継続中 深刻な経営難
財務状況	赤字または繰越欠損、不良資産を有する等、財務内容が悪化 ただし創業赤字先、一過性赤字先、個人資産を勘案できる中小零細企業赤字先は正常先	実質債務超過状態	実質的に大幅な債務超過状態が相当期間継続 多額の不良資産を内包、または過大な借入金残存、天災、事故、経済情勢の急変等による多大損失の発生
貸出条件等履行状況	金利減免・棚上げ等問題ある貸出条件設定（要管理債権） 元本返済または利払いが事実上延滞（3カ月超延滞は要管理債権）	延滞状態 元本利息の最終回収に重大な懸念あり、したがって貸出に損失発生の可能性が高い	原則として実質的に長期間（6カ月以上）延滞状態
事業好転見通し	あるが、注意を要する	見通しが立ちにくい	ない
経営改善計画等進捗状況	策定済みのときは下記要件を充足していること ・計画期間が原則としておおむね5年内で実現可能性が高い ・計画期間が5年を超えおおむね10年内で進捗状況が順調（売上・当期利益が計画比おおむね8割以上確保、今後も計画どおり推移見込み） ・計画終了後は原則として正常先となるもの ・全取引金融機関が支援に同意（文書その他で確認可能） ・支援内容が金利減免、残高維持にとどまる	策定済みだが芳しくない 要注意先、実質破綻先の要件に該当しないもの	策定済みの場合で下記状況にあること ・計画の進捗状況が不調（進捗状況が計画比で大幅に下回っており、今後急激な業績回復が見込めない） ・一部取引金融機関の支援同意が得られない場合で、今後経営破綻に陥ることが確実

(注)　・創業赤字先を正常先とする基準：原則として黒字化期間がおおむね5年内で、かつ売上・当期利益が計画比おおむね7割以上確保
　　　・一過性の赤字先とする基準：赤字原因が一過性のもので、短期間に黒字化が確実
　　　・不渡手形、融通手形および期日決済に懸念のある手形を有する債務者でも、その収益および財政内容を勘案して、債務者が不渡手形等を負担する能力がある場合は、その債務者を正常先とできる。

Q73

「業況（績）が著しく低調」とは、どのような場合を指しますか

 実質債務超過状態にある債務者で、短期間にその状態の解消の
メドが立たず、事業好転の見通しも立ちにくい場合は、「業況
（績）が著しく低調」と判断できる有力な要素となります。しか
し、その先を破綻懸念先と判定するには、そのほか、事業の継続
見通し、収益力、キャッシュフローの状況、経営改善計画等の進
捗状況などを、総合的に検討する必要があります。

解 説

「業況が著しく低調」は、債務者を破綻懸念先に区分する有力なファク
ターです。これは債務者の経営状態を判断する目安でもあり、財務状況と
も密接に結び付いています。

実質債務超過の状態にある債務者が、今後短期間にその状態の解消のメ
ドが立たず、事業好転の見通しも立ちにくい場合には、「業況（績）が著
しく低調」と判断して、債務者区分を検討することになります。

ただし、このことが直ちに、破綻懸念先へ区分されることにはなりませ
ん。債務者区分の決定にあたっては、

① 今後の事業継続見通しはどの程度あるか

② 予測される収益力で債務超過を早期に解消できるか

③ キャッシュフローの状況と今後の資金繰りや資金調達見込みとの間に
整合性はあるか

④　経営改善計画等の進捗状況はどうか

⑤　金融機関等の支援状況等は期待できるか

などを考え合わせることが必要です。

　具体的に、今後どの程度の期間で債務超過状態を解消できれば、「業況（績）が著しく低調」とすることを免れるかについては、個々の債務者の業種や財務状況、収益力の安定性等で判断されますが、一般的には3年以内、最長でも5年以内が目安と考えられます。

Q74

「経営改善計画等の進捗状況が芳しくない」とは、どのような状態を指しますか

 経営改善計画等の進捗状況の評価については、これを一律に数値基準等で仕切ることは不適切です。しかしながら、一応の目安としては、

① 売上高等や当期利益の実績が計画比おおむね8割未満にとどまっており、今後の業績の回復見込みが薄いこと

② 債務者自身の計画修正策が講じられていないか、もしくはその修正策の効果が不十分な段階にとどまっている状態

であれば、進捗状況が芳しくないものと判断します。ただし、中小・零細企業等においては、精緻な経営改善計画の策定が困難な場合が多く、計画の進捗状況に狂いが生じることも多いので、機械的・画一的な判断を避け、未達成の原因分析とキャッシュフローの確保見通し、計画修正への対応などを勘案して判断します。

解 説

(1) 経営改善計画等の策定と債務者区分

　金融検査マニュアルは、金融機関等の支援を前提とした経営改善計画等が策定されている債務者について、一定要件を満たしている場合には、当該債務者を要注意先と判断してさしつかえないものとしています。その要件の一部として、下記の事由があげられています。

「計画期間が原則としておおむね5年以内で、かつ、計画の実現可能性が高いこと。

　ただし…計画期間が5年を超えおおむね10年以内となっている場合で、…進捗状況がおおむね計画どおり（売上高等および当期利益が事業計画に比しておおむね8割以上確保されていること）であり、今後もおおむね計画どおりに推移することが認められる場合を含む」

　つまり、業績が低調で経営破綻に陥る可能性のある債務者であっても、金融機関等の支援を前提とした経営改善計画等を策定しており、その進捗状況がおおむね計画どおりと認められる場合は、原則として、当該債務者を要注意先として区分することが可能となります。

(2)　経営改善計画等の進捗状況と債務者区分

　経営改善計画等の進捗状況が前記水準に達していない場合、その債務者が直ちに破綻懸念先となるものではありません。しかしながら、売上げや利益計画の達成度合いがおおむね8割未満で、かつ今後の回復見込みが薄く、債務者自身の有効な修正対策等も講じられていない場合には、改善計画等の進捗状況が不芳なものとして、破綻懸念先に区分することになります。

　マニュアルはさらに、達成水準が計画を大幅に下回る状況で、今後も急激な業績回復が見込めず、経営改善計画等の見直しが行われていない場合、または一部の取引金融機関において経営改善計画等に基づく今後の支援につき合意を得られず、経営破綻に陥る可能性が極めて高いとみられる場合には、当該債務者を実質破綻先とすることとしています。

　これらの数値基準は、金融検査の際の検査官の判断の目安として設けられたものであり、金融機関がこれと異なる考え方を採用することを排除するものではありませんが、その場合は、それがこのマニュアルの考え方と整合性を有し、かつ合理的な根拠があることが必要です。

　マニュアルは、経営改善計画等の判定基準について機械的・画一的適用

を戒めており、業種等の特性を踏まえて、事業の継続性と収益性の見通し、キャッシュフローによる債務償還能力、経営改善計画等の妥当性、金融機関等の支援状況等を総合的に勘案して、債務者区分を検討するものとしています。

(3) 中小・零細企業の場合の進捗状況の評価

マニュアルは、中小・零細企業について、必ずしも経営改善計画等が策定されていない場合が多いので、企業の財務状況、技術力・販売力・経営者の資質やこれらを踏まえた成長性、代表者等の役員に対する報酬の支払状況、代表者等の収入や資産内容、保証状況や保証能力等を総合的に勘案して、債務者区分を検討するものとし、経営改善計画等が未策定であることを理由に、直ちに破綻懸念先とすることのないよう強調しています。

マニュアル別冊・事例11は、計画が未達であっても、達成率が8割以上で進捗している場合は、要注意先にとどめることができるケースを示しており、また事例14では、外部要因による一時的な影響により経営改善計画を下回る状況が発生しても、機械的・画一的な判断をせず、計画修正への対応状況等を踏まえて負債者区分の判断をするケースを紹介しています。

さらに、マニュアル別冊は、平成16年改訂で「経営改善計画等の進捗状況」を検証ポイントとして追加し、事例13として「経営改善計画を下回っているものの十分なキャッシュフローが確保されている場合、または、その見込みが確実な場合等について」を設けています。そして、たとえ当初計画の達成が困難とみられる場合であっても、十分なキャッシュフローが確保されており、今後の事業展開の方向が明らかで借入返済に向けた動きが見込まれるのであれば、当該中小・零細企業等を直ちに破綻懸念先とせず、要注意先（その他要注意先）などにとどめることが可能としています。このような場合には、現状の条件変更貸出は貸出条件緩和債権に該当しません。

Q75

「実質債務超過の状態」とは、どのように判断すればよいですか

 　債務者が債務超過か否かの判断は、表面上の貸借対照表の自己資本の多寡によるものではなく、資産と負債の実態を精査した結果で把握される「実質自己資本」の状態で判断します。実質債務超過の状態にある債務者は、財務内容が相当悪化している状況ですので、債務者区分の判断は厳しくかつ慎重に行う必要があります。

解　説

(1) 債務超過状態の判断基準

　債務者が債務超過状態にあるか否かは、債務者区分をするうえで重要な要素ですが、その判定は、単に貸借対照表の表面上の自己資本がプラスかどうかによるものではありません。

　金融検査マニュアルは、債務超過の判定基準として「実質債務超過」であることを掲げており、債務超過状態の判断は「実態バランス」によることが必要となります。実態バランスの策定にあたっては、資産内容を資産明細等に基づき精査したうえで、その資産性の毀損度合いを判定して毀損部分を資産から控除し、負債についても簿外のものを修正計上するなどして、実態的な自己資本の額を算出します。

　ただし、ここでいう実態バランスは、あくまでも企業の継続を前提に策定されるもので、企業の整理清算を目的とした清算バランスとは異なりま

す。したがって、土地・建物などで生産や営業の継続に必要な稼働資産については、基本的に修正対象から外して判定します。

(2) 債務超過状態と債務者区分

「実質債務超過状態の度合い」は、債務者区分判定の重要な要素となります。

実質債務超過状態にある債務者は、原則として破綻懸念先に区分されますが、その状態が、債務者の収益力等を勘案すれば、比較的短期間に解消できる見込みがあるときは、当該債務者を要注意先（場合によっては正常先）に区分することも可能でしょう。

また、現状の収益力が乏しく債務超過額が債務者の体力比過大であって、その解消のメドが立たないような債務者は、実質破綻先に区分されることになります。

Q76

破綻懸念先に対する債権は、どのように分類されますか

 破綻懸念先に対する債権の分類は、優良担保の処分可能見込額および優良保証等により保全されている債権は非分類（Ⅰ分類）となりますが、残りの債権のうち、一般担保の処分可能見込額、一般保証による回収可能額および清算配当等により回収可能と見込まれる部分をⅡ分類、それ以外の部分をⅢ分類に分類します。

解 説

(1) 破綻懸念先に対する債権の分類方法

債権分類の基本的な考え方は、Q27に述べられているとおりですが、破綻懸念先に対する債権は、非分類（Ⅰ分類）、Ⅱ分類、Ⅲ分類の三つに分類されます。

非分類となるものは、優良担保の処分可能見込額および優良保証等により保全されている債権ですが、このほか、分類対象外債権（Q42参照）も分類から除かれます。優良担保についてはQ99、Q100を、優良保証等についてはQ114を参照してください。

また、Ⅱ分類とされるものは、一般担保の処分可能見込額や一般保証による回収可能額のほか、清算配当等により回収可能と見込まれる部分です。

以上の部分を除いた残りの債権全部がⅢ分類となります。

一般担保の評価にあたり不動産鑑定士による鑑定評価を取得しているな

ど、評価額の精度が十分高いと認められる場合は、担保評価額をⅡ分類とすることができます。

　なお、一般保証による回収可能額や清算配当等により回収可能と見込まれる部分については、次項のQ77を参照してください。

⑵　償却・引当との関係

　破綻懸念先に対する債権については、そのⅢ分類額につき、所要額を債務者ごとに個別貸倒引当金へ繰り入れることが必要です。所要額の見積方法などは、Q142およびQ143を参照してください。

　破綻懸念先への債権については、その一部につき、債務者ごとに償却・引当が必要になるので、当該債務者に対する以後の新規の貸出実行は、大きな制約を受けることになります。

Q77

破綻懸念先債権の分類における「保証により回収が可能と認められる部分」「清算配当等により回収が可能と認められる部分」について、説明してください

 破綻懸念先債権の分類において、一般保証による回収見込額としてⅡ分類となるものは、保証人の資産または保証能力を勘案して回収が確実とみられる部分です。また、清算配当等により回収可能と認められる部分とは、合理的な見積りが可能な清算配当等で回収が確実と見込まれる部分をいいます。

解 説

(1) Ⅱ分類とされる一般保証による回収可能額

破綻懸念先への債権の分類において、優良保証以外の一般保証については、保証人の資産または保証能力を勘案して、回収が確実とみられる部分がⅡ分類となります。保証人の資産または保証能力の確認が不十分で、保証による回収が不確実な場合は、保全されているとはみられませんので、当該部分はⅢ分類となります。

金融検査マニュアルにおいては、旧大蔵省通達「資産査定について」の規定よりも、一般保証の回収見込額の判定要件をより踏み込んで規定しており、回収の確実性を重視している点に注意が必要です。

(2) 清算配当等により回収が可能と認められる部分

　破綻懸念先債務者について、金融機関が当該債務者の他の債権者に対する担保提供の状況が明確に把握できるなど、その資産内容の正確な把握および当該債務者の清算貸借対照表（清算バランス）の推定が可能な場合で、清算配当等を合理的に見積もることができ、かつ、その回収が確実と見込まれる部分については、Ⅱ分類とすることができます。なお、この場合の清算バランスは、実質債務超過を判定する際に用いた実態バランスとは、内容が異なる点に注意してください。

　ただし、この適用については制限的に扱うものと考えられ、その見積方法が合理的と認められない場合は、Ⅱ分類とすることは不適切です。

　また、清算配当以外の回収引当がある場合、その回収確実性があれば、この「清算配当等」に含めて、それをⅡ分類としてもさしつかえないと考えられます。たとえば、賃貸不動産に抵当権を設定している場合において、抵当権に基づく物上代位権を行使して賃料債権の差押えを行い、それを引当とする回収が相当期間見積もられるときは、その引当からの回収見積額をⅡ分類とすることは可能でしょう。ただし、回収見積期間については合理的に説明できることを要します。

Q78

破綻懸念先に対する新規追加融資はできますか

 　追加融資を行うかどうかについては、債務者区分で一律に判断すべきものではなく、債務者の信用リスクの管理に帰するものです。すなわち、債務者のリスクの程度に応じ収益面、保全面、自己資本面において合理的で明確な対応を確保しつつ、その責任と判断において対応していくべきものといえます。

　言い換えれば、破綻懸念先であっても追加融資についての経済合理性があるのであれば、追加融資は可能といえます。

解 説

(1) 追加融資と債務者区分との関係

　追加融資が可能かどうかは、債務者区分で判断すべきものではなく、追加融資に経済合理性があるかどうかで判断すべき問題です。すなわち、「追加融資により融資先の業績を立ち直らせ、不良債権となっている既存融資分を回収することが期待できる」とか、「追加融資を行わなければ取引先は資金繰りに窮して経営は破綻し、自行（庫・組）にも、より大きな損害を及ぼしかねない」などという、追加融資が自行（庫・組）の利益になるのかどうかという観点はもとより、地域経済・産業を支えるために必要なのかどうかという観点も含めて判断することが必要です。

(2) 積極的な金融仲介機能の発揮

　地域金融機関に対しては、地域経済・産業の成長や新陳代謝を支える積

極的な金融仲介機能の発揮が求められていますので、目利き力の発揮により、新規の信用供与により新たな収益機会の獲得や経営改善・生産性向上・体質強化を通じた企業としての持続可能性が見込まれるのであれば、債務者区分にかかわらず、必要な支援を積極的に行う姿勢が必要です。

(3) 経営判断原則

経営不振先に対する融資が、結果として回収困難または回収不能となった場合に、融資決定の際の取締役の善管注意義務・忠実義務違反の有無が問題になることがありますが、結果的に回収困難または回収不能になり、銀行に損害が発生した場合でも、そのことゆえに直ちに善管注意義務・忠実義務違反とはなりません。

経営判断が適法になる要件（経営判断原則）として、（公社）日本監査役協会・法規委員会では以下の５項目をあげています。融資判断にあたっては、十分な情報を収集するとともに、融資先の現状、経営改善計画の内容、担保の状況、業界の見通しなど諸条件を勘案し、あくまでも銀行の利益を図る観点から、合理的な意思決定を行う必要があります。

① 意思決定内容に違法性がないこと

② 意思決定過程（プロセス）が合理的であること

③ 事実確認に不注意な誤りがないこと

④ 意思決定の内容が同じ立場にある企業人の目からみて明らかに不合理でないこと

⑤ 意思決定が会社の利益第一に考えられていたこと

Q79

実質破綻先の定義を説明してください

 　実質破綻先とは、法的・形式的な経営破綻の事実は発生していないが、深刻な経営難の状態にあり、再建の見通しがない状況にあるなど、実質的に経営破綻に陥っている債務者をいいます。

　具体的には、事業を形式的には継続しているが、多額の不良資産を内包し、あるいは過大な借入金が残存して、実質的に大幅な債務超過状態に相当期間陥っており、事業好転見通しのない状況、または天災、事故、経済情勢の急変等により多大な損失を被り、再建見通しのない状況で、実質的に長期間延滞している債務者などを指します。

解　説

(1)　金融検査マニュアルの定義

　金融検査マニュアルによれば、実質破綻先とは、法的・形式的な経営破綻の事実は発生していないが、深刻な経営難の状態にあり、再建の見通しがない状況にあると認められるなど、実質的に経営破綻に陥っている債務者をいいます。

　具体的には、事業を形式的には継続しているが、財務内容において多額の不良資産を内包し、あるいは債務者の返済能力に比べて明らかに過大な借入金が残存して、実質的に大幅な債務超過状態に相当期間陥っており、事業好転見通しのない状況、または天災、事故、経済情勢の急変等により多大な損失を被り、あるいは、これらに準ずる事由が生じており、再建の

見通しがない状況で、元金または利息について実質的に長期間延滞している債務者などを指します。

(2) 実質破綻先とするメルクマール

　債務者を実質破綻先と区分する要素としては、「深刻な経営難で再建見通しがないこと」「実質的に大幅な債務超過状態に相当期間陥っていること」「実質的に長期間延滞していること」があげられます。

　「深刻な経営難で再建見通しがないこと」および「実質的な長期間延滞」については、Q80、Q81の説明を参照してください。

　「実質的に大幅な債務超過状態に相当期間陥っていること」については、マニュアルは「多額の不良債権の内包」と「返済能力に比べて過大な借入金の残存」を例示していますが、いずれにしても、債務者の現状の収益力や実質的な保有資産価値などから判断して、債務超過解消の具体的なメドが立たない状況にあり、その状況に陥っておおむね3年以上経過している状態と考えられます。

　破綻懸念先と実質破綻先を区別する要素としては、「事業の再建見通し」が、破綻懸念先では「立ちにくい」状況なのに対し、実質破綻先では「ない」と判断されることです。そして、「経営状態」が、破綻懸念先では「事業継続実態がある」のに対して、実質破綻先では「形式的な存続にとどまる」ことがあげられます。

「深刻な経営難の状況にあり、再建の見通しがない状況にある」とは、どのような場合を指しますか

　事業は形式的に継続されているものの、実態は営業活動とはいえない状態にあり、もはや事業再建の見通しがなく、実質的に経営破綻の状況にあることをいいます。

解　説

　実質破綻先の要件である、「深刻な経営難の状況」と「再建の見通しがない状況」は、ともに債務者の経営状態を表しており、事実上は同じ状況を指しています。

　つまり、事業は形式的に継続されているが、その実態は、残務整理や不良資産の処分等に限られ、前向きの営業活動は事実上ストップしている状況にあり、スタッフも社長のほかはわずかな事務員のみというように、もはや企業としての実体を失っているか、それに近いと判断される状態で、事業の再建見込みがまったく立たず、法的・形式的には経営破綻していないものの、実質的にそれと同視できる状況ということができます。

　経営改善計画等が策定されていても、その進捗状況が著しく不芳であれば、もはや金融機関等の支援も期待できなくなり、事実上、経営破綻の状況に陥っている場合が多いと思われます。

　金融検査マニュアルは、経営改善計画等の進捗状況が芳しくなく実質的に経営破綻とみられる場合の目安として、売上高や当期利益の達成状況が

事業計画比大幅に下回っており、かつ、今後も急激な業績の回復が見込め
ない場合や、一部の取引金融機関の支援同意が得られず、そのため経営破
綻に陥ることが確実とみられる場合をあげています。

Q81

「実質的に長期間延滞している」の具体的基準について説明してください

 金融検査マニュアルでは、原則として実質的に6カ月以上延滞しているものを、「実質的に長期間延滞している」状況としています。延滞は形式で判断せず、実質的な延滞となっているかどうかで判断します。

解 説

(1) 延滞債務者を実質破綻先とする要件

　貸出債権等の元本返済や利息支払を延滞している債務者を、実質破綻先として区分する要件は、「実質的に長期間延滞している」ことです。

　金融検査マニュアルにおいては、原則として実質的に6カ月以上延滞しており、一過性の延滞とはいえないものを、実質的な長期間延滞状態としています。

(2) 「実質的な延滞」の意味

　延滞の判断は「実質的」に行うものとされ、金融検査においては、実質的な延滞債権かどうかの検証は、返済期日近くに実行された貸出の資金使途が元金または利息の返済原資となっていないかを、稟議書の確認および当該貸出の資金トレースを行うなどの方法により確認するものとされています。

　したがって、利息貸出等を行って形式的に延滞を回避しているような場

合は、延滞とみなされることになります。

　また、同日に決済と取組みを繰り返しているような、いわゆるコロガシ融資については、資金繰り上・営業上の流動資産の換金により、決済用の資金が用意されていることが確認できない限りは、実質的な延滞とみなされます。なお、この項についてはQ68、Q69も参照してください。

　このほか、自行（庫・組）貸出は延滞していないが、返済資金がないので他行（庫・組）から借入調達し、自行（庫・組）貸出の返済に充当している場合や、自行（庫・組）の関連ノンバンクの融資が延滞しているような場合も、実質的な延滞に該当します。

実質破綻先に対する債権は、どのように分類されますか

実質破綻先に対する債権の分類は、

・優良担保の処分可能見込額および優良保証等により保全されている債権は非分類（Ⅰ分類）

・一般担保の処分可能見込額および一般保証による回収可能額、清算配当等により回収可能と見込まれる部分はⅡ分類

・優良担保および一般担保の担保評価額と処分可能見込額との差額部分をⅢ分類

・それ以外の回収見込みがない部分をⅣ分類

とします。

解 説

⑴ 実質破綻先に対する債権の分類方法

実質破綻先に対する債権は、非分類（Ⅰ分類）、Ⅱ分類、Ⅲ分類、Ⅳ分類の四つに分類されます（Q27参照）。

非分類となるものは、優良担保の処分可能見込額および優良保証等により保全されている債権ですが、分類対象外債権に該当するものも、この対象となります。なお、優良担保や優良保証であっても、担保権行使や保証履行請求に制限があったり、事実上権利行使ができないものについては、その状況に応じて、ⅡまたはⅣ分類とすることが必要です。

Ⅱ分類となるものは、一般担保の処分可能見込額や一般保証による回収

可能額のほか、清算配当等により回収可能と見込まれる部分です。

　Ⅲ分類となるものは、優良担保および一般担保の担保評価額と処分可能見込額の差額、いわゆる担保掛け目に相当する部分ですが、一般担保の評価額の精度が十分高い場合は、担保評価額をⅡ分類とすることができます。したがって、この場合にはⅢ分類は該当なしということになります。

　上記以外の回収見込みがない部分は、すべてⅣ分類となります。

　なお、実質破綻先に対する債権は、可能な限り、担保等により回収可能と認められる部分であるⅡ分類と、回収見込みがない部分であるⅣ分類に分類するものとされ、Ⅲ分類は上記の内容のものに限定されることに注意してください（これについては、Q86参照）。

(2)　Ⅱ分類となる「保証による回収可能額」

　保証により回収可能と認められる部分はⅡ分類となりますが、その場合は、保証人の資産または保証能力を勘案すれば回収が確実と見込まれることが必要であり、保証人の資産や保証能力の確認が不十分で回収が不確実な場合には、保証による保全がないものとしてⅣ分類としなければなりません。以前は、保証による回収が不確実な部分はⅢ分類とされていましたが、金融検査マニュアルでは基準が厳格になりました。

(3)　清算配当等により回収が確実と認められる部分

　これは、破綻懸念先の場合と同様に、債務者の資産内容の正確な把握と清算貸借対照表の推定が可能な場合で、清算配当等の見積りが合理的であり、かつ、回収が確実と見込まれる部分をいいます（Q77参照）。

(4)　償却・引当との関係

　実質破綻先に対する債権は、ⅢおよびⅣ分類の全額を、債務者ごとに個別貸倒引当金へ計上するか、貸倒償却（直接償却）をすることになります。

Q83

破綻先の定義を説明してください

破綻先とは、法的・形式的な経営破綻の事実が発生している債務者です。

このため、破綻先とする債務者区分の判断は、債務者の経営実態等に着目した実質的な判断を要せず、単に当該債務者の法的・形式的な破綻事実、あるいは外形的な状態をもって経営破綻とするものです。

解 説

債務者区分は、通常、債務者の財務内容、資金繰り、収益力ならびに債務者に対する貸出条件および貸出金の延滞状況等により回収可能性を検討して判断することとなります。

しかし、破綻先とする債務者区分の判断は、単に法的・形式的な事実、外形的な状態で行います。

法的・形式的な破綻の事実のある債務者とは、次のような債務者を指します。

（法人）	破産、清算、会社更生、民事再生、手形交換所の取引停止処分等の事由により経営破綻に陥っている債務者。
（個人）	破産、民事再生手続中、あるいは取引停止処分等を受けた債務者。

また、会社更生、民事再生等の法的再建手続が進行中の債務者で、更生

計画等の認可決定が行われている先については、破綻懸念先または要注意先とすることも可能です（Q87～Q91参照）。

特定調停申立先については、どのように債務者区分しますか

 特定調停申立先については、申立てが行われたことをもって直ちに破綻先とすることはせず、債務者の経営実態を踏まえた債務者区分の判断が必要です。

解説

(1) 「特定調停」とは

「特定調停」とは、「特定債務等の調整の促進のための特定調停に関する法律」（特定調停法）に基づき、支払不能に陥るおそれのある債務者等の経済的再生を図ることを目的に、民事調停法の特例として、平成11年に制定された調停手続です。

特定調停の対象となる債務者（特定債務者）には、金銭債務を負っている者であって、支払不能に陥るおそれのある者、事業継続に支障をきたすことなく弁済期にある債務を弁済することが困難な者、または債務超過に陥るおそれのある法人が該当します。特定債務者から「特定調停」の申立てがなされると、裁判所は民事調停委員を指定し、調停委員会を組織します。調停委員会は、特定債務者およびこれに対して金銭債権を有する者やその他の利害関係人との間の金銭債務の内容変更、担保関係の変更、その他の金銭債務に係る利害関係の調整を図るために、調停条項案を提示し、調停を行います。調停は当事者全員の合意により成立します。

特定債務者の大半は個人ですが、その調停内容の大部分は債務弁済方法

の変更（リスケジュール）が中心で、債務の一部免除を伴う場合には個人再生手続を用いられることが多いようです。また、保有財産をすべて処分して債務を整理する場合には、破産手続が利用されます。法人の利用もありますが、その場合は調停案において債務弁済条件の内容の変更（債務の一部免除を含む）を盛り込んだ再建計画（調停条項案）が示され、調停に参加した債権者全員の合意を求めるケースが通常です。

(2) 特定調停申立先の債務者区分

特定調停申立先の債務者区分について金融検査マニュアルは、特定調停を申し立てたことをもって直ちに破綻先とはせずに、当該債務者の経営実態を踏まえて判断することを、特に明記しています。

特定調停申立先は、まだ支払不能や債務超過の状態に至っていない者も多いので、申立先＝破綻先と即断することのないよう求めたものです。したがって、特定調停の成立見通しや調停内容、債務者の経済的実情などを勘案して、判断しなければなりません。

個人債務者等で債務弁済のリスケジュールを内容とした調停が成立する見込みの者は、破綻懸念先ないし要注意先が相当と考えられ、法人債務者であって債務の一部免除を伴うような調停が成立する見通しならば、当該債務者の区分は当面は破綻懸念先、調停が成立し債務免除が実施された後には要注意先（要管理先）となるでしょう。

一方、調停の成立見込みがなく、実態的に破綻しているとみられる債務者については、実質破綻先あるいは破綻先に区分することになります。

破綻先に対する債権は、どのように分類されますか

 　破綻先に対する債権は実質破綻先と同様に、次のように分類されます。

① 　優良担保・保証で保全されている部分…非分類（Ⅰ分類）

② 　一般担保・保証等で回収が可能と認められる部分および清算配当等により回収可能な部分…Ⅱ分類

③ 　優良担保および一般担保の担保評価額と処分可能見込額との差額…Ⅲ分類

④ 　上記以外の部分…Ⅳ分類

解説

　破綻先とは、Q83で示されているように、法的・形式的に経営破綻の事実が発生している法人、あるいは個人ですから、債務者自身の現状における弁済能力は考えられません。したがって、担保・保証等による調整が行われる部分以外の債権は、すべてⅣ分類となります。

　また、担保・保証等を踏まえた分類区分および分類金額の決定は、担保・保証等による回収が可能と認められる部分であるⅡ分類と回収の見込みのない部分であるⅣ分類とに極力仕分けした査定を行うことが必要です。

　Ⅲ分類とされるものは、優良担保および一般担保の担保評価額と処分可能見込額との差額部分が該当しますが、これ以外でⅢ分類となるケースはありません（次項Q86参照）。なお、法的整理先についての分類基準は、Q87～Q91を参照してください。

Q86

実質破綻先・破綻先のⅢ分類とはどのようなもの
ですか。また、清算配当等による回収可能部分と
は何を指しますか

　実質破綻先・破綻先におけるⅢ分類債権は、優良担保や一般担
保の評価額と処分可能見込額との差額部分に限定されます。
　また、清算配当等による回収見込額が、債務者の清算バランス
等により合理的に見積もられ、かつ、その回収が確実と見込まれ
る場合や、清算人等から通知された5年以内の配当等見込額であ
る場合には、その部分をⅡ分類とすることができます。

解説

(1)　実質破綻先、破綻先におけるⅢ分類債権

　実質破綻先および破綻先に対する債権の分類基準は、優良担保（国債等
の信用度の高い有価証券等）の処分可能見込額および優良保証（信用保証協
会の保証等）により保全されている部分は非分類とし、一般担保（土地、
建物等）の処分可能見込額および一般保証（十分な保証能力のある一般事業
会社による保証等）による回収が可能と認められる部分および清算配当等
により回収可能な部分はⅡ分類、優良担保および一般担保の評価額と処分
可能見込額との差額はⅢ分類、それ以外の部分はⅣ分類とされています。
なお、優良担保や優良保証であっても、担保権の実行や保証履行に制限が
あったり、事実上権利行使ができない場合は非分類とはならず、その状況
に応じてⅡ分類またはⅣ分類とします。

金融検査マニュアルにおいては、実質破綻先および破綻先に対する債権は極力、回収可能と見込まれるⅡ分類部分と回収見込みのないⅣ分類部分に分類するものとされ、Ⅲ分類となる部分は、前記の優良担保および一般担保の担保評価額と当該担保の処分可能見込額との差額部分に限るものとされています。

⑵　清算配当等による回収可能部分

　実質破綻先・破綻先への債権中、Ⅱ分類とすることができる「清算配当等による回収可能部分」とは、次のようなものです。

　実質破綻先においては、金融機関において債務者の資産内容やその担保提供状況等の正確な把握と清算バランスの推定が可能な場合に、それに基づき清算配当等が合理的に見積もられ、かつ、回収確実と見込まれるとき、その清算配当等の見込額をⅡ分類とすることができます。

　破綻先においては、前記の場合に加えて、清算人等から清算配当等の支払予定通知があった場合の通知日から5年以内の返済見込部分をⅡ分類とすることが可能です。

　なお、破産手続において、破産管財人から配当見込額あるいは予定配当率が提示されている場合も、それにより算定される金額をⅡ分類とすることはさしつかえないと考えられます。

Q87

会社更生手続等を申し立て更生計画等の認可決定前の債務者についての債務者区分および債権分類はどうなりますか。他の法的整理手続の場合はどうですか

 　会社更生計画認可決定前の債務者は「破綻先」に区分し、破綻先債権の一般的基準に従って債権分類を行います。他の法的整理手続先も、原則としてこれと同様です。

解 説

⑴　会社更生手続申立先で更生計画認可決定前の債務者

　会社更生法に基づく更生手続申立先で、まだ更生計画の認可決定を受ける前段階の債務者については、債務者区分を「破綻先」としたうえで、その債権を破綻先の債権分類基準（Q85参照）に則して、次のように分類します。

○優良担保処分可能見込額・優良保証保全部分…………………………非分類

○一般担保処分可能見込額・一般保証回収見込部分・清算配当等
　　の回収見込部分……………………………………………………………Ⅱ分類

○優良担保または一般担保の評価額と処分可能見込額との差額部
　　分………………………………………………………………………………Ⅲ分類

○それ以外の回収見込みのない部分………………………………………Ⅳ分類

⑵　その他の法的整理手続申立先の場合

　会社更生手続以外の法的整理手続のうち、民事再生手続の申立てを行っている債務者で、再生計画の認可決定前の段階の場合も、その債務者区分は「破綻先」となり、その債権分類方法も⑴に準じて実施します。

　詳しくはQ90を参照してください。

　再建目的以外の清算を目的とした法的整理手続の申立先のうち、会社法上の特別清算手続先で特別清算協定の締結に至っていない債務者については、⑴と同様に扱います。

　破産手続申立先は、破産手続の終結前であれば「破綻先」としたうえで、次のように債権分類を行います。

○優良担保処分可能見込額・優良保証保全部分…………………………非分類

　（ただし、処分や保証履行に支障がある場合は状況に応じて、ⅡまたはⅣ分類）

○その他の別除権（一般担保）回収見込額・一般保証回収見込部

　　　分・破産管財人からの通知等による破産配当の見込額…………Ⅱ分類

○担保評価額と回収見込額（処分可能見込額）との差額部分…………Ⅲ分類

○それ以外の回収見込みのない部分……………………………………Ⅳ分類

Q88

会社更生手続による更生計画等が認可決定された
ときの債務者区分および債権分類はどうなります
か。他の法的整理手続の場合はどうですか

A 　会社更生計画の認可決定時には、債務者区分は、原則として破
綻懸念先となり、おおむね 5 年以内に正常先となる内容の計画
で、かつ計画実現可能性が高いと認められる場合には要注意先と
することができます。その場合の債権分類は、それぞれの債務者
区分の基準に従って実施します。その他の法的整理手続の場合
も、原則的には同様の扱いとなりますが、計画の合理性や実現性
は脆弱なものがあるので、個々のケースの実態を勘案して判断し
ます。

解　説

(1) 会社更生計画の認可決定を受けた債務者

a 債務者区分

　金融検査マニュアル（平成15年改訂）によれば、会社更生計画の認可決
定が行われた債務者については、債務者区分をもはや破綻先とする必要は
なく、破綻懸念先としてさしつかえないものとされ、さらに、今後おおむ
ね 5 年以内に債務者区分が正常先となる内容の計画であって、かつ、計画
の達成見通しが高いと認められる場合には、当該債務者を要注意先と判断
してさしつかえないものとしています。そのための要件は下記のとおりで
す。

① 更生計画等の認可決定後、当該債務者の債務者区分が原則として5年以内に正常先となる計画であって、かつ、更生計画等がおおむね経過どおりに推移すると認められること。

② 当該債務者の債務者区分が5年を超えおおむね10年以内に正常化される計画となっている場合であって、更生計画等の認可決定後一定期間が経過し、計画の進捗状況がおおむね計画以上であり、今後も計画どおり推移すると認められること。

③ 当該債務者が金融機関等の再建支援を要せず、自助努力により事業の継続性を確保することが可能な状態となる場合には、前記の債務者区分の達成目標は正常先でなく要注意先であってもかまわない。

上記中の「更生計画等」には民事再生計画も含まれます。また、たとえば清算型の民事再生計画であっても、もとの企業を単純に整理・清算するものでない限りは、再建計画にかかわる複数の債務者等を一体として債務者区分を行ってもさしつかえありません。

要注意先に対する債権のうちに要管理債権があれば、当該債務者は「要管理先」となります。したがって、前記のような計画が認可決定されると、金融機関の有する債権は、通常、条件変更が行われ「貸出条件緩和債権」となるので、債務者は「要管理先」となりますが、金融庁は、実現可能性の高い抜本的な経営再建計画に沿った経営再建が開始されている場合には、当該計画に基づく貸出金は貸出条件緩和債権に該当しないものとすることを明らかにしています。これにより、認可決定を受けた更生計画等でおおむね3年以内に債務者が正常先となるような計画に基づき、経営改善が図られている場合の債務者の債権は、貸出条件緩和債権から除外され、正常債権に引き上げられて、リスク管理債権から除かれることになりました。つまり、このような債務者は「その他要注意先」と区分されます。

ただし、法的再建手続として重厚で、裁判所の関与度合いも高い会社更

生計画においては、その認可決定をもって当該債務者を少なくとも破綻懸念先に区分してもさしつかえないと考えますが、民事再生手続による民事再生計画の認可決定に際しては、計画自体に脆弱性の懸念があり、債務者や計画内容の信頼性・確実性を斟酌して判断する必要があります。

b　破綻懸念先とする場合の債権分類

　金融検査マニュアルにおいては、会社更生手続等の申立てが行われた債務者の債権分類の検証ポイントを、次のように規定しています。

① 　更生担保権を原則としてⅡ分類としているか

② 　一般更生債権のうち、原則として、更生計画の認可決定等の行われた日から5年以内の返済見込部分をⅡ分類、5年超の返済見込部分をⅣ分類としているか

③ 　切捨債権をⅣ分類としているか

　　なお、更生計画等の認可決定後、当該債務者の債務者区分および分類の見直しを行っている場合は、回収の危険性の度合に応じて分類されているかを検証する。

④ 　会社更生、民事再生手続先への共益債権については、回収の危険性の度合を踏まえ、原則として、非分類ないしⅡ分類としているかを検証する。

　　したがって、更生計画の認可決定を受けた債務者を破綻懸念先とした場合、当該債権の分類内容は非分類、Ⅱ分類、Ⅲ分類の三つになり、前記の検証ポイントに即して考えれば、次のような分類になるでしょう。

○共益債権……………………………………………… (原則として)非分類
○更生担保権…………………………………………… (原則として)Ⅱ分類
○更生債権であって認可決定後5年以内に弁済予定部分……………Ⅱ分類
○一般保証により回収が見込まれる部分………………………………Ⅱ分類
○上記以外の部分………………………………………………………Ⅲ分類

　　このように分類した場合、検証ポイントでⅣ分類とするように規定され

ている「5年超の弁済予定の更生債権」や「切捨債権」をⅢ分類とすることについて疑問が生じますが、金融検査マニュアルは前記①から③の記載内容について「なお書き」を設け、認可決定後に債務者区分および分類の見直しを行っている場合は、債権を「回収の危険性の度合に応じて分類する」こととし、前記検証ポイントの基準に裁量の幅をもたせています。したがって、当該債務者への債権は破綻懸念先としての回収危険性の度合いに応じて分類すればよいと考えられ、5年超の弁済予定債権や切捨債権であっても、これをⅢ分類としてさしつかえないでしょう。ただし、切捨債権で、認可決定と同時に切り捨てられたものは当該決算期末に直接償却され分類対象とはならないので、Ⅲ分類対象の切捨債権は「将来切捨てが予定されている債権」（条件付切捨債権等）に限られることになります。

　なお、このような債務者の更生計画のその後の進捗状況が芳しくなく、再び破綻先に区分されるような状況となった場合は、前記の検証ポイント基準によりⅣ分類を含む分類を行うことになります（Q89参照）。

c　個別貸倒引当金計上額算定との関係

　破綻懸念先債権のⅢ分類額については、個別債務者ごとに予想損失額を貸倒引当金に計上することになりますが（Q142参照）、Ⅲ分類額のうちキャッシュフローによる回収可能部分が合理的に見積もられる場合には、それを控除した残額を予想損失額とすることができます。

　更生計画の認可決定を受けた債務者については、Ⅲ分類とされた更生債権の弁済予定額と切捨予定額が合理的に定められていると考えられますので、これにより予想損失額を算定することが妥当でしょう。

　この場合、切捨予定額が予想損失額の対象となることは当然ですが、5年超の弁済予定額については更生計画の実現可能性に基づき個々に判断します。この部分は、税法上は貸倒引当基準（法人税法施行令96条1項1号）により損金処理が可能であり、通常はそれに則して予想損失額とすることになるでしょう。

なお、Ⅲ分類額であっても税法上の貸倒引当基準の適用外となることはありません。

d 要注意先とする場合の債権分類

すでに述べたように、一定要件を充足していれば、更生計画の認可決定時点で当該債務者を要注意先とすることもできます。

要注意先の債権分類の基本原則は、不渡手形や決済に懸念ある割引手形、赤字補填資金、貸出条件に問題ある債権、延滞債権やその他回収に危険のある債権等から、優良担保や優良保証で保全された部分および分類対象外債権を除いた金額を、Ⅱ分類とするものです。

更生計画の認可決定時に要注意先と判断される債務者は、おおむね5年以内に正常先となるような（自力で再建できるような場合には当該期間内に要注意先となるような）再建計画によって、計画の実現可能性が高いと見込まれる状況下にあるので、個別に貸倒引当金を計上する必要性はなく、債務者グループごとに一括して一般貸倒引当金を計上することになります。なお、一定の大口債務者についてはDCF法により引当額を算定し、それを一般貸倒引当金に含めて計上することが望ましいでしょう（Q142参照）。

更生担保権、更生債権の弁済計画については、それを要注意先とできるほどの債務者であるならば、税法上の個別評価貸倒引当金の対象とするほどの回収危険性は認められず、たとえ5年を超える弁済予定部分があっても、税法上個別貸倒引当金を計上する根拠が希薄であると考えられます。また、切捨債権については認可時の決算期末に直接償却済みのはずですから、分類対象とはなりません。もし、将来的に切捨てが予定されている債権額がある場合は、当該債務者を要注意先とすること自体に無理があります。金融検査マニュアルでは、今後再建支援に伴う損失負担が予定されている再建計画に基づく再建支援先は、これを要注意先とすることは不適切で、破綻懸念先にとどめることとされているからです。

以上により、この場合の債権分類は、共益債権や優良担保・優良保証によるカバー部分（今後の権利行使に支障がないことが前提）を非分類とするほかは、債権残額をすべてⅡ分類とすることになります。

⑵　他の法的整理手続の認可決定を受けた債務者

　民事再生手続において再生計画の認可決定を受けた場合も、会社更生手続と同様の考え方により、債務者区分し債権分類することは可能です。ただし、民事再生手続については、別途Q91で説明します。

　法的清算手続である特別清算手続の場合の債務者区分は常に破綻先となり、債権分類は下記のように行います。

○有担保（別除権）相当額および一般保証カバー部分………………Ⅱ分類
○清算配当の見込額（判明部分）……………………………………Ⅱ分類
○上記以外の部分………………………………………………………Ⅳ分類

　（破産手続先については、前項Q87参照）

Q89

更生計画等の進捗状況が順調に推移している場合の、債務者区分を上位区分へ変更できる基準はどのようなものですか。その場合の債権分類はどうなりますか。逆に、債務者区分を格下げする場合はどうなりますか

 　更生計画等の認可決定後一定期間が経過し、計画の進捗状況が順調で、以後も計画どおりの推移が見込まれる場合には、その時点で当該債務者の債務者区分を上位区分に変更することができます。逆に、更生会社の計画進捗状況が芳しくない場合には、債務者区分を格下げすることになります。その際の債権分類は、それぞれの債務者区分の基準に従い実施します。

解　説

(1) 更生計画等認可決定後の計画進捗状況と債務者区分

　金融検査マニュアルは、平成15年の改訂において、更生計画等の認可決定が行われた債務者については破綻懸念先と判断してさしつかえないものとし、さらに更生計画等の認可決定が行われている債務者について、一定の要件を充足している場合には、債務者区分を要注意先へ変更できることとしています（Q88、Q91参照）。

　金融検査マニュアル「資産査定管理態勢の確認検査用チェックリスト」の自己査定（別表1）は、「破綻先区分の自己査定結果の正確性の検証」

箇所で、要注意先に格上げするための要件を次のように規定しています（同1.(3)⑤）。

・更生計画等の認可決定後、債務者区分が原則5年以内に正常先となる計画（自助努力のみで事業継続が可能である場合は要注意先となる計画でもよい）であって、かつ、更生計画等がおおむね計画どおりに推移すると認められること

・債務者区分が5年を超え10年以内に正常先となる計画（自助努力のみで事業継続可能な場合には要注意先となる計画でもよい）となっている場合で、更生計画等の認可決定後一定期間が経過し、計画の進捗状況がおおむね計画以上であって、今後もおおむね計画どおり推移すると認められること

さらに、「破綻先債権の分類内容に係る自己査定結果の正確性の検証」箇所（前記別表1の1.(7)④ハ）で、会社更生手続等の申立先に係る債権分類基準を示し、その「なお書き」を次のように修正しています。

・更生計画等の認可決定後、当該債務者の債務者区分および分類の見直しを行っている場合は、回収の危険性の度合に応じて分類されているかを検証する。

従来の「なお書き」における「更生計画等の策定後一定期間が経過し、更生計画等の進捗状況がおおむね計画どおり推移している場合（たとえば、売上高等および当期利益が更生計画等に比しておおむね8割以上確保されている場合）で」の前提が、「更生計画等の認可決定後」と単純化され、ここでは「一定期間経過」と「計画の進捗度合」の要件が外されました。

これらの要件を総合的に勘案すれば、更生計画等の認可決定後一定期間が経過し、計画の進捗状況が順調で今後も計画どおりの推移が見込まれる場合は、当該債務者の債務者区分を見直して、上位区分への変更ができることになります。そのための要件は、「一定期間が経過し計画の進捗状況がおおむね計画以上であること」と「今後の計画実現可能性が高いこと」

に集約できます。

　ただし、「一定期間」「計画の進捗状況の達成度合」「今後の計画実現可能性」について、マニュアルは具体的基準をいっさい明示していませんので、各債務者の状況や計画内容に則し、実態を踏まえて判断しなければなりません。たとえば、5年を超える計画であって、認可決定時には実現見通しが明確でなかったために破綻懸念先にとどめていた更生会社について、その後3年目に再建をバックアップする支援企業が現れ、近い将来、債務の繰上弁済および手続終結が見込まれるようなケースにおいては、その時点で債務者区分を要注意先に格上げすることが可能となります。さらに、バックアップ企業の支援により更生計画等が繰上終結に至った場合は、それ以降の当該債務者は当然に正常先となります。

　これとは逆に、計画認可時に破綻懸念先としていた更生会社のその後の業績が芳しくなく、計画の実現可能性が著しく低くなっているような場合は、債務者の実態を勘案して、破綻先に格下げするような事態も考えられます。債務者区分の見直しは、自己査定のたびに債務者の実態に即して行うべきであり、特に、いったん上位区分にシフトした先のその後の業況推移には、十分注意を払う必要があります。

⑵　債務者区分を変更した場合の債権分類

　前記により債務者区分を変更した場合は、それぞれの区分の債権分類基準に従い債権分類を行うことになります。

a　要注意先とした場合

　更生計画等の進捗状況が順調であり、今後も計画どおりの推移が見込まれるなど、計画実現可能性が高いと判断できる債務者は、要注意先に区分変更することができます。

　このような債務者の債権分類は、要注意先の分類基準に即して、以下のようになります。

○共益債権、分類対象外債権……………………………………………非分類

○上記以外の部分………………………………………………………Ⅱ分類

　この段階では優良担保や優良保証は処分・履行が済んでいることが通例ですが、新規に取得したものがある場合や、処分・履行が未済であることに合理的な理由があり、かつ処分・履行に制約がない場合には、その回収見込部分は非分類として扱います。この点は、以下の各区分の分類においても同様です。

　このような状況にある債務者への債権は、もはや個別に貸倒引当金を計上する必要はないと判断されるので、更生債権等の5年超の弁済予定部分などを別途分類することも不要です。

b　会社更正手続先を破綻懸念先とした場合（要注意先から格下げする場合）

　破綻懸念先債権の分類基準に従い、次のように分類します。なお、民事再生手続の場合は、Q90、Q91を参照してください（詳細説明についてはQ87参照）。

○共益債権……………………………………………（原則として）非分類

○更生担保権…………………………………………（原則として）Ⅱ分類

○更生債権であって認可決定時点から5年以内に弁済予定部分……Ⅱ分類

○上記以外の部分………………………………………………………Ⅲ分類

　更生債権の5年超の弁済予定部分や切捨予定部分等はⅢ分類額に含まれますが、この部分は回収不能見込額として、税法上の貸倒引当金計上基準（法人税法施行令96条1項1号）により引当処理が可能です。

c　会社更正手続先を破綻先とした場合

○共益債権……………………………………………（原則として）Ⅱ分類

○更生担保権の弁済予定部分………………………（原則として）Ⅱ分類

　（弁済予定に疑念がある場合は、担保からの回収見込額をⅡ分類、他はⅣ分類）

○更生債権であって認可決定時点から5年以内に弁済予定部分

　　……………………………………………………（原則として）Ⅱ分類

（弁済予定に疑念がある場合は　Ⅳ分類）
○更生債権で５年超の弁済予定部分および切捨予定部分……………Ⅳ分類

民事再生手続申立先で再生計画認可決定前の債務者の債務者区分および債権分類はどうなりますか

　再生計画認可決定前の再生債務者は「破綻先」に区分し、会社更生手続等の法的整理手続先と同様の債権分類を行います。

解説

(1) 再生計画認可決定前の再生債務者の債務者区分と債権分類

　民事再生手続の開始を申し立てた債務者については、会社更生手続の場合と同様、再生計画の認可決定があるまでは、自己査定上は「破綻先」に債務者区分されます。

　申立てが棄却されたり、手続の開始決定がなされても再生計画案の立案に失敗、あるいは計画案が可決されなかった場合には、再生手続は廃止され、再生債務者は通常、破産手続に移行します。したがって、その可能性がある段階における再生債務者を、再建目的の手続中であることをもって、破綻懸念先等にとどめることは不適切です。

　再生計画認可決定前の再生債務者に対する債権は、次のように分類されます。

○優良担保処分可能見込額・優良保証保全部分⋯⋯⋯⋯⋯⋯⋯⋯⋯⋯⋯非分類

○一般担保処分可能見込額・一般保証回収見込部分および

　　清算配当等による回収見込部分⋯⋯⋯⋯⋯⋯⋯⋯⋯⋯⋯⋯⋯⋯⋯Ⅱ分類

○優良担保または一般担保の評価額と処分可能見込額との差額⋯⋯Ⅲ分類

○それ以外の回収見込みのない部分⋯⋯⋯⋯⋯⋯⋯⋯⋯⋯⋯⋯⋯⋯⋯Ⅳ分類

ただし、民事再生手続は進行が速く6カ月前後で認可決定となる場合があります。その場合は、自己査定時点と決算期末の債権分類基準が異なることも考えられ、分類内容の適切な修正が必要となります。

⑵　担保権消滅請求制度への対応

　再生債務者の財産上に設定された担保権は別除権として扱われますが、民事再生手続においては「担保権消滅請求制度」が設けられており、再生債務者は、事業継続に不可欠な財産について、自ら見積もった当該財産の対価を支払うことにより、当該財産に設定されたすべての担保権を抹消したい旨を、裁判所に申し立てることができます。その対価が担保権者の評価額を下回る場合であっても、担保権者が裁判所に価額決定請求をしない限りは、それが担保権の価額として有効と認められることになるので、自己査定時にそのような債務者の動きがある場合には注意が必要です。

Q91

民事再生手続中の先で再生計画認可決定後の債務者の債務者区分および債権分類はどうなりますか。再生計画認可決定後の進捗状況を勘案して債務者区分を上位区分に変更する基準はどのようなものですか

　　民事再生計画の認可決定を受けた債務者の債務者区分は、原則的に破綻懸念先としてさしつかえなく、おおむね5年以内に正常先となる内容の計画で、かつ、計画達成見通しが高いと認められる場合には要注意先とすることも可能です。ただし、計画自体が著しく経済的合理性を欠くものや、もっぱら清算目的の計画等の場合には、破綻先にとどめることが相当です。また認可決定後の計画の進捗状況が順調に推移している場合は、債務者区分を要注意先等へ格上げすることも可能です。

　　その際の債権分類は、それぞれの債務者区分の基準に従って実施します。

解　説

(1)　再生計画認可決定時

a　債務者区分

　民事再生手続先が再生計画の認可決定を受けた場合にも、会社更生手続先の項で述べられたような債務者区分の破綻懸念先、要注意先への変更が

可能となります（Q88参照）。

　すなわち、再生計画の認可決定が行われた債務者については、これを破綻懸念先と判断してさしつかえありません。さらに、今後おおむね5年以内に債務者区分が正常先（債務者の自助努力で事業継続が可能な場合は要注意先でもよい）となる内容の計画であって、かつ、計画達成見通しが高いと認められる場合には、その再生債務者を要注意先と判断してもさしつかえありません。

　ただし、民事再生手続は、会社更生手続に比べて当事者間の協議・合意を前提とした簡便な手続であり、したがって再生計画の合理性や実現可能性は、更生計画に比べると脆弱と考えられます。その観点からは、認可決定後直ちに要注意先とできるような再生計画は、それほど多くはないでしょうが、たとえば、有力なスポンサーがついた計画で再生債権の弁済期間が5年以内のものなどは、要注意先としての検討対象となるでしょう。

　それでは、再生計画の認可決定を受けた債務者は、原則的に破綻懸念先とできるでしょうか。マニュアルの書き振りからはそれでかまわないとも受け取れますが、現実的に認可決定を受けた再生計画のなかには、再建のための計画とはいえない単なる企業の延命計画にすぎないものもあります。したがって、計画の認可決定を受けた再生債務者イコール破綻懸念先と割り切ることは、いささか短絡的と考えられます。

　たとえば、再生計画の内容から判断して、経済的合理性に乏しい計画でその遂行見込みが極めて薄いとみられるもの、計画案の決議の際に自行（庫・組）が反対票を投じたもの、事業継続資産に係る別除権者との協定が未締結で別除権者の動向次第では計画破綻のおそれが強いもの、もっぱら企業の清算を目的とした計画などについては、当該再生債務者を破綻先にとどめることが相当でしょう。ただし、破綻懸念先への格上要件をことさら厳しくする必要もなく、ここに例示したような、明らかに経済的合理性を欠き再建のメドが立たないようなものを除いては、当該再生債務者を

破綻懸念先と判断してさしつかえありません。

b 債権分類

再生計画の認可決定を受けたときの再生債務者に係る債権分類は、その債務者区分に従って次のようなものとなります。

① 要注意先とした場合

会社更生手続先の場合と同様に、共益債権や優良担保・優良保証でカバーされている部分を非分類とし、債権残額をすべてⅡ分類とします（Q88(1)d参照）

② 破綻懸念先とした場合

○共益債権・優良担保処分可能見込額・優良保証保全部分…………非分類

○別除権（一般担保）相当額（処分可能見込額）……………………Ⅱ分類

○一般再生債権のうち認可決定後5年以内に弁済予定部分および

　　一般保証による回収見込部分………………………………………Ⅱ分類

○上記以外の部分………………………………………………………Ⅲ分類

Ⅲ分類額には、「再生債権のうち5年超の弁済予定部分」や「将来の債権カット予定部分」が含まれますが、この部分は法人税法施行令96条1項1号基準によって税法上損金処理が可能です。そのほか、会社更生手続の項で説明した内容はすべて、民事再生手続においても適用されます（Q88(1)b、c参照）。

③ 破綻先とした場合

○共益債権・優良担保処分可能見込額・優良保証保全部分…………非分類

　　　　　　　　（優良担保・優良保証で履行等に制約がある場合は　Ⅱ分類）

○別除権（一般担保）相当額（処分可能見込額）……………………Ⅱ分類

○一般再生債権のうち認可決定後5年以内の弁済予定部分

　　………………………………………………………（原則として）Ⅱ分類

○一般保証による回収見込部分………………………………………Ⅱ分類

○上記以外の部分………………………………………………………Ⅳ分類

再生計画は、会社更生計画に比べて脆弱であり、裁判所の手続関与も更生手続ほど稠密でなく、再生計画実現の可能性は債権者の判断に委ねられています。したがって、たとえ再生計画の認可決定があっても、その計画の内容から破綻先と判断せざるをえないような再生債務者については、債権分類も保守的になされることが相当です。

(2) 再生計画認可決定後の進捗状況を勘案した対応

a 債務者区分

再生計画の認可決定後一定期間が経過し、計画の進捗状況が順調で今後も計画どおりの推移が見込まれる場合には、更生計画の場合と同様、当該再生債務者の債務者区分を見直し、上位区分へ変更することができます（Q89参照）。破綻懸念先から要注意先への変更が一般的ですが、破綻先から破綻懸念先に、あるいは一挙に要注意先にアップするケースも考えられます。再生会社に再建スポンサーが現れ、再生計画の実現見通しが大きくなった場合などが、それに該当します。

上位区分へ変更する際の要件は、「一定期間が経過し計画の進捗状況がおおむね計画以上であること」および「今後の計画実現可能性が高いこと」ですが、「一定期間」「計画の進捗状況の達成度合」「今後の計画実現可能性」については、金融検査マニュアルは具体的基準を明示していませんので、債務者個々の状況や計画内容に即して判断しなければなりません。

債務者区分の見直しは、自己査定の度に債務者の実態を踏まえて行う必要があり、特にいったん上位区分へシフトした債務者については、その後の業績推移に十分注意を払わなければなりません。認可決定時には破綻懸念先としていた再生債務者のその後の業況が芳しくなく、計画の実現可能性が低くなった場合には、当該債務者を破綻先へ格下げするような事態も多いものと考えられます。

b 債権分類

会社更生手続の項で説明した内容に準じて、以下のように分類します（Q89(2)参照）。

① 要注意先とした場合

　　共益債権や優良担保・優良保証カバー部分（ただし、この部分は処分・履行が済んでいることが通例でしょう）を非分類、それ以外の部分をⅡ分類とします。

② 破綻懸念先とした場合

○共益債権………………………………………………（原則として）非分類

○別除権相当額（一般担保の処分可能見込額）………………………Ⅱ分類

　　　　　　　　　　　　　　　　　　　　　　　　（なお、後記注参照）

○一般再生債権のうち認可決定時点から5年以内に弁済予定部分…Ⅱ分類

○上記以外の部分………………………………………………………Ⅲ分類

③ 破綻先とした場合

○共益債権……………………………………………（原則として）非分類

　　　　　　　　　　　　　　　（弁済見込みに疑問があれば　Ⅱ分類）

○別除権相当額（一般担保の処分可能見込額）………………………Ⅱ分類

　　　　　　　　　　　　　　　　　　　　　　　　（なお、後記注参照）

○一般再生債権のうち認可決定時点から5年以内に弁済予定部分

　　………………………………………………………（原則として）Ⅱ分類

　　　　　　　　　　　　　　　（弁済見込みに疑問があれば　Ⅳ分類）

○上記以外の部分………………………………………………………Ⅳ分類

　（注）別除権相当額の分類

　　　　再生手続上の担保権は別除権となり、原則として、担保権者の権利行使による換金処分の結果、債権回収が実現します。その結果、別除権付債権に回収不足額が生じたときは、あらかじめ再生計画に定められた条件により、その措置が決定されます。一般的には、他の再生債権の条件変更規定に準じて、その一部が弁済され残額がカットされることになり

ます。したがって、自己査定時の別除権相当額（処分可能見込額）が当初の見込みより下落している場合には、下落部分の再生計画上の弁済条件等を勘案して、弁済見込みの高い部分をⅡ分類、薄い部分および免除見込部分をⅢ分類（前記②の場合）、またはⅣ分類（前記③の場合）とします。

　また、事業の継続に不可欠な財産に担保権が設定されている場合、再生債務者と協議して「別除権協定」を締結し、別除権行使を見合わせる代わりに、再生計画外で別除権相当額の分割弁済を受けることがあります。この場合は、弁済予定額全体を別除権相当額としてⅡ分類とすることが原則ですが、再生計画の実現可能性が低下し当該債務者を破綻先とした場合には、弁済条件いかんにかかわらず、担保物件の下落部分をⅣ分類とします。

Q92

個人債務者再生手続先について、自己査定上留意すべき点はありますか

A 　個人債務者再生手続は、経済的破綻に瀕した個人債務者のうち、定期的収入によりある程度の弁済が可能な者を、破産以外の方法で再生させるための民事再生手続の特則です。本手続の申立先は、自己査定上は「破綻先」となりますが、再生計画が認可された後は「要注意先」としてさしつかえありません。

解　説

(1)　個人債務者再生手続の概要

個人債務者再生手続とは、「民事再生法等の一部を改正する法律」（平成13年4月施行）により定められた個人債務者専用の民事再生手続であり、「住宅資金貸付債権に関する特則」と「小規模個人再生および給与所得者等再生に関する特則」で構成され、後者はさらに、「小規模個人再生」手続と「給与所得者等再生」手続に分かれています。

a　住宅資金貸付債権に関する特則

本特則は、経済的破綻に陥った個人債務者が住宅を手放すことなく経済生活の再生を図るために、再生計画において住宅資金貸付債権（住宅ローン）の弁済繰延べを内容とする「住宅資金特別条項」を定め、それに基づく弁済が継続している限り、住宅に設定されている抵当権の実行の回避を図ることを目的としています。

住宅資金特別条項においては、基本的には住宅ローンの減免は認められ

ませんが、最長10年間（ただし、最終弁済時の債務者年齢が満70歳まで）弁済期間を延長したうえで、弁済条件を変更することができます。債権者が同意するときは、10年あるいは70歳を超えて弁済繰延べをすることもさしつかえありません。この手続の適用を受けるには、あくまでも元利金全額の弁済が可能な将来の定収入等がなければならず、弁済財源の乏しい債務者は利用が困難でしょう。金融機関は、裁判所から弁済遂行の可能性について意見を求められることになりますので、その見解をまとめておく必要があります。

b 小規模個人再生に関する特則

民事再生手続を個人債務者の再生に利用しやすくする目的で、「小規模個人再生に関する特則」が制定されました。具体的には、利用対象者を将来における継続的収入見込みのある個人債務者で無担保の再生債権総額が5,000万円を超えない者に限り、通常の再生手続を簡素化したものです。

再生計画に基づく債務弁済期間は、原則として３年間であり、特別の事情があれば５年まで延長されます。弁済金額は、債権総額の５分の１以上が必要とされ、最低でも100万円（債権総額が100万円未満のときはその全額）を弁済することが要件となっています（ただし、債権総額が3,000万円以下でその５分の１の額が300万円を超える場合の最低弁済額は300万円、債権総額が3,000万円を超え5,000万円以下の場合は債権総額の10％以上）。また、債務者が破産したと仮定した場合の推定清算配当額を上回るものである必要があります。再生計画による弁済額以外の債務は免除されることになります。

本特則による再生計画遂行のためには、原則として最低でも毎月３万円弱の金額の弁済が必要であり、経済的破綻に陥った個人にとって利用可能な者の範囲は限られることになります。

c 給与所得者等再生に関する特則

小規模個人再生の対象者のうち、給与またはこれに類する定期的収入が

あり、かつその変動幅が少ない（おおむね5分の1以内）者については、さらに簡便な再生手続が用意されました。具体的には、サラリーマンや年金生活者等を対象とする特則といえるでしょう。

　本特則は、小規模個人再生特則に比べて、さらに2年分の可処分所得を弁済財源とする弁済額要件が追加された反面、再生計画案の決議が不要とされたことが特徴となっています。本特則における「可処分所得」とは、再生計画案提出前1年間の収入から、所得税、住民税、社会保険料を差し引き、さらに債務者や扶養家族の最低限の生活を維持するための費用を控除したもので、この生活費等の内容は法定されます。生活費には住居費も算入されますが、住宅ローンの弁済額がそのまま認められるわけではありません。

(2)　与信管理上の留意点

a　自己査定上の問題

　本特則は再生手続の一部であり、したがって、その申立先は、自己査定のうえでは「破綻先」となります。再生計画により免除される債権については、債務者別に直接償却を要し、弁済予定額についてもⅡ分類となります。住宅資金特別条項の認可決定があったときは、当該住宅ローンは担保付債権なので原則として償却対象債権にはなりません。再生計画が認可された後は、「要注意先」としてさしつかえありません。

b　破産手続等との関係

　個人債務者再生手続は、破産手続や特定調停制度などの他の手続と選択的な関係にあります。本特則は、あくまでも将来の定期的収入等による一定額の債務弁済を前提にした再生手続であり、これが無理な債務者は破産免責等によるほうが有利と考えられます。

Q93

「プロジェクトファイナンス」の定義を説明して
ください。その債権分類は、どのように行います
か

A 　貸出の資金使途が、特定事業の設備投資や開発案件または特定
投資案件に限定されており、その返済財源が、もっぱら対象事業
や投資の収益（リターン）や対象事業資産に限定され、そのファ
イナンスの担保を当該プロジェクトの対象資産に依存して行うノ
ンリコース型のローンのことです。
　プロジェクトファイナンス債権については、回収の危険性の度
合いに応じ「みなし債務者区分」を付して分類を行います。

解 説

(1) プロジェクトファイナンスとは

　プロジェクトファイナンスとは、特定のプロジェクト（事業）に対する
ファイナンスであって、その利払いおよび返済の財源を原則として当該プ
ロジェクトから生み出されるキャッシュフロー（収益）に限定し、その担
保を当該プロジェクトの資産のみに依存して行う金融手法を指し、典型的
には海外での大型開発プロジェクトに対するシンジケートローン等にみら
れる貸出形態です。

　ノンリコース型不動産プロジェクトファイナンスやアセット・バック・
ファイナンスなど、これらプロジェクトファイナンスにおいては、プロ
ジェクトを組成した当初段階で、目論見書等に返済方法が詳細に記載され

ており、企業体全体の財務内容等には関係なく、あくまでもそのプロジェクト単体の利益と資産により、返済や利払いが予定されていることが特徴です。

　したがって、これらの貸出金の査定においては、プロジェクト自体のスキーム、目論見書等の内容とその実績などを検討しながら、回収の危険性を判断し、分類をすることになるのです。

(2)　プロジェクトファイナンス債権の分類

　プロジェクトファイナンスについては、通常の債務者区分によらず、貸出の対象となるプロジェクトの進捗状況や採算見通しに応じ当該プロジェクト自体をあたかも債務者のようにみなして（みなし債務者区分）、当該融資の回収の危険性の度合いを判断し分類を行います。

　たとえプロジェクトの主体である債務者の信用状況が悪化しても、プロジェクトの遂行の独立性が確保されており、かつ、その採算性が優れているならば、貸出回収の危険度合いが低いと考えられ、当該貸出に係る債権が非分類とされるケースもあります。

　逆に、債務者の信用が良好でも、プロジェクトの遂行状況や採算性が不芳で、当該案件に係る貸出の回収財源が不安定な場合に、遂行主体たる債務者の責任が追及できる契約ならば、当該債務者の信用格付に応じた分類を行うことも可能です。

　プロジェクトファイナンス債権の回収危険性度合いを検証する手法として、平成19年改訂の新金融検査マニュアルはスコアリングによる格付やLTV、DSCR等の指標の活用を例示しています（「資産査定管理態勢の確認検査用チェックリスト」の自己査定（別表１）１.(7)）。LTV（Loan to Value）とは、借入等の負債額を資産価値で割った負債比率を指し、この数値が低いほど価格変動に対する対応力が高く損失発生の可能性は低いとされています。またDSCR（Debt-service-coverage-ratio）とは、年度ごとの元利返済

前のキャッシュフロー（純収益）が当該年度の元利支払所要額の何倍であるかを表す比率のことで、これが高いほどローンに係る元利金支払の安全性が高いとされています（FAQ9－3）。

Q94

資産等の流動化に係る債権は、どのように分類されますか

A 資産等の流動化に係る債権については、そのスキームに内在するリスクを適切に勘案し、回収の危険性の度合いに応じて分類を行い、損失額を合理的に見積もってそれを貸倒引当金へ計上します。

解　説

　資産の流動化とは、金融機関がその有する貸出債権等を資産の効率的活用等の目的でオフバランスすることですが、そのために特別目的会社（SPC）を利用する場合などでは、金融機関がSPC等に対してバックファイナンスを行うことがあります。平成19年改訂新金融検査マニュアルでは、このような資産の流動化に係る貸出債権等の分類について、新たな考え方が示されています。

　すなわち、資産等の流動化に係る債権（流動化債権）については、当該流動化スキームに内在するリスクを適切に勘案したうえで、回収の危険性の度合いに応じて分類を行い、損失額を合理的に見積もってそれを貸倒引当金へ計上するものとされています（「資産査定管理態勢の確認検査用チェックリスト」の自己査定（別表1）1.(7)、（別表2）（償却・引当）1.）。たとえば、もっぱら不良債権の流動化目的でSPCに不良化した担保付債権を譲渡するスキームで、当該SPCに対して債権購入資金をファイナンスしている場合には、当該不良債権回収処理終了時点でロスが発生することが

考えられ、当該SPCを清算する際にファイナンサーである金融機関に損失が及ぶ可能性があります。

　このような流動化債権は、基本的にはプロジェクトファイナンスの債権と同様に考えて、分類を行うことになります（前項Q93参照）。

外国政府等や外国の地方公共団体に対する債権は、どのように分類されますか

外国政府等に対する債権は、その特殊性を勘案して、通常の債務者区分による分類方法によらず、当該国の財政・経済状況、外貨繰りの状況などの客観的事実に着目して分類を行います。

外国の地方公共団体に対する債権も、上記に準じて分類します。

解　説

(1)　外国政府等に対する債権の分類方法

外国政府、中央銀行、政府関係機関または国営企業という「外国政府等」に対する債権については、原則として通常の債権の分類基準によらず、当該国の財政状況、経済状況、外貨繰りの状況等の客観的事実の発生に着目し、回収の危険性の度合いに応じて分類を行います。

金融検査マニュアルでは、分類を検討すべき基準につき次のような場合を客観的事実として例示しています。

① 　元本または利息の支払が1カ月以上延滞していること

② 　決算期末前5年以内に、債務返済の繰延べ、主要債権銀行間一律の方式による再融資、その他これらに準ずる措置に関する契約が締結されていること

③ 　返済繰延べ等の要請を受け、契約締結に至らないまま1カ月以上経過していること

④　上記①から③に掲げる事実が近い将来に発生すると見込まれること

　マニュアルは、具体的な分類方法には言及していませんが、旧大蔵省通達「資産査定について」で規定されていたように、おおむね以下のような方法で分類することが妥当と考えられます。

ⓐ　債務の履行期限延長（リスケジュール）が認められている場合には、延長対象の債権を原則としてⅡ分類。

ⓑ　利息の支払はあるが元本が延滞している債権については、当該債権を原則としてⅡ分類。

ⓒ　元本返済および利息支払がともに行われていない債権については、当該債権を原則としてⅡ分類とし、相当期間にわたって行われていない場合にはⅢ分類。

ⓓ　債務不履行宣言が発せられた債権については、当該債権全部を原則としてⅢ分類とし、そのうちに損失が確定している部分がある場合には、その部分をⅣ分類とする。

(2)　特定海外債権引当勘定の計上

　特定国の財政状況、経済状況、外貨繰り状況等に応じて、特定海外債権引当勘定の対象国を決定し、それに該当する国の外国政府等への債権については、予想損失率に基づく予想損失額を算定して、特定海外債権引当勘定を計上する必要があります（Q149参照）。

(3)　外国の地方公共団体に対する債権の分類方法

　基本的には、地方公共団体を外国政府等と区別して分類方法を検討する必要はないと考えられますが、信用格付機関による格付が取得されている債券に比べて、貸出金については資産価値の判断がむずかしい場合が多いことも事実です。

　したがって、その危険性の度合いの判定は、当該国の財務、政治経済情

勢や外貨繰りの状況に加えて、当該債務者自体の財務状況等を検証するな
ど、より慎重に行うべきでしょう。

関連ノンバンクなど金融機関の連結対象子会社に対する債権については、どのように分類すればよいですか

 当該金融機関の連結対象子会社に対する債権の場合には、親金融機関の自己査定と同様の方法、またはそれに準じた方法で資産査定を実施し、当該子会社の財務状況等を把握したうえで債務者区分を行い、分類を実施します。他の金融機関の連結対象子会社に対する債権は、一般事業法人に対する債権と同様の方法で分類します。

解　説

関連ノンバンクを含む金融機関の連結対象子会社に対する債権の分類は、以下の方法によります。

① 当該金融機関の連結対象子会社に対する債権

連結対象子会社の資産について、原則として親金融機関における自己査定と同様の方法で資産査定を実施し、当該子会社の財務状況等を把握したうえで債務者区分を行い、分類を実施します。

ただし、連結対象子会社の業種、所在国の現地法制等により、親金融機関における自己査定と同様の方法による資産査定が困難な場合には、親金融機関の自己査定に準じた方法で資産査定を行い、その結果をもとに債務者区分を行って分類することができます。

② 他の金融機関の連結対象子会社に対する債権

一般事業法人に対する債権と同様の方法で分類します。

Q97

住宅ローン債権や中小事業者向け小口定型ローンに適用される「簡易な基準による分類」とは、どのようなものですか

 これまで住宅ローン等個人向け定型ローン債権について認められていた延滞状況等の簡易な基準による分類方法が、中小事業者向け小口定型ローンに拡大されたものです。

解説

(1) 中小事業者向け小口定型ローンとは

　平成16年の金融検査マニュアル改訂では、従来の住宅ローン等個人向け定型ローンに加え、中小事業者向け小口定型ローンについて、自己査定における「簡易な基準による分類」を適用することが認められました（「資産査定管理態勢の確認検査用チェックリスト」の自己査定（別表1）1．債権の分類方法　(7)債権の分類基準）。

　金融機関の融資残高が伸び悩むなか、中小企業向け融資の拡大が重視されるようになり、その結果、中小企業向け事業資金融資の金融商品として、金額の上限を設けたうえで、金利・返済方法・融資期間等の条件を画一的に設定した融資形態が開発されて、融資量が増大しています。そこでは、スコアリング方式により信用判定を行って決裁者の主観による判断の余地を極力減らし、他方で信用リスクを反映させた金利設定によりリスクヘッジを図るなどの工夫が施されており、定型化されたローン商品としてマスセールスが可能になっています。

今般、簡易な分類基準の適用対象となる小口定型ローンとはこのような
ローン商品ですが、対象となる事業者の範囲、「小口」とする金額の上限、
定型化された商品内容の変更適用をどの程度まで認めるか（認めないこと
が原則）など、当該ローンの適用範囲については、各金融機関の実情にあ
わせて、あらかじめ合理的に決定しておくことが必要です。

　簡易な分類基準の対象となる債務者は、与信が当該小口定型事業者ロー
ンのみの先に限定されます。したがって、一般融資と小口定型ローンを併
せて利用している先は、一般融資先の基準で債務者区分を行い通常の分類
を実施します。

　なお、金融庁「平成25事務年度金融モニタリング基本方針」（平成25年
9月6日付）においては、金融機関全体の健全性の観点からあまり重大で
ない小口の資産査定について、引当等の管理態勢が整備され有効に機能し
ていれば、金融機関の査定判断を極力尊重するものとされています。

　さらに、引当等の管理態勢や統合的リスク管理態勢の検証を前提とし
て、金融機関の健全性に影響を及ぼす大口与信以外についても、原則とし
て金融機関の判断を尊重することとしています（平成26事務年度金融モニタ
リング基本方針）。このように、個別与信の査定をやめる一方で、金融機関
全体の健全性や脆弱性がどこにあるかについて、金融機関とより深く議論
する方向に変わりつつあります。

(2) 「簡易な基準」

　住宅ローン等個人向け定型ローンについては、これまでも延滞状況等の
簡便な基準による分類が認められてきました。今般の中小事業者向け小口
定型ローンの分類基準についても、マニュアルは「延滞状況等」としか例
示しておらず、具体的な基準は金融機関が適切に定めることとなります。

　たとえば、「延滞の発生」はローンの形質から判断して典型的な分類基
準と考えられます。延滞状況にあれば原則として「要注意先」、延滞が常

態化して回復見込みが薄くなれば「破綻懸念先」、それ以下の状態であれば「実質破綻先」あるいは「破綻先」として、債権分類を行うといった取扱いが考えられます。そのほか、決算内容の悪化や経営者の事故発生などスコアリング要件の重大な変化、融資条件の下方修正申出なども、簡易な基準の要素として考えられます。最近では、スコアリング方式の小口定型ローンの延滞が増加する傾向にあり、基準の設定および見直しは、より慎重かつ適切に行われる必要があります。

　なお、住宅ローン等の定型商品における軽微な条件変更などは、通常予定されている貸出条件の範囲内のものである限り、貸出条件緩和債権には該当しないものとされています（貸出条件緩和債権関係Q&A問10）。

D　担保・保証

担保・保証による調整はどのように行われますか

 優良担保の処分可能見込額および優良保証等により保全されている債権は非分類となり、一般担保の処分可能見込額および一般保証により保全されている債権はⅡ分類となります。

解　説

　担保および保証等により保全措置が講じられている債権は、以下のとおり分類区分されます。

種　類	定　　　　義	分類区分
優良担保	預金、国債等の信用度の高い有価証券および決済確実な商業手形等、担保処分による回収の確実性が高く、かつ処分が容易で換金が可能な担保（Q99参照）	非分類
優良保証等	公的信用保証機関、金融機関の保証、複数の金融機関が共同して設立した保証機関の保証、地方公共団体と金融機関が共同して設立した保証機関の保証、地方公共団体の損失補償契約等保証履行の確実性が極めて高い保証、上場有配会社または店頭公開有配会社の保証で保証者が十分な保証能力を有するもの、「住宅融資保険」等の公的保険や民間保険会社の「住宅ローン保証保険」など（Q114参照）	非分類
一般担保	優良担保以外の担保で客観的な処分可能性があるもの	Ⅱ分類
一般保証	優良保証以外の保証	Ⅱ分類

（注）　担保処分による回収に支障がある場合や、保証履行の確実性が疑問視される場合には、優良担保・保証とはみなされない。

「優良担保」「一般担保」の定義について説明して
ください

優良担保とは、預金、国債等の信用度の高い有価証券および決
済確実な商業手形のように、担保処分による回収の確実性が高
く、かつ処分が容易で換金が可能な担保をいいます。

また、一般担保とは、不動産担保や工場財団担保等のように、
優良担保以外の担保で客観的な処分可能性があるものをいいま
す。

解　説

優良担保と一般担保には、主に以下のものがあります。

種　類	例　　　　　示
優良担保	預金、掛金、譲渡性預金、元本保証のある金銭の信託、満期返戻金のある保険および共済（基準日時点での解約受取金額が限度）、国債、地方債、政府保証債、特殊債（公社・公団・公庫などの特殊法人、政府出資のある会社の発行する債券）、金融債、トリプルＢ格以上の債券を発行している会社の発行するすべての債券・株式、上場株式、店頭公開株式、上場会社の発行している非上場株式、政府出資のある会社（ただし清算会社を除く）の発行する株式、外国証券（株式、債券）で前記に準ずるもの、決済確実な商業手形およびそれに準ずる電子記録債権等。ただし、有価証券については、発行会社の財務内容等について、安全性に特に問題があると認められる場合を除く
一般担保	土地、建物、財団、優良担保以外の有価証券、債権（対抗要件を具備しているものに限る）、動産（処分可能なものに限る）等

（注）　保安林、道路、沼などは、抵当権設定があっても、原則として一般担保とは認められない。

なお、平成19年の金融検査マニュアル改訂では、一般担保として動産担保および債権担保が明記されました（Q105参照）。

Q100

マニュアルに例示されている以外の優良担保・優良保証には何がありますか

　例示以外の優良担保には、一括支払システムにおける譲渡債権（第三債務者の支払能力に問題がない場合に限る）や地金（金、銀等）、貸付信託受益証券があり、例示以外の優良保証には、金融機関により設立された信用保証会社のうち、十分な保証能力を有する先があげられます。

解　説

　マニュアルに例示されていない担保・保証であっても、担保については、流動性・換金性・安全性が高い場合、保証については、保証履行の確実性が高い場合には、優良担保・保証としての取扱いが可能になります。ただし、その取扱いの合理性を十分説明できることが必要です。

　例示されていない優良担保としては、一括支払システムにおける譲渡債権で第三債務者の支払能力に問題のないものや、地金などがあげられます。担保として譲渡を受けた電子記録債権も第三債務者の支払能力に問題がなければ、優良担保として扱うことはさしつかえありません。貸付信託の受益証券も原則的に優良担保となるでしょう。例示以外の優良保証としては、単一の金融機関により設立された信用保証会社（ただし、当該保証会社が被検査金融機関の子会社である場合は除きます）であって、十分な保証能力を有する先があげられます（Q116参照）。

　一方、例示されている担保・保証であっても、担保処分による回収に支

障がある場合や、保証機関等の状況から代位弁済が疑問視される場合には、優良担保・保証としての取扱いができませんので、担保や保証機関の状況に常に注意を払う必要があります。

Q101

国債以外の信用度の高い有価証券とは、具体的には何ですか

 優良担保となる「国債等の信用度の高い有価証券」とは、国債、地方債、政府保証債、トリプルＢ格以上の債券発行会社の発行する債券、上場事業債、上場（店頭公開）株式、一定要件を満たす外国証券などが該当します。いずれも、市場性、安全性、換金性の高いものが対象となります。

解 説

「国債等の信用度の高い有価証券」とは、具体的には主に以下の有価証券が該当します。ただし、発行会社の財務内容等について、安全性に特に問題があると認められる場合を除きます。

(1) 債　券

　国債、地方債、政府保証債（公社・公団・公庫債等）、特殊債（政府保証債を除く公社・公団・公庫などの特殊法人、政府出資のある会社の発行する債券）、金融債、格付機関による直近の格付がトリプルＢ格以上の債券を発行している会社の発行するすべての債券、金融商品取引所上場銘柄の事業債を発行している会社の発行するすべての事業債、店頭基準気配銘柄に選定されている事業債

(2) 株　　式

　金融商品取引所上場株式、店頭公開株式、金融商品取引所上場会社の発行している非上場株式、政府出資のある会社（清算会社を除く）の発行する株式、トリプルＢ格以上の債券を発行する会社の株式

(3) 外国証券

　金融商品取引所上場（外国または国内）会社の発行するすべての株式および上場（外国または国内）債券発行会社の発行するすべての債券、店頭気配銘柄（外国または国内）に選定されている債券、日本国が加盟している条約に基づく国際機関（注）および日本国と国交のある政府等の発行する債券、日本国と国交のある政府によって営業免許等を受けた金融機関の発行する株式・債券、トリプルＢ格以上の債券を発行している会社の発行する株式・債券

　ただし、処分が容易で換金が可能であるなど、流動性、換金性の要件を充足しているものに限る。

> （注）　日本国が加盟している条約に基づく国際機関とは、国際復興開発銀行（IBRD）、国際金融公社（IFC）、米州開発銀行（IDB）、欧州復興開発銀行（EBRD）、アフリカ開発銀行（AfDB）、アジア開発銀行（ADB）をいう。

Q102

決済確実な商業手形とは何ですか

　決済確実な商業手形とは、手形振出人の財務内容および資金繰り等に問題がなく、かつ、手形期日の決済が確実な手形をいいます。ただし、商品の売買など実質的な原因に基づかず、資金繰り等金融支援のために振り出された融通手形は除かれます。

解説

　決済確実な商業手形とは、文字どおり手形期日に決済されることについて懸念のない手形をいいます（代り金を別段預金に留保している場合を含む）。

　したがって、商品の売買など商取引に基づかずに、もっぱら金融目的で振り出された融通手形などは対象になりません。つまり、手形成因が具体的な商取引に基づく手形に限られることになります。

　なお、自行（庫・組）の自己査定において破綻懸念先以下に債務者区分されている者が振り出した手形は、自己査定上は決済確実な手形としては扱いません。

Q103

電子記録債権は債権保全上どのように扱われますか

 決済確実な割引手形に準ずるものは、分類対象外債権として扱われます。

解 説

　電子記録債権は、決済確実な割引手形に準ずるものはそれと同様に扱ってさしつかえありません（金融検査マニュアル平成25年2月5日改訂）。

　具体的には、電子記録債権であって以下のすべてを充足するものがその対象となります。

① 　当該債権の債務者の財務内容および資金繰り等に問題がないこと

② 　支払期日における決済が確実であること

③ 　商品の売買など実質的な原因に基づいたものであり、資金繰り等金融支援のためのものではないこと

④ 　当該債権の譲渡人の保証があること

　　→電子記録債権の譲渡については、通常、譲渡人の保証記録が付されます。

　実際の融資取引においては、電子記録債権の割引、電子記録債権の譲渡担保としての利用に際して、分類対象外債権としての扱いが行われます。

Q104

不動産担保の評価額は、どのように算定しますか。要注意先とそれ以外とでは評価方法が異なりますか

 　　不動産担保の評価方法については、一律に決められたものはありませんが、土地については公示地価、基準地価、相続税路線価、類似物件売買事例価額等を基準に用いることが一般的であり、建物については基本的に原価法を用います。ただし収益用不動産の評価にあたっては、収益還元法によることが原則とされています。破綻懸念先以下の債務者に係る担保評価においては、物件の換金性、処分容易性により重点を置いて実施されるべきです。

解　説

(1) 担保評価額算出の原則

　自己査定における担保評価額は、客観的・合理的な評価方法で算出した評価額（時価）とするのが大原則です。そのうえで、必要に応じて、評価額推移の比較分析や償却引当等との整合性を検証します。

　不動産担保、特に土地については、公示地価、基準地価、相続税路線価、あるいは類似物件売買事例価格等を基準として算定することが一般的ですが、個々の物件ごとで地域性、個別性が強く、広範囲にわたる取引市場といったものはないので、どのような評価方法が適切であるか、一律に決まったものはありません。それゆえ特に処分価額については、目的物件

の種類別、債務者区分別、処分態様別、実際の売買価額の傾向など多面的視点から検証を行うことが必要です。その際、経年、エリア、立地等の面において相対的に競争力が劣る物件や、賃料・稼働率等が下方トレンドにある物件については、こうしたネガティブな要素を不動産評価に反映させることも必要です（平成26事務年度検査結果事例集参照）。

　また、担保評価は償却・引当と表裏一体の関係にあり、評価額推移と償却・引当との間には整合性がとれていることが必要です。たとえば現在の担保評価と過年度の償却・引当データとの間に不整合がある場合は、当該担保評価の合理性・妥当性に疑問が生ずる余地があり、その原因分析を十分に行うべきです。

(2) 算出方法の客観性・合理性

　金融機関の自己査定において、多数の担保不動産物件を限られた時間・コストの範囲内で評価する際の実務上の対応としては、一般的に次のような算出方法を統一的かつ継続的に適用することをルール化して実施することが、客観性・合理性を高めると考えられます。

① 土　　地

　　公示地価、基準地価、相続税路線価、売買事例価格のいずれか、または全部を基準として事情補正、時点修正などを行い、評価した価額

② 建　　物

　　基本的には原価法（または、原価法に準ずる方法）による価額

　　ただし、賃貸ビル等収益用不動産の評価にあたっては、その底地も含めて、原則として収益還元法により評価し、必要に応じ取引事例による評価、原価法による評価を加える（資料の不足や限界により、収益還元法による評価の信頼性が乏しいときは、原価法や取引事例による評価でこれを補うものとする）。

従来は、売買事例や公示地価等による評価に加えて収益還元法による評価が望ましいとされていましたが、平成19年の金融検査マニュアルの改訂で収益還元法が原則的方法となりました。

　しかしこのことは、金融機関の有するすべての収益用不動産担保物件について、精緻な収益還元法評価を求めるというものではありません。

　担保評価額の算定の客観性・合理性を一層高めるためには、たとえば、以下の点を自己査定マニュアルでルール化しておくことも必要でしょう。

① 　担保物件の評価額が一定金額以上のもの、あるいは自己評価によっては客観性確保がむずかしいものは、必要に応じて不動産鑑定士の鑑定評価を実施していること

② 　収益用不動産の評価に際し、評価方法によって大幅な乖離が生じる場合には、物件の特性や債権保全の観点から、その妥当性を慎重に検討すること

③ 　特殊な不動産（ゴルフ場など）については、市場性を十分に考慮した評価とすること

④ 　現況に基づく評価が原則であり、現地を実際に確認するとともに、権利関係の態様、法令上の制限、土壌汚染やアスベストなどの環境条件等にも留意すること

　　土壌汚染やアスベスト問題は担保評価に際して無視できない状況であり、金融検査マニュアルでも担保評価における重要留意事項とされていますが、実際にどの程度まで調査を行うかは、問題発生の蓋然性の高さや債務者の状況によって様々で、一概には決められません。しかし、たとえば問題が明らかになっている場合にそれを勘案しないことは、担保評価の態度として不適切と考えられます。

⑤ 　担保の評価方法を変更した場合には（たとえば、評価の基準を公示地価から相続税路線価に変更した場合など）、評価の方法を変更したことの合理的な理由を付すること

(3) 鑑定依頼の際の留意事項

平成19年の金融検査マニュアルの改訂では、検査官が不動産鑑定士による鑑定評価を検証するに際して、鑑定の依頼方法や金融機関と鑑定士との関係にも留意することが追記されました。これは、たとえば、鑑定先に自己の都合のよいデータを示し特定の価額で評価することを求めたり、関係の深い鑑定士に恣意的な評価額を算定してもらうなど、金融機関側による不適切な事例が見受けられることにかんがみ処置されたものです。鑑定士に鑑定依頼をする際には、このような不適切とみられる行為を排除しなければなりません。

(4) 破綻懸念先以下の債務者に係る担保評価

破綻懸念先以下の債務者の担保については、そこからの回収可能額をより明確に把握する必要があるので、換金性、処分容易性をより重視した評価方法を採用すべきです。

Q105

不動産以外の担保はどのように評価すればよいですか

 担保の種類によりその評価方法は異なりますが、「客観的な処分可能性」がベースとなります。そして、動産・債権担保の評価については、実際に行われている管理手段等に照らして客観的・合理的なものであることが必要です。

解 説

　不動産以外の担保としては、有価証券、商品等の動産、債権、船舶・航空機などがあげられますが、それらの評価の際の大前提は、処分可能金額の把握です。いかに高く評価されようとも、現実に売却・換金できなければ貸出金は回収できないからです。

　そもそも担保として認めうるものは、物件の換価処分が容易で、第三者に対する対抗要件を備えているなど管理・保全策が講じられているものであって、その評価額は第三者の鑑定評価額や市場価格など客観的な基準により算出された金額であることが要請されます。

　基本的には各金融機関内部で使用している評価基準をもとにして評価を行うことになりますが、次のような対応はさしつかえないと考えられます。

① 有価証券担保

　証券取引市場（店頭取引を含む）で形成された売買価格をもって、客観的・合理的で、かつ処分可能な評価額とみなします。

② 商品等の在庫品や機械設備などの動産

商品等の動産を担保にするには、対抗要件が適切に具備されていること、数量および品質等が継続的にモニタリングできていること、客観的・合理的な評価方法による評価が可能で実際にこのような評価を取得していること、適切な換価手段が確保されていること、担保処分時の当該動産の適切な確保手続が確立していることなど、動産の性質に応じ、適切な管理および評価の客観性・合理性が確保され、換価が確実であると客観的・合理的に見込まれることが必要です。

そのうえで客観性・合理性のある評価方法により評価を取得しますが、たとえば在庫品については、所在確認ができること、陳腐化等瑕疵がないことを前提に、商品の実勢販売価格を基礎にして評価します。保管期間の長短、品傷み、流行等を考慮して相応に減価することも必要で、一度に大量処分するとなれば想定価格よりも大幅に下落する危険性があることに留意する必要があります。

なお、ここで対抗要件の具備とは、原則として、「動産・債権譲渡特例法」による動産譲渡登記が行われていることが想定されています。また、「客観性・合理性ある評価方法」とは、必ずしも外部専門機関の評価を求める趣旨ではなく、適切な市場の存在等によって価額が標準化されている場合などは、それによることも認められます。「適切な換価手段が確保されていること」とは、典型的には、適切な市場が存在し、かつ、そこへのアクセスに特段の支障がないと考えられる状況や、その他信頼のおける処分ルートが確保されている場合が想定されます。

③ 債権担保

債権を担保とする場合は、対抗要件が適切に具備されていること、第三債務者についての情報や財務状況を継続的に随時モニタリングできることおよび貸倒率を合理的に算定できることなど、適切な債権管理が確保され、回収（第三者への譲渡による換価を含む）が確実であると客観

的・合理的に見込まれることが必要です。そのうえで、一定の信用力を有する第三債務者に対する売掛債権、貸付金債権、建設協力金返還請求権等については、当該額面額を基準とし、それぞれの返済期限等を考慮したタイムディスカウント調整を実施します（割引現在価値の把握）。また、建設協力金や入居保証金の評価では、賃貸契約の内容を検討し、現状回復費用控除となっているか等を確認し、実際の返済見込額をもって決定します。

　なお、対抗要件の具備とは、民法における第三債務者への確定日付ある証書による通知、または確定日付ある証書による第三債務者の承諾のほか、「動産・債権譲渡特例法」による債権譲渡登記がなされていることが想定されています。

④　船舶・航空機

　各分野の専門評価会社である「海事検定協会」等鑑定価格をもって評価する方法のほか、中古市場での売買事例価格や再調達原価から減価償却期間相当の償却額を控除した価格（経年減価額）等を使用します。

　前記のうち②および③については、平成25年2月5日付で金融庁から「金融検査マニュアルに関するよくあるご質問（FAQ）別編〈ABL編〉」（その後平成25年6月4日付で改訂が行われています）が公表され、在庫品や売掛金担保を一般担保として取り扱うための要件などが具体的に明らかにされています（Q106〜Q108参照）。

Q106

ABL（動産・売掛金担保融資）の積極的な活用に向けた金融庁の姿勢について説明してください

 　ABLは債務者が保有する在庫や機械設備等の動産、売掛金等の債権を担保に融資する手法であり、金融庁は担保不足に悩む中小企業等の資金調達手段として、その活用を促しています。動産・売掛金担保を一般担保として取り扱うための要件を具体的に例示し、金融検査においても、当面は、PDCAサイクルが合理的に機能しているならば、金融機関の取組みを容認する姿勢が明らかにされています。

解説

(1)　ABLの活用に向けた金融庁の姿勢

　ABL（Asset Based Lending）とは、企業が保有する在庫や売掛金などを担保とする融資手法をいいます。

　従来、債務者が保有する流動性の高い資産を担保とする融資は、債務者が資金繰りに支障をきたす状況にあるものの担保提供できる適当な資産（不動産等）がない場合に、最後の資金調達手段として位置づけられることが多く、金融機関側には、担保としての確実性・安定性に欠けるが、「ないよりマシ」という「添え担保」「駆け込み担保」として認識されており、その利用は活発とはいえませんでした。

　この状況に対して金融庁は、債務者の保有する商品在庫、機械設備等の動産や売掛金等の債権といった営業用資産を融資の担保として活用するこ

とを促し、担保不足に悩む中小企業等の資金調達を支援するため、平成25年2月5日に「ABL（動産・売掛金担保融資）の積極的活用について」を公表しました。そこでは、「中小企業等が経営改善・事業再生等を図るための資金はもとより、新たなビジネスに挑戦するための資金を確保することが、現下の重要な課題となっており、ABLの一層の活用が図られれば、このような資金がより円滑に確保され、中小企業等の経営改善や事業の拡張等に資することが期待される」とされ、ABLを積極的に活用すべきものとしています。

金融庁はこれにあわせて、「金融検査マニュアルに関するよくあるご質問（FAQ）別編〈ABL編〉」（平成25年2月5日付）（以下、「別編FAQ」）を公表、それまでのFAQからABLに関する項目を独立させ、ABLの利用促進のために詳しい解説を加えています。また、「別編FAQ」は平成25年6月4日付で一部に補足・修正が行われており、金融庁のABL利用促進に対する強い意欲がうかがわれます（以下、別編FAQを引用するときは6月4日改訂版のものを用います）。

前記「ABLの積極的活用について」に掲げられた主要な施策は、次のとおりです。

① 金融検査マニュアルにおけるABLの「一般担保」要件の明確化

② 自己査定における動産・売掛金担保の標準的な掛け目を明確化

③ ABLに係る金融検査方針の明確化

④ 貸出条件緩和債権に該当しない場合の明確化

このほか、電子記録債権のうち「決済確実な商業手形」に準じた要件を満たすものは、「優良担保」として取り扱うことが、金融検査マニュアルに明記されました（Q42参照）。

売掛金担保には「決済確実な商業手形」のような優良担保としての扱いは、原則的に認められません。売掛金債権は、手形のような人的抗弁の切断がなされていないからです。ただし、第三債務者から「異議をとどめな

い承諾」を得ている場合は「優良担保」扱いが認められます（別編FAQ31）。

(2)　金融検査マニュアルにおけるABLの「一般担保」要件の明確化

金融検査マニュアルには、これまでもABLを「一般担保」として扱うための要件が掲げられていましたが（Q105参照）、今般その内容を変更することなく、具体的にどのような担保管理を行えば「一般担保」としての「客観的な処分可能性がある担保」の要件を充足するかが明確になるよう、適切と考えられる担保管理手法が例示されました。

たとえば、第三者対抗要件の適切な具備については、動産担保では、法人債務者の場合は「動産・債権譲渡特例法」に基づく「動産譲渡登記」が想定されています（別編FAQ 5）。ただし、個人債務者の場合は前記特例法が適用されないので、民法上の占有もしくは占有改定によるしかありませんが、個人債務者の動産担保については、動産譲渡担保設定契約書において、民法に基づく占有改定が行われたことが明確になっていれば、原則として、一般担保として扱ってさしつかえないとされています（別編FAQ 6）。

また、売掛金担保の対抗要件としては、民法上の「確定日付ある証書による通知または承諾」によるほか、法人債務者の場合は「動産・債権譲渡特例法」に基づく「債権譲渡登記」と「登記事項証明書の交付を伴う通知または承諾」が想定されています。ただし登記事項証明書の交付については、当該債務者への風評悪化を惹起するおそれがあるなど交付手続を見合わせることに合理的理由があり、かつ手続に必要な書類が手元にすべてそろっている場合には、債権譲渡登記のみであっても一般担保として扱うことが可能です（別編FAQ14）。この場合、登記事項証明書の取得については、直ちにその取得が可能であるための準備が整っていれば、必ずしも事前の取得をしておかなくともさしつかえないとされています（別編

FAQ15)。

　また動産担保の取得に際し、先行譲渡がないこと、動産の所有権が現に債務者にあることなど、担保とするにあたっての前提条件の確認が必要です。

　このほか、担保動産や債権のモニタリング、評価方法、換価手段等についても、詳しい解説があります（Q107、Q108参照）。

(3)　自己査定における標準的な担保掛け目の明確化

　金融検査マニュアルに、動産・売掛金担保の標準的担保掛け目の水準が明記されました。すなわち、動産のうち在庫や機械設備については評価額の70％、売掛金については評価額の80％という水準が明記され、独自に担保掛け目を設定することが困難な状況にある金融機関における自己査定基準の整備を後押ししています。

　動産・売掛金担保の掛け目については、金融機関が実際に処分された担保の処分価格と担保評価額を比較し、掛け目の合理性を検証して必要に応じ掛け目を修正する態勢ができているかという観点から検査を行いますが、金融機関の取組みが明らかに合理性を欠くものでなければ、当面、金融検査マニュアルに記載された掛け目以下の値を使用していれば、さしつかえないこととされています（別編FAQ26）。したがって、金融機関において実際の担保処分価格と担保評価額を比較し、自ら掛け目を合理的に設定できる場合には、金融検査マニュアル記載の水準より高い掛け目を使用してもさしつかえありません（別編FAQ27）。さらに、担保評価額の精度が高いことについて過去の実績から合理的な根拠があることが説明できる場合には、担保評価額を処分可能見込額（すなわち掛け目100％）としてもさしつかえありません（別編FAQ29）。

(4) ABLに係る金融検査方針の明確化

　金融機関が動産・売掛金担保を一般担保として取り扱っている場合は、担保管理および評価の客観性・合理性の確保、客観的・合理的換価の見込み、適切な債権管理と回収の確実性見通しを、金融検査において検証することとされていますが、金融機関においてABLの活用に関するノウハウが不足している実情にかんがみ、当面は、自己査定基準など内部規程の策定（Plan）、内部規程に基づく担保管理の実施（Do）、担保管理における問題点等の原因分析（Check）、問題点等の改善（Action）という、PDCAサイクルが機能しているかという観点から検証を行い、金融機関の取組みが明らかに合理性を欠くと認められるものでなければ、動産・売掛金担保を一般担保として取り扱ってさしつかえないことが明確にされました（別編FAQ 3）。さらに、内部規程を策定したばかりで、今後、動産・売掛金担保を一般担保として本格的に取り扱うことを予定している段階の金融機関については、PlanおよびDoの段階での検証を行い、その段階での取組みが明らかに合理性を欠くと認められるものでなければ、一般担保としての扱いを容認するとしています（別編FAQ 4）。

(5) 貸出条件緩和債権に該当しない場合の明確化

　ABLには、本来的な「担保価値捕捉機能」に加えて、金融機関側が担保提供を受けた後でも、担保対象資産につき継続的なモニタリングを行う場合には、債務者の事業動向、業況変化を適時に把握できるという「企業実態把握機能」も備わっています。これを利用して、仮に中小企業が経営改善計画を策定していない場合でも、金融機関が企業実態を把握したうえで「経営改善に関する資料」等を作成している場合は、それを「実現可能性の高い抜本的な計画（実抜計画)」とみなして、条件変更債権を貸出条件緩和債権には該当しないとする扱いを明確にしています（別編FAQ32）。

　「経営改善に関する資料」は、実抜計画に係る要件を充足していること

が必要です。すなわち、計画期間が原則としておおむね5年以内で、計画期間終了後の債務者区分が原則「正常先」となるものであること、全金融機関が支援に合意していること、今後の金融支援の内容が金利減免、融資残高維持にとどまり、債権放棄や贈与など資金提供を伴うものでないことがそれです（別編FAQ34）。しかし全金融機関の支援合意が困難な場合には、自金融機関が単独で支援することで債務者の再建が可能であるならば、自金融機関が策定した「経営改善に関する資料」を実抜計画とみなしてさしつかえありません（別編FAQ35）。

Q107

動産担保が一般担保として取り扱われるためには、どのような要件を満たす必要がありますか

 動産担保が一般担保として扱われるためには、数量・品質等のモニタリング、評価方法、換価手段、担保実行時の動産の適切な確保手続など、いくつかの要件を充足する必要があります。

解　説

　動産担保については、金融検査マニュアルでは商品等の在庫品や機械設備が典型的担保目的物として想定されていますが、それが一般担保として扱われるための要件として、「別編FAQ」は以下のような点を例示しています。

a　数量および品質等の継続的モニタリング（別編FAQ7）

① 在　庫　品

　債務者からの提出資料等により、下記の項目が継続的にモニタリングされており、かつ定期的に在庫品の数量・品質等を実地確認していること。

・保管場所

・品目別の仕入数量および金額

・品目別の売上数量および金額

・品目別の在庫数量および金額

　「品質」については、たとえば、品目別在庫の出入り状況をモニタリングすることで、滞留在庫の有無をチェックすることなどが考えられま

す。特に流行に左右されやすい商品等については、物理的な品質劣化だけでなく、流行遅れ、旧式化・陳腐化に伴う資産価値の低下を考慮することが重要です。

② 機械設備

その使用状況が担保価値に大きく影響するので、債務者からの提出資料等によって、下記の項目が継続的にモニタリングされており、かつ定期的に数量および品質等を実地確認していること。

・機械設備の設置・保管場所

・機械設備の作業予定

・機械設備の作業実績

b 評価方法（別編FAQ9）

・売却予定先との間の売買予約契約に基づく価格をもとにした評価

・適切な市場があって価格が標準化されている場合の当該価格に基づく評価

・専門業者等への売却が一般的に行われている場合の当該業者等からの価格等の情報をもとにした評価

・担保評価額の評価精度が高いと認められる者から評価を取得している場合

・金融機関自らが地域特産品など特定動産の評価に関するノウハウ等を蓄積し、これをもとに評価方法を定めて評価を行っている場合

5番目の項目は、地域金融機関においては、たとえば、肥育牛豚に係る評価方法を独自に開発しノウハウを蓄積しているケースがあり、それを一般担保としての評価方法として認めようとするものです。前記項目はあくまでも例示であり、それ以外の方法を排除するものではありません。

c 換価手段（別編FAQ10）

換価手段は前記bとリンクさせて考える必要がありますが、以下のようなものは一般担保要件に合致するものとしてさしつかえありません。

・売却予定先との間で事前に売買予約契約が締結されている場合

・適切な市場が存在し、かつ実際に当該市場への売却が可能と考えられる場合

・専門業者等への売却が一般的に行われている場合で、かつ実際に当該業者等への売却が可能と考えられる場合

・「動産担保」に関係する団体や専門業者等との業務提携等により、信頼のおける売却ルートを通じて売却することが可能と考えられる場合

・金融機関自らが地域特産品など特定動産の換価に関するノウハウ等を蓄積し、それにより信頼のおける売却ルートを通じた売却が可能と考えられる場合

　また、債務者の協力により通常の取引ルートで換価を図ることは、一般的には有利な換価手段と考えられますが、債務者の協力が得られない場合には換価手続が制限されるおそれがあり、別途に上記に準ずるような換価手段が確保されていなければ、一般担保要件を満たしているとはいえません（別編FAQ11）。

d　担保実行時の動産の適切な確保のための手続（別編FAQ12）

　担保実行時に担保動産が適切に確保できることは一般担保の要件として重要ですが、たとえば、以下のすべての手続が確立している場合は要件を充足していると考えられます。

・担保実行時において当該動産を確保するための一般的な手続に関する内部規程の策定（たとえば、動産譲渡担保権の実行通知手続、動産担保の占有確保手続など）

・債務者ごとの、担保動産を確保するための具体的な手続の策定（債務者ごとに、担保権実行時を念頭に置いた動産確保手順について、事前にシミュレーションしておくなど）

e　その他留意事項（別編FAQ13）

　動産担保を一般担保とする際には、事前に契約書で、債務者から必要な

資料等の提出を受けることなどの権利を確保しておくことが必要です。

　特に在庫品担保においては、下記情報を継続入手しモニタリングする必要があります。

・取引先（仕入先および売却先）

・取引先との取引内容および取引条件

・仕入代金の支払状況および売却代金の入金状況

・保管業者等への費用支払状況

・債務者の売上げや資金繰りの状況

売掛金担保が一般担保として取り扱われるためには、どのような要件を満たす必要がありますか

 売掛金担保が一般担保として扱われるためには、第三債務者の信用情報、財務状況の情報、入金情報等を随時入手でき、継続的にモニタリングできることが必要です。また、貸倒率を適切に算定することが求められます。

解 説

　金融検査マニュアルは、債権担保を一般担保として取り扱う際の要件として、対抗要件の具備、第三債務者（担保目的債権の債務者）の信用情報の随時入手と財務状況の継続的モニタリング、貸倒率の合理的算入が可能なこと等、適切な担保管理が確保され、回収が確実であると客観的・合理的に見込まれることをあげていますが、「別編FAQ」では、特に「売掛金担保」について詳しい解説を掲げています。対抗要件についてはQ106にて説明しましたので、それ以外の項目について説明します。

a　第三債務者の情報入手（別編FAQ16、17）

　売掛金担保においては、第三債務者（当該債権の支払人）の信用力の評価が最も重要ですが、最大の問題は、自金融機関と取引のない第三債務者の信用力を判断するために、どのように情報を入手し継続的にモニタリングするかということです。

　FAQでは、取引関係のない第三債務者の情報入手については、たとえば、以下のような要件をすべて満たしている場合は、一般担保としての要

件を充足しているものと判断してさしつかえないとしています。

・債務者と第三債務者との取引状況等について、債務者から情報を随時入手できること
・第三債務者の信用情報について、信用調査機関から随時入手できること
・信用格付業者の格付や公開されている決算情報等がある場合においては、これらを随時入手できること

　また、第三債務者の財務状況の継続的モニタリングについては、以下のすべてが継続的に可能であれば、一般担保の要件を充足していると判断できます。

① 債務者からの情報に基づき
・債務者と第三債務者との取引内容および取引条件
・第三債務者への売掛金の発生状況および当該第三債務者からの入金状況等
② 信用調査機関からの情報等（格付業者の格付や公開されている決算情報等を含む）に基づき
・第三債務者の財務内容
・第三債務者の信用力

b　第三債務者情報入手に係る中小企業等の場合の特例（別編FAQ19）

　しかし、中小企業等については信用調査機関からの情報入手が困難な場合も想定されます。このような場合は、商業手形担保の審査実務等も踏まえて、他の金融機関から可能な範囲で適切に情報を入手することができれば、原則として、一般担保として扱ってさしつかえないとされています。なお、このような情報入手も困難な場合は、たとえば、債務者からの情報を随時入手できれば、原則として、一般担保の扱いが認められます。

　また、財務状況のモニタリングについては、たとえば、前記のように他の金融機関や債務者からの入手情報に基づいて、第三債務者の財務状況を継続的にモニタリングしていれば、原則として、一般担保の要件を満たす

ものとされています。

c 第三債務者からの入金状況のモニタリング （別編FAQ18）

売掛金の入金状況を確実に把握するには、自金融機関に入金口座を設定することが望ましいと考えられますが、これが困難な場合には他の金融機関に入金口座が設定されている状況でもさしつかえありません。ただしその場合には、第三債務者からの入金状況を継続的にモニタリングするため、たとえば、債務者から他の金融機関の入金口座への入金状況に関する資料の提出を受けるなどの方策を講じる必要があります。

d 貸倒率の算定方法 （別編FAQ20、21）

売掛金担保が一般担保として取り扱われるためには、「貸倒率を合理的に算定できること」が必要とされていますが、自金融機関と取引のない第三債務者については十分な情報が入手できないことも想定されます。このような場合は、以下のような方法で貸倒率を算定することが認められます。

・入手した情報に基づき、第三債務者からの回収可能性を個別に検討し、貸倒率を算定する方法（たとえば、期日回収に懸念のある売掛金を回収不能見込額とし、それ以外の売掛金を回収可能見込額として、貸倒率を算定する方法）

・第三債務者の属性等（業種別、地域別、規模別、個人・法人別、売掛金の金額別等）に応じて、過去の貸倒れに係る実績データ等を蓄積し、貸倒率を算定する方法

e その他留意事項 （別編FAQ22、25）

対象の売掛金について、先行譲渡がないこと、商品売買等の実質的原因に基づいたものであること、譲渡禁止特約がないこと（第三債務者の「異議なき承諾」がある場合は可）など、担保とするにあたっての前提条件の確認が必要です。

また「適切な債権管理が確保され、回収（第三者への譲渡による換価を含

みます）が確実であると客観的・合理的に見込まれること」が必要なことから、債務者から必要な資料の提出を受けることなどの権利を事前に確保しておくとともに、債務者の財務データ等の社内管理体制を把握し、債務者からの提出資料等に基づいて、債務者の状況に応じ、

・売掛金の状況（第三債務者氏名、売掛金残高、第三債務者への売掛金が売掛金全体に占める割合、商品返品などによる希薄化率等）

・第三債務者の債務者に対する反対債権の有無（ある場合はその額）

・債務者の売上げや資金繰りの状況

などを、継続的にモニタリングする必要があります。

　売掛金担保の担保評価額については、第三債務者の信用力を踏まえて「貸倒率」を合理的に算定し、これを評価額に反映させることが必要ですが、商品返品などによる売掛金の希薄化率、第三債務者の債務者に対する反対債権の額も適切に反映させる必要があります。

　以上、別編FAQは、主として売掛金担保について一般担保とすべき場合の要件を述べていますが、その他の金銭債権についても同様に考えられます（別編FAQ23）。「診療報酬債権」については、特に詳しい解説があります（別編FAQ30）。ただし、リース債権については、一般的に、売掛金担保として扱うことは不適当であるとされています（別編FAQ23）。

Q109

担保評価はどの程度の頻度で行う必要がありますか

 破綻懸念先以下の債務者に対する担保評価額の見直しは、個別貸倒引当金を毎期洗い替える必要上、公示地価、基準地価、相続税路線価など決算期末日または仮基準日において判明している直近のデータを利用して、少なくとも年１回は行う必要があり、半期に１回は見直しを行うことが望ましいものとされています。また、要注意先に対する見直しについても、年１回見直しを行うことが望まれます。

解　説

　自己査定の目的は、決算期末（中間期も含む）において、適切な償却・引当を行い、もって適正な財務諸表を作成することにあります。適切な償却・引当を実施するには、自己査定による債権分類作業とその一部の手続である担保による調整作業を適切に行うことが重要であり、評価額の洗替えは自己査定のつど実施するのが理想といえます。

　しかしながら、年２回の自己査定実施時にこれら評価作業をそのつど行うことは大変煩雑であるうえ、評価に必要な地価公示価格、路線価などの基礎資料は年１回しか発表されないという問題があります。そのため、当該地域の地価動向等を勘案のうえ、評価額の変動の幅が小さいと見込まれる場合には、直前期の評価額を使用することも可能と思われます。

　なお、評価時点で加味されていなかった評価額に大きな影響を与えるよ

うな事情、たとえば、新しい道路が敷設されたような場合には、事情補正、あるいは地価の変動が著しい時期、地域にあっては、地価変動率補正などを行い、資産査定時の評価額に引き直すことが必要です。

　また、担保不動産の評価については、おおむね３年ごとに全面的に評価替えするとともに、その間については、その直近の評価額に、たとえば、公示価格の下落率に基づく時点修正を行っている場合には、当該評価額を適正な評価額として取り扱ってさしつかえないと考えられます。この場合、自行（庫・組）のルールに則した評価方法に加えて、評価額が一定金額以上のものや、評価がむずかしい物件については、不動産鑑定士による鑑定評価を実施することが望ましいとされています。

Q110

処分可能見込額は、どのように算定しますか

 　処分可能見込額とは、担保評価額を踏まえ、当該担保物件の処分により回収が確実と見込まれる額をいいます。担保の種類ごとの処分可能見込額の算出方法には特に決まったものはありませんが、各金融機関において担保評価の方法、担保として処分する場合の減価要因等を検討して独自に掛け目を定め、担保評価額に当該掛け目を乗じて算出することになります。

解　説

　担保評価額と処分可能見込額の関係は、担保評価額が評価時点の時価額相当であるのに対し、処分可能見込額は債権保全という観点を考慮した担保処分（売却）することによって被担保債権の回収が確実に見積もられる価格ということができます。

　担保評価額と処分可能見込額の差は、

① 　評価方法の適格性、精度の高さ

② 　担保処分における売急ぎ等による減価要因

③ 　値動き等の不確定要因

などにより生ずるものと分析されます。

　金融検査マニュアルにおいては、評価額の精度が十分に高い場合には、評価額と処分可能見込額が等しくなるとされています（Q112、Q113参照）。

　一般的には、担保の種類ごとにこれら要因を便宜的に包含させた「掛け

目」を定め、処分可能見込額は担保評価額に「掛け目」を乗じて算出する方法がとられています。

　基準となる掛け目については、各金融機関によって評価の精度も異なり、また所在地域の需給事情等も異なることから、各金融機関に共通した基準となるものはありませんが、適用される掛け目は合理的でなければなりません。掛け目の合理性は、担保物件の処分実績等との比較で検証されるべきものですが、金融検査マニュアルにおいては、既往の金融庁検査の資産査定において適用された掛け目（下記）が例示され、有価証券担保の場合には、処分可能見込額が評価額に当該掛け目を乗じて得られた金額以下である場合は、これを合理的なものと判断してさしつかえないとされていますが、不動産担保の場合は、掛け目の合理性の検証を省略し安易にこれらの掛け目に依存することは好ましくなく、処分実績や近隣取引事例などが少ないとの事由により掛け目の合理性が確保されない場合に限って70％以下という掛け目を用いてもさしつかえないとされています。

　また、平成25年2月の金融検査マニュアル改訂においては、動産および売掛金担保にかかる掛け目が追加設定されました。このことについては、Q107、Q108を参照してください。

土地	評価額の70%
建物	評価額の70%
国債	評価額の95%
政府保証債	評価額の90%
上場株式	評価額の70%
その他の債券	評価額の85%
動産　在庫品	評価額の70%
機械設備	評価額の70%
売掛金	評価額の80%

　なお、担保評価額を処分可能見込額としている場合は、担保評価額の精度が十分に高いことについての合理的根拠が求められます。具体的には、

相当数の物件について、処分済担保物件の処分価格と担保評価額を比較し、処分価格が担保評価額を上回っているか同等であることを適宜検証して評価額の妥当性の根拠を明白にしておくことが必要です。

Q111

預金、掛金、元本保証のある金銭の信託、満期返戻金のある保険に掛け目は必要ですか

 　一般の預金、貯金、掛金、元本保証のある金銭の信託に関しては掛け目を乗ずる必要はありません。満期返戻金のある保険・共済については、中途解約に伴う解約受取金相当額が担保評価額となることに留意が必要です。

解 説

(1) 評価額と処分可能見込額

　本来、担保評価額は評価時点における時価（預金等にあっては、預金額）ですが、処分可能見込額を算出するにあたり、通常は評価額に掛け目を乗じるため、担保評価額と処分可能見込額とは相違します。

　この掛け目を乗じる目的は、処分可能見込額が債権の回収を目的とした価格であり、評価額が低下すると債権回収額に不足が生じるので、それを回避することにあります。

(2) 預貯金等の評価

　預貯金や掛金、元本保証のある金銭の信託については、評価方法は単純明白で、評価額が外部要因によって変動することはありませんので、掛け目を乗ずる必要はなく、担保評価額と処分可能見込額は同額となります。

　ただし、満期返戻金のある保険・共済については、担保として処分回収可能な価格は、中途解約による受取金になりますので、自己査定基準日時

点での解約受取金額相当額が担保評価額（＝処分可能見込額）となること
に留意が必要です。

Q112

「評価額の精度が十分に高い場合」とは、どのような場合をいいますか

 「評価額の精度が十分に高い場合」とは、担保の評価方法が、当該担保の個別的要因等を十分加味したうえ、客観的かつ合理的な根拠のある形で評価されている場合と考えられます。

解説

評価額の精度が十分高い場合とは、言い換えれば、担保として処分することを条件として、客観的で第三者の納得が十分得られる合理的な評価をした場合ということになります。

具体例として、金融検査マニュアルでは、

① 相当数の物件について、実際に処分が行われた担保の処分価格と担保評価額を比較し、処分価格が担保評価額を上回っているかどうかについての資料が存在し、これを確認できる場合

② 直近の不動産鑑定士（不動産鑑定士補も含む）による鑑定評価額がある場合（ただし、金融機関と関係の深い鑑定士に恣意的な評価をさせるようなことは不適切です）

③ 競売における買受可能価額がある場合

をあげています（「資産査定管理態勢の確認検査用チェックリスト」の自己査定（別表1）1.(4)④）。

裁判所の競売手続における最低売却価額制度は平成16年11月に法改正され、新たに売却基準価額が設けられて、競売における買受申出は「売却基

準価額からその２割相当額を控除した額」（これを「買受可能価額」といいます）以上でなければならないこととなって、平成17年４月１日より施行されました。従来の最低売却価額は、今般の売却基準価額に相当するものとされていますが、買受可能価額がその８割の価額水準に設定されたことにより、自己査定上は売却基準価額を評価額、買受可能価額を処分可能見込額とみなすことになりました。

　なお、鑑定評価額および競売における買受可能価額以外の価額についても、担保評価額の精度が高いことについて合理的な根拠がある場合には、当該担保評価額を処分可能見込額とすることができます。

Q113

鑑定評価額を「評価の精度が十分に高いもの」として扱う場合には、どのような点に留意する必要がありますか

 　この場合、鑑定評価額がそのまま担保評価額＝処分可能見込額となるものではありません。自己査定における処分可能見込額の把握にあたっては、必要な場合には、所要の修正を行うことが求められます。また、いわゆる「簡易鑑定」は、評価の精度が十分に高い鑑定評価の対象からは、原則として除外されています。

解　説

(1)　鑑定評価額、担保評価額および処分可能見込額の関係

　金融検査マニュアルでは、直近の不動産鑑定士（不動産鑑定士補を含む）による鑑定評価額がある場合には、「担保評価額の精度が十分高いもの」として、当該担保評価額を処分可能見込額と取り扱ってさしつかえないものとしています。この場合、鑑定評価額＝担保評価額ではないことに留意する必要があります。処分可能見込額とは、担保処分により確実に回収できると見込まれる金額であり、鑑定評価額が時価として適切であっても、それが即、担保評価額＝処分可能見込額となるものではないからです。

　自己査定における担保処分可能見込額の把握は、債権保全という性格を十分考慮する必要があり、鑑定評価の前提条件や売買事例を検討するなど、必要な場合には、当該担保評価額に所要の修正を行わなければなりません。

「必要な場合」とはどのような場合か、を具体的・網羅的に示すことは困難ですが、たとえば、鑑定評価後に参考となる近隣売買事例が具体化したような場合や、鑑定評価書において土壌の汚染が考慮外とされているケースで所要の浄化費用等の見積りを行う場合などがあげられます。

(2)　簡易鑑定とは

　金融検査マニュアルでは、「鑑定評価額」を定義して、「不動産鑑定評価基準（国土交通省事務次官通知）に基づき評価を行ったものをいい、簡易な方式で評価を行ったものは含まない」としています。

　したがって、一般的に「簡易鑑定」と称せられる鑑定は、ここでいう「簡易な方式」に該当するものとされ、精度の高い鑑定の対象からは、原則として除かれることとなります。

　ただし、簡易鑑定であってもこれに適正な掛け目を乗じて処分可能見込額を算定することはさしつかえありませんし、簡易な鑑定による評価額であっても、その精度の高いことに合理的な根拠が認められる場合は、それを担保評価額＝処分可能見込額とすることができます。

Q114

「優良保証等」「一般保証」の定義について説明してください

 優良保証等とは、保証履行の確実性が極めて高い保証をいいます。公的信用保証機関や金融機関の保証、複数の金融機関が共同して設立した保証機関の保証、地方公共団体と金融機関が共同して設立した保証機関の保証、地方公共団体の損失補償契約、住宅金融支援機構の「住宅融資保険」等がこれに該当します。

一般保証とは、上記優良保証等以外の保証をいいます。

解説

(1) 保証等による自己査定の調整

自己査定における資産分類作業においては、担保と同様、保証等により保全措置が講じられているものについて、優良保証等と一般保証に区分します。優良保証等により保全されているものについては、これを非分類とし、一般保証により保全されているものについては、Ⅱ分類とする調整が実施されることとなっています。

(2) 優良保証等

優良保証等とは保証履行の確実性が極めて高い保証をいい、掲記の保証等のほか、金融商品取引所上場の有配会社または店頭公開の有配会社で、十分な保証能力を有する一般事業会社の保証や、民間保険会社の「住宅ローン保証保険」、公的保険である「輸出手形保険」「海外投資保険」等が

含まれます。

　なお、一般事業会社の優良保証の判断に際して、対象の保証会社が無配であっても、無配原因が一過性であり、かつ、業況や財務状況等からみて翌決算期の復配が確実と見込まれる場合は、当該会社の保証を優良保証としてさしつかえありません。

　優良保証等とは、保証履行の確実性が極めて高い保証をいいますので、正式な保証契約によるほか、保証機関等の信用状況はもとより、保証手続上の不備の有無等、厳格な要件を満たす必要があり、手続不備等により保証履行が疑問視される場合や保証履行請求の意思がない場合は、優良保証等とは認められません。保証を受けている金融機関に保証履行請求の意思がない場合も同様です。

(3)　一般保証

　一般保証とは、優良保証等以外の保証であって、十分な保証能力を有する法人または個人の保証をいいます。

　保証能力の有無は、保証会社の財務内容、債務保証の特性、自己査定や償却引当あるいは保証料等の適切性等を踏まえた十分な実態把握に基づいて検証します。

　なお、保証期間が自己査定基準日から翌決算期末日までに至らない保証であって、決算期末日における不良債権額を意図的に削減しようとするものは、保証により保全されているとはみなされません。

Q115

公的信用保証機関とは具体的にはどこを指すのですか

 　　公的信用保証機関とは、法律に基づき設立された保証業務を行うことができる機関を指し、信用保証協会、農林漁業信用基金、漁業信用基金協会、農業信用基金協会等が該当します。

解説

　主な公的信用保証機関としては、次があげられます。

［一般事業者向け］

信用保証協会（根拠法：信用保証協会法）

　保証割合　原則　80％（一部は100％）

［農林・漁業向け］

農林漁業信用基金（林業保証）（根拠法：農林漁業信用基金法）

　保証割合　原則　80％（一部は100％）

農業信用基金協会（都道府県単位で設立）（根拠法：農業信用保証保険法）

　保証割合　100％

漁業信用基金協会（都道府県単位で設立）（根拠法：中小漁業融資保証法）

　保証割合　100％

農畜産業振興機構（根拠法：農畜産業振興機構法）

　保証割合　100％

［その他］

奄美群島振興開発基金（根拠法：奄美群島振興開発特別措置法）

　保証割合　100％

Q116

保証会社の保証はどのように取り扱えばよいですか

 優良保証以外の保証会社の保証は、当該会社の保証能力が十分と認められる場合に一般保証として扱われます。金融機関の子会社の保証についても同様です。

解 説

　平成19年改訂の金融検査マニュアルでは、保証会社の一般保証についての考え方が新たに設けられました（「資産査定管理態勢の確認検査用チェックリスト」の自己査定（別表1）1.(5)②）。

　ここで対象となる保証会社とは、保証を業とする会社のうち、優良保証対象の保証機関以外のものをいいます。

　保証会社の保証が一般保証として認められるには、当該会社が十分な保証能力を有していることが必要です。

　その保証能力の有無等の検証は、当該会社の財務内容、債務保証の特性、自己査定や償却・引当あるいは保証料等の適切性などを踏まえた十分な実態把握に基づいて行います。

　保証が金融機関の子会社によるものである場合においては、たとえば、当該子会社が親金融機関等から支援等を受けているときは、経営改善計画の妥当性やその支援等を控除した状況も踏まえて判断する必要があります。この場合の「支援等」には、保証料の補給や増資、その他実質的な支援類似行為が含まれます。

なお、保証会社が被検査金融機関の子会社であって、当該会社の保証能力が十分と認められる場合には、一般保証として扱われます。

Q117

保証予約や経営指導念書は、どのような場合に正式保証とみなされますか。上場有配企業からの保証予約や念書は、どう扱われますか

　一般事業会社の保証予約および経営指導念書等で、当該保証を行っている会社の財務諸表上において債務者に対する保証予約等が債務保証および保証類似行為として注記されている場合、またはその内容が法的に保証と同等の効力を有することが明らかである場合で、当該会社の正式な内部手続を経ていることが文書その他により確認でき、当該会社が十分な保証能力を有するものについては、正式保証と同等に取り扱ってさしつかえありません。

　また、保証者が上場の有配企業であっても、社内手続を含め正式な保証契約でない場合は、これを直ちに優良保証として取り扱うことはできません。ただし、保証予約のうち、「貴行の請求あり次第、直ちに正式な保証に切り換えます」などの文言があり、かつ正式な内部手続を経ていることが文書その他により確認でき、法的に問題のないものは、実質的に「正式な保証契約」に準ずるものとして取り扱うことができると考えられます。

　「正式な保証契約」に準ずるとはいえない保証予約や経営指導念書等については、直ちにそれが一般保証とみなされるわけではありません。

解 説 ●━━━━━━━━━━━━━━━━━━━━━━━━━

　保証契約を自己査定上の保証として取り扱うためには、正式な保証であることが基本です。しかしながら、融資の実務上では正式な保証に代えて保証予約・経営指導念書等で済ますケースが少なくありません。

(1) 保証予約

　保証予約は、将来、正式な保証契約を締結すべき債務を生じさせることを約した契約であり、保証予約の形式には、「本契約（正式契約）締結義務形式」「形成権形式」および「停止条件付保証契約」の三つの形式があるとされています。また、経営指導念書等の差入れもよくみかけますが、当該念書には、実質的に保証予約に近いものから、単に道義的な責任しか負わないものまでいろいろな形式があります。

> (注)　保証予約とは金融実務でよく用いられていますが、「万一の場合には保証する」旨の念書的なものが差し入れられる取引です。大企業が自己の経理上の都合等で保証残高を計上したくないときなどに、この保証の予約が行われます。内容は千差万別で、「一定の条件（主たる債務者が、たとえば銀行取引約定書第5条第1項列挙の状態になったとき）が生じたときは債権者の請求により直ちに保証債務が生ずる」といった停止条件付保証契約的なものから、「債権者が必要と認めたときには保証する用意がある」旨の保証契約の予約的なものまであり、一律に保証予約の効力を論ずることは困難です。

(2) 保証と認められる要件

　保証予約が、正式な保証契約でないからといって、保証予約の効力をすべて否定する必要はなく、債権回収を図るため、実効性が確保されているか否かを個別に判断して対応すべきものと考えられます。

　具体的には、金融機関が要求すれば正式な保証契約が結ばれる状況にあ

り、かつ当該会社の正式な内部手続を経ていることが文書その他により確認でき、当該会社が十分な保証能力を有するものについては、正式保証と同等に取り扱ってさしつかえありません。

(3) 金融検査マニュアルでの取扱い

金融検査マニュアルにおいては、一般事業会社の保証予約等につき、それが保証等の行為主体である会社の財務諸表に保証類似行為として注記されているか、または、その内容が保証と同等の効力を有することが明らかな場合で、行為主体会社の正式な内部手続を経ていることが文書等により確認でき、かつ当該会社が十分な保証能力を有するものは、これを正式保証とみてさしつかえないと明記しています。

(4) 上場有配企業からの保証予約や経営指導念書の取扱い

保証者が上場の有配企業であっても、正式な保証契約に基づく保証でない場合は、それを直ちに優良保証として取り扱うことはできません。

ただし、上場（店頭公開も含む）の有配会社の保証予約等のうち、「貴行の請求あり次第、直ちに正式な保証に切り換えます」などの文言があり、かつ正式な内部手続を経ていることが文書その他により確認でき、法的に問題のないものは、実質的に「正式な保証契約」に準ずるものとして、これを優良保証と取り扱うことができるものと考えられます。

なお、疑問のある場合は、顧問弁護士に照会し保証の成立の可否について意見書を添付しておくことも有効と考えられます。

一方で、上場有配企業の保証予約や経営指導念書は、優良保証ではない代わりに、一般保証として取り扱うことが可能か否かについては、注意が必要です。すなわち、上場有配企業の保証予約や経営指導念書とはいえ、それだけで直ちに、その保全力が認められるものではありません。

前述のように、保証予約や経営指導念書を一般保証として取り扱うに

は、当該文書の内容や、差入れするに至った背景等を十分吟味のうえ、保証と実質的に同様の効果を生ぜしめることが可能か否かを検討する必要があります。

Q118

「経営者保証に関するガイドライン」が自己査定に与える影響を教えてください

「経営者保証に関するガイドライン」が自己査定に与える影響は軽微と考えられます。ただし、中小企業等の債務者区分の判定に際して、経営者保証を不要とした先について代表者等との一体性を加味することは、原則的に不適切と考えられます。

解 説

(1) ガイドラインの概要

平成25年12月5日に「経営者保証に関するガイドライン」（以下、「GL」）が公表され、平成26年2月1日から適用開始となりました。このGLは、日本商工会議所と全国銀行協会が事務局となり組織された「経営者保証に関するガイドライン研究会」が策定したもので、経営者保証における合理的な保証契約のあり方等を示すとともに、主たる債務の整理局面における保証債務の整理を公正かつ迅速に行うための準則であり、法的な拘束力はないものの、主たる債務者、保証人および対象債権者（金融機関）による自主的・自律的なルールとして位置づけられるものです。

GLは、保証契約締結時の対応と保証債務履行時の対応に分けて、規定を置いています。

保証契約締結時の対応としては、経営者保証に依存しない融資の一層の促進を目的に、主たる債務者には、①法人・個人の一体性の解消と体制整備、②財務基盤の強化、③財務状況の適時適切な情報開示等による経営の

透明性の確保に努めることを求め、対象債権者は、前記①から③のような経営状態が将来にわたって充足すると見込まれるときは、経営者保証を求めない可能性や、停止条件付保証契約（債務者・保証人に一定条件に該当する事由が生じたときに保証契約が発効するもの）、解除条件付保証契約（債務者・保証人に一定の事由が発生したときに保証契約が解除されるもの）、経営者保証の機能を代替する融資手法（ABL、金利の上乗せ等）の活用の可能性を検討することとされています。また、経営者保証を求めざるをえないと判断した先には、主たる債務者や保証人に対して、保証契約の必要性等を丁寧かつ具体的に説明することが求められます。契約内容には、保証債務の整理にあたっては、①保証債務履行請求額を一定基準日における保証人の資産の範囲内とし、基準日以降の収入はそれに含めないこと、②保証人が保証履行時の資産状況を説明し、その内容に相違があったときは保証債務の額が復活することを条件に、保証履行請求額を履行請求時の保証人の資産の範囲内とする、といった適切な対応を実施する旨を規定することが求められます。

　他方で、保証債務履行時の対応としては、保証人から本GLに基づく保証債務整理の申出を受け、対象債権者としてそれに一定の経済合理性が認められると判断する場合は、破産法上の自由財産（現行99万円）に加え、保証人の安定した事業継続や新事業開始等のため、一定期間の生計費や華美でない程度の自宅等を、手元に残す資産（残存資産）に含めることを検討するものとしています。

　対象債権者（金融機関）が経営者保証を求めないと判断するための要件について、GLは、前記①～③に関して、次のような点を掲げています。

(a)　法人と経営者個人の資産・経理が明確に分離されていること。

(b)　法人と経営者間の資金のやりとりが、社会通念上適切な範囲を超えないこと。

(c)　法人のみの資産・収益力で借入返済が可能と判断しうること。

(d)　法人から適時適切に財務情報等が提供されていること。

(e)　経営者等から十分な物的担保の提供があること。

　ただし、これらの要件がすべて充足されていることが求められるのではなく、これらを勘案して、個々の事案ごとに判断することとされています。

(2)　ガイドラインが自己査定に与える影響

　本GLが自己査定に与える影響は軽微なものと考えられます。

　経営者の保証は、元来が「一般保証」の扱いであり、その保証がついた貸出債権が分類対象外債権となるわけではありません。したがって、経営者保証の有無が債権分類に与える影響はありません。

　しかし中小企業等の債務者区分に際して、代表者等との一体性を加味して判定することは、本GLの趣旨に則して経営者保証を不要と判断した先については、原則的に不適切であると考えます。このような先は、前記のとおり、法人と代表者の資産や経理が分離されており、法人のみの資産や収益力で借入返済が可能と判断できるのですから、代表者の資産や収入状況を勘案して返済能力を判定する必要はないことになります。

　代表者からの借入を企業の自己資本の一部とみなす扱いについては、経営者が企業に対して借入の返済を求めないことが明らかで、そのことに合理的な理由がある場合に限って認められるでしょうが、そのようなことは経営者と企業の間の恣意的な資金のやりとりとみられる可能性が高く、実務上は無理があります。

E　有価証券

Q119

有価証券の分類方法の基本的な考え方を説明してください

　　有価証券の査定にあたっては、「金融商品に関する会計基準」等に基づき、その保有目的区分に応じ、適正な評価を行い、減損処理の要否を含め、市場性・安全性に照らして分類を行います。また、時価を把握することが極めて困難と認められる有価証券または実質価額を把握できない有価証券の安全性の判断は、原則として債権と同様の考え方により発行主体の財務状況等に基づき分類を行います。

解　説

(1)　「金融商品に関する会計基準」の考え方

　有価証券の査定は、「金融商品に関する会計基準」（1999年（平成11年）1月22日企業会計審議会、最終改正2019年（令和元年）7月4日企業会計基準委員会）に従い、その保有目的区分に応じて適正な評価額を算出することを基本として行います。なお、当該基準を実務に適用する場合の具体的な指針として日本公認会計士協会から「金融商品会計に関する実務指針」（2000年（平成12年）1月31日、最終改正2019年（令和元年）7月4日）および「金融商品会計に関するQ&A」（2000年（平成12年）9月14日、最終改正2019年（令和元年）7月4日）が出されています。以下、これらを総称して

「金融商品会計基準」とします。

　金融商品会計基準では、有価証券について、その属する保有区分、時価が把握できるかどうか、および減損が発生しているかどうかで会計処理が決められていくことになります。

a　金融商品会計基準における有価証券の保有区分およびその評価基準

　金融商品会計基準では、有価証券について、まず、保有区分の決定が求められます。これは、保有区分によって、時価で評価するもの、取得原価で評価するもの等の評価方法が決められていることによります。

　金融商品会計基準における有価証券の保有区分およびそれに応じた評価基準は、以下のとおりです。なお、時価で評価する必要のある保有区分の有価証券で、時価を把握することが極めて困難と認められるものについては、取得原価または償却原価法に基づいて算定された価額を貸借対照表価額とします。

① 売買目的有価証券

　　時価の変動により利益を得ることを目的として保有する有価証券で、時価を貸借対照表価額とする。

② 満期保有目的の債券

　　企業が満期まで保有することを目的としていると認められる社債その他の債券で、償却原価法に基づいて算定された価額を貸借対照表価額とする。

③ 子会社・関連会社株式

　　子会社・関連会社株式については取得原価を貸借対照表価額とする。なお、連結財務諸表のうえでは、子会社についてはその純資産の実質価額が反映されることになり、関連会社については持分法によって評価されることになる。

④ その他有価証券

　　①〜③のいずれにも分類できない有価証券については、時価を貸借対

照表価額とする。なお、時価を把握することが極めて困難と認められる有価証券は、債券については債権の貸借対照表価額に準じ、その他については取得価額を貸借対照表価額とする。

b 時価が著しく下落した場合等の取扱い（減損処理）

有価証券の評価基準は上述のとおり保有区分ごとに決められていますが、これ以外に減損が発生している場合には、減損処理を行う必要があります。

売買目的有価証券は時価で評価し、その評価差額を損益として認識しますので、もともと減損処理は要しません。それ以外の有価証券については、時価の有無に分け、減損処理の基準が定められています。

すなわち、時価のある有価証券で時価が著しく下落したときは、回復する見込みがあると認められる場合を除き、当該時価を貸借対照表価額とし、評価差額を当期の損失として処理します。

時価を把握することが極めて困難と認められる有価証券で株式については、当該株式の発行会社の財政状態の悪化により実質価額が著しく低下したときは、相当の減額を行い、評価差額は当期の損失として処理します。また、時価を把握することが極めて困難と認められる債券については、償却原価法を適用したうえで、債権の貸倒見積高の算定方法に準じて減損額を算定し、会計処理を行います。

(2) 有価証券の分類方法の基本的な考え方

有価証券の分類の基本的な考え方は、金融商品会計基準に基づくことになります。したがって、有価証券の保有目的、時価の有無および減損処理の要否が考え方の基本となります。具体的には以下の区分により、実施することになります。

a 時価評価の対象となっている有価証券

上述のとおり、売買目的有価証券およびその他有価証券で時価のあるも

のは、時価評価の対象となります。

　時価評価の対象となっている有価証券については、適正な時価で評価されることになりますので、その帳簿価額は非分類となります。

b　時価評価の対象となっていない有価証券

　満期保有目的の債券、子会社・関連会社株式および時価を把握することが極めて困難と認められるその他有価証券は、時価評価の対象となりません。

　これらの有価証券の分類は、減損処理の要否の判定を含め、その有価証券の価値の毀損の危険性の度合いに応じて行うことになります。基本的には、時価または実質価額に相当する額までは毀損が発生していないものとし、非分類とします。その他については、その毀損の状況によってⅡ分類からⅣ分類まで分類することになります。

c　減損処理

　有価証券の査定において、金融商品会計基準に基づき減損処理の要否の判定をすることになります。

　減損処理の必要な有価証券については、時価が把握できるかどうかにより、次のように分類を行うことになります。

①　時価評価の対象となっている有価証券

　　上述のとおり、時価評価の対象となっている有価証券は、売買目的有価証券と時価のあるその他有価証券です。このうち、減損処理の対象となるものはその他有価証券に区分されるものであり、帳簿価額と時価との差額をⅣ分類とします。

　　なお、保有目的区分と減損処理との関係ですが、売買目的有価証券については毎期時価評価し、評価損益を認識しますので、減損処理の対象にはなりません。一方、時価のあるその他有価証券については、毎期時価評価しますが、その評価差額は評価損益として認識されず、税効果会計を適用のうえ、純資産の部に計上されます。当該評価差額は翌期首に

振り戻されるため、帳簿価額の時価への付替えは行われません。その他有価証券は、毎期行う時価評価では帳簿価額が時価に付け替えられていないので、減損処理の対象となります。

② 時価評価の対象となっていない債券・株式

上述のとおり、時価評価の対象となっていない債券・株式は、満期保有目的の債券、子会社・関連会社株式および時価を把握することが極めて困難と認められるその他有価証券です。

時価を把握することが極めて困難と認められる債券について減損処理を要する場合は、償却原価法を適用したうえで、債権の予想損失額の算定方法に準じて減損額を算定し、当該減損額をⅣ分類とします。

時価を把握することが極めて困難と認められる株式については、実質価額が帳簿価額を下回っている場合には、実質価額相当額を非分類とし、帳簿価額と実質価額相当額の差額に相当する額をⅡ分類としますが、減損処理を要する場合には、帳簿価額と実質価額との差額をⅡ分類を含めてⅣ分類とします。

（補足）

金融庁は「検査マニュアル廃止後の融資に関する検査・監督の考え方と進め方」（令和元年12月18日）を公表し、同日に実施された金融検査マニュアル廃止後の検査・監督の方向性を明らかにするとともにパブリックコメントの結果を公表しました。

パブリックコメントの提出意見No.91において、「有価証券、デリバティブ取引およびその他の資産（仮払金、動産・不動産、ゴルフ会員権、その他の資産）の分類方法および評価については、どのような方法で行うのが良いのか。例えば、時価の算定に関する会計基準（時価算定基準）や金融商品会計基準などに沿って自己査定・償却・引当を行えば良いのですか。それについての「金融検査・監督の考え方と進め方」を別途検討され

ているのですか。」という問いに対して、「本文書は、融資に関する検査・監督の考え方と進め方を示したものです。なお、現時点において有価証券等に関する「考え方と進め方」を公表する予定はありません。」と回答しています。

上記のように、金融検査マニュアル廃止後の有価証券、デリバティブ取引、その他の資産の分類方法は明示されていません。

本書のQ119〜Q128では、今後の有価証券、デリバティブ取引、その他の資産の分類方法に関して必要と思われる事項を（補足）として（解説）の最後に追加しています。

2019年（令和元年）7月4日に企業会計基準委員会が「時価の算定に関する会計基準」「時価の算定に関する会計基準の適用指針」等を公表したことに伴い、「金融商品に関する会計基準」「金融商品会計に関する実務指針」「金融商品会計に関するQ&A」等が改正されました。

これらは、2021年（令和3年）4月1日以後開始する事業年度の期首から適用されますが、2020年（令和2年）3月31日以後に終了する事業年度の年度末または2020年（令和2年）4月1日以後に開始する事業年度の期首からの早期適用も認められています。

これらの改正によって、時価を把握することが極めて困難な場合の取扱いが認められないことになりました。この場合の新基準等における新しい取扱いは次頁の表のとおりです。

分類額との関係は、今後の資産査定実務の醸成を待つことになると考えられます。

時価を把握することが極めて困難な場合の新しい会計上の取扱い

	改正前の貸借対照表価額	改正後の貸借対照表価額
1　改正前に時価を把握することが極めて困難と認められる金融商品とされていたもの		
(1)　新しく「市場価格のない株式等」（注1）に該当するもの	取得原価	取得原価
(2)　(1)に該当しないもの		
①　社債その他の債券	取得原価（償却原価）から貸倒引当金を控除	時価
②　①以外の有価証券	取得原価	時価
③　デリバティブ	取得原価	時価
2　時価を貸借対照表価額としない債権、満期保有目的の債券、組合等への出資	取得原価等（注2）	取得原価等（注2）

（注1）　「市場価格のない株式等」は、市場で取引されていない株式および出資金など株式と同様に持分の請求権を生じさせるものとされています。

（注2）　たとえば、債権は取得原価から貸倒引当金を控除、満期保有目的の債券は償却原価、組合等への出資は組合財産の持分相当額などが考えられます。

（著者作成：参考資料「時価の算定に関する会計基準」等の公表（2019年（令和元年）7月4日企業会計基準委員会）の別紙2）

Q120

債券・株式・外国証券の分類方法について説明してください

債券・株式・外国証券の分類方法は、「金融商品に関する会計基準」等に基づき、それぞれの適正な時価または実質価額を把握し、保有目的区分に応じた適正な評価を行い、減損処理の要否の判定を含め、市場性・安全性に照らして分類を行います。

また、時価を把握することが極めて困難と認められる場合または実質価額の把握できない場合の安全性の判断は、原則として債権と同様の考え方により、当該有価証券の発行主体の財務状況等に基づき行います。

解 説

債券・株式・外国証券の査定は、「金融商品に関する会計基準」等（Q119参照）に基づき、適正な評価額を算出し、保有目的区分に応じて、減損処理の要否の判定を含めた適正な評価を行うことが基本となります。

金融検査マニュアルでは、以下の区分に応じて分類を行うこととしています。

(1) 時価評価の対象となっている債券・株式

Q119で述べたとおり、売買目的有価証券およびその他有価証券で時価が把握できるものは、時価評価の対象となります。

時価評価の対象となっている債券・株式については適正な時価で評価さ

れることになりますので、その帳簿価額は非分類となります。

(2) 時価評価の対象となっていない債券・株式

満期保有目的の債券、子会社・関連会社株式および時価を把握することが極めて困難と認められるその他有価証券の債券・株式は、時価評価の対象となりません。これらの債券・株式の分類は、減損処理の要否の判定を含め、基本的にはその有価証券の価値の毀損の危険性の度合いに応じて行うことになります。

a 債券の分類方法

債券については原則として、以下の区分に応じて分類を行います。

① 非分類債券

次の債券は原則として、非分類債券として帳簿価額を非分類とします。

・国債、地方債

・政府保証債（公社・公団・公庫債等）

・特殊債（政府保証債を除く公社・公団・公庫などの特殊法人、政府出資のある会社の発行する債券）

・金融債

・格付機関による直近の格付符号が「BBB（トリプルB）」相当以上の債券を発行している会社の発行する債券

② 満期保有目的の債券（上記①に該当する債券を除く）

時価が把握できる債券については、適正な時価を把握し、時価が帳簿価額を上回っている場合は帳簿価額を非分類、時価が帳簿価額を下回っている場合は時価相当額を非分類とし、帳簿価額と時価の差額を原則としてⅡ分類とします。

時価が把握できない債券については、原則として、債権と同様の方法により価値の毀損の危険性の度合いに応じて帳簿価額を分類します。

③ その他有価証券の債券（上記①に該当する債券を除く）

原則として、債権と同様の方法により価値の毀損の危険性の度合いに応じて帳簿価額を分類します。

b 株式の分類方法

株式については原則として、以下の区分に応じて分類を行います。

① 非分類株式

次の株式は原則として、非分類株式として、帳簿価額を非分類とします。

・政府出資のある会社（ただし、清算会社を除く）の発行する株式

・格付機関による直近の格付符号が「BBB（トリプルB）」相当以上の債券を発行する会社の株式

② 子会社・関連会社株式（上記①に該当する株式を除く）

子会社・関連会社株式の適正な時価または実質価額を把握し、帳簿価額との比較において、次のように分類を行います。

・時価または実質価額が帳簿価額を上回っている場合は、帳簿価額を非分類とします。

・時価または実質価額が帳簿価額を下回っている場合は、時価または実質価額相当額を非分類とし、帳簿価額と時価または実質価額相当額の差額について原則としてⅡ分類とします。ただし、この場合において、当該株式の時価の下落の状況または実質価額の低下状況等に基づき、帳簿価額と時価または実質価額相当額の差額についてⅢ分類とすることができます。

③ その他有価証券の株式（上記①に該当する株式を除く）

当該株式の適正な実質価額を把握し、帳簿価額との比較において、次のように分類を行います。

・実質価額が帳簿価額を上回っている場合は、帳簿価額を非分類とします。

・実質価額が帳簿価額を下回っている場合は、実質価額相当額を非分類とし、帳簿価額と実質価額相当額の差額について原則としてⅡ分類とします。ただし、この場合において、当該株式の実質価額の低下状況等に基づき、帳簿価額と実質価額相当額の差額についてⅢ分類とすることができます。

c 外国証券

外国証券については原則として、以下の区分に応じて分類を行います。

① 非分類外国証券

次の外国証券は非分類外国証券として、原則として帳簿価額を非分類とします。

・日本国が加盟している条約に基づく国際機関（注）、日本国と国交のある政府またはこれに準ずるもの（州政府等）および地方公共団体の発行する債券

・日本国と国交のある政府によって営業免許等を受けた金融機関の発行する株式および債券

・格付機関の格付符号が「BBB（トリプルB）」相当以上の債券を発行している会社の発行するすべての債券および同債券を発行する会社の株式

② 非分類外国証券以外の外国証券

非分類外国証券以外の外国証券は、非分類債券以外の債券および非分類株式以外の株式に準じて分類を行います。したがって、保有目的区分に応じて、適正な評価を行い、価値の毀損の危険性の度合いに応じて分類します。すなわち、減損処理の要否、時価評価の対象か否か、時価の有無、子会社・関連会社株式に該当するか否か等によって分類することになります。

(注) 日本国が加盟している条約に基づく国際機関のうち、債券発行による資金調達が予定され、かつ当該債券の日本の金融機関の保有がありうるも

のとしては、次の機関があげられます。
- ㋑ 国際復興開発銀行（世界銀行）　［IBRD］
- ㋺ 国際金融公社　　　　　　　　　［IFC］
- ㋩ 米州開発銀行　　　　　　　　　［IDB］
- ㋥ 欧州復興開発銀行　　　　　　　［EBRD］
- ㋭ アフリカ開発銀行　　　　　　　［AfDB］
- ㋬ アジア開発銀行　　　　　　　　［ADB］

(3)　減損処理

　債券・株式・外国証券の査定において、金融商品会計基準に基づき、個々の有価証券について減損処理の要否の判定をすることになります。

　減損処理が必要となるものについては、次のように分類を行うことになります。

a　時価評価の対象となっているもの

　上述のとおり、時価評価の対象となっているものは、売買目的有価証券と時価が把握できるその他有価証券です。このうち、減損処理の対象となるものはその他有価証券に区分されるものであり、減損処理の対象となる債券・株式については、帳簿価額と時価との差額をⅣ分類とします。

b　時価評価の対象となっていないもの

　上述のとおり、時価評価の対象となっていないものは、満期保有目的の債券、子会社・関連会社株式および時価を把握することが極めて困難と認められるその他有価証券です。

　時価を把握することが極めて困難と認められる債券について減損処理を要する場合は、償却原価法を適用したうえで、債権の予想損失額の算定方法に準じて減損額を算定し、当該減損額をⅣ分類とします。

　時価を把握することが極めて困難と認められる株式については、帳簿価額と当該株式の実質価額の差額を減損額とし、当該減損額をⅣ分類とします。

（補足）

　Q119の（補足）参照。

投資信託受益証券の分類方法について説明してく
ださい

　　　貸付信託の受益証券および証券投資信託等のうち預金と同様の
性格を有するものは非分類とします。また、その他の投資信託受
益証券については、債券・株式と同様に、「金融商品に関する会
計基準」等に基づき、受益証券あるいは信託財産構成物の適正な
時価または実質価額を把握し、保有目的区分に応じた適正な評価
を行い、減損処理の要否の判定を含め、市場性・安全性に照らし
て分類を行います。

解　説

⑴　預金と同様の性格を有する証券投資信託および金銭の信託

　「金融商品会計に関する実務指針」（2000年（平成12年）１月31日、最終改
正2019年（令和元年）７月４日日本公認会計士協会）において「証券投資信
託及び合同運用の金銭の信託のうち預金と同様の性格を有するものは、取
得価額をもって貸借対照表価額とする」としています。

　これらは有価証券に属しますが、預金と同様に実質的に元本の毀損のお
それがほとんどないものであれば、時価で評価しなくとも実務上弊害がな
いとの考えからです。

　金融検査マニュアルでは、この考え方を受け、これらについて帳簿価額
を非分類とするとしています。

　「金融商品会計に関するQ&A」（2000年（平成12年）９月14日、最終改正

2019年（令和元年）7月4日日本公認会計士協会）では、これらに該当するか否かは、次の点を考慮して決定すべきとしています。

① 実質的に元本の毀損のおそれがほとんどないものであること（元本割れが生じないことが保証されているか、または事実上そのような運用が行われていること）

② 短期間（おおむね3カ月以内）に運用成果が分配等されること

③ 過去の運用実績（元本に対する利回り）が預金の利率に比べて著しく高くないこと

なお、現時点においては、次のものが該当すると考えられます。

・MMF（マネー・マネジメント・ファンド）

・MRF（マネー・リザーブ・ファンド）

・利金ファンド

・フリー・ファイナンシャル・ファンド

・信託銀行が一般顧客に一律の条件で発行する貸付信託の受益証券

⑵ ⑴以外の証券投資信託受益証券

上述⑴以外の証券投資信託受益証券は、債券・株式に準じて分類を行います。したがって、保有目的区分に応じて、適正な評価を行い、価値の毀損の危険性の度合いに応じて分類します。すなわち、減損処理の要否、時価評価の対象か否か、時価が把握できるかどうか等によって分類することになります。詳細はＱ120を参照してください。

⑶ ⑴以外の金銭の信託

「金融商品会計に関する実務指針」（2000年（平成12年）1月31日、最終改正2019年（令和元年）7月4日日本公認会計士協会）では、金銭の信託について、その保有目的の判定および会計処理は信託契約の単位ごとに行うものとしています。

金銭の信託は、一般に運用を目的とするものと考えられ、運用目的以外の目的とするためには、それが客観的に判断できることが必要です。したがって、一般的に金銭の信託は売買目的有価証券に区分され、時価評価の対象となり、査定のうえでは時価評価を行い、帳簿価額を非分類とすることになります。

Q122

減損処理について説明してください

 「金融商品に関する会計基準」に有価証券の減損処理が定められています。有価証券の減損処理とは、有価証券の時価が著しく下落したときに、回復する見込みがあると認められる場合を除き、帳簿価額を時価まで下げる処理をいいます。時価のない有価証券については、実質価額で判断します。

解 説

(1) 金融商品会計基準における減損処理の考え方

有価証券の減損処理は、「金融商品に関する会計基準」等（Q119参照）に従い、保有目的が売買目的である有価証券以外の有価証券に適用され、時価が把握できるかどうかに分けて行います。減損処理が必要となる場合には原則として、時価または実質価額まで帳簿価額の付替えを行い、その差額を当期の損失として認識することになります。

なお、保有目的区分と減損処理との関係ですが、売買目的有価証券については毎期時価評価し、評価損益を認識しますので減損処理の対象にはなりません。一方、時価が把握できるその他有価証券については、毎期時価評価しますが、その評価差額は評価損益として認識されず、税効果会計を適用のうえ、純資産の部に計上されます。当該評価差額は翌期首に振り戻されるため、帳簿価額の時価への付替えは行われません。このようにその他有価証券は、毎期行う時価評価では帳簿価額が時価に付け替えられていないため、減損処理の対象になります。

a 時価が把握できる有価証券の減損処理

時価のある有価証券の時価が著しく下落したときは、回復する見込みがあると認められる場合を除き、時価で評価することになります。減損処理の要否の判断は、個別銘柄ごとに「著しく下落した」および「回復する見込みがある」に該当するかどうかによって行います。

著しい下落に該当するか否かは、必ずしも数値化できるものではありませんが、金融商品会計基準では、次のような考え方となっています。

① 下落率がおおむね30％未満の場合は、一般的には著しい下落に該当しない。

② 下落率が30％以上50％未満の場合は、個々の企業において合理的な基準を設け判断する。

③ 下落率が50％程度以上の場合は、著しい下落に該当する。

次に、時価の下落についての回復可能性の判断ですが、まず、上述の下落率が50％程度以上の場合には、合理的な反証がない限り、回復可能性はないと考えます。

さらに、株式の場合ですが、下落が一時的であり、おおむね1年内に時価が取得価額の水準まで回復することを合理的な根拠で予測可能な場合に、回復可能性があると判断します。

また、債券の場合には、下落の要因によって判断することになりますが、発行会社の格付の著しい下落、債務超過や連続赤字決算の状態等、信用リスクの増大に起因する場合には回復可能性はないものと判断します。

b 時価を把握することが極めて困難と認められる有価証券の減損処理

市場価格のない株式については、発行会社の財政状態の悪化により実質価額が著しく低下したときは減損処理を行うことになります。財政状態の悪化とは、1株当り純資産額が取得時に比べ相当程度下回っている場合をいい、実質価額の著しい低下とは、少なくとも株式の実質価額が取得価額に比べて50％以上低下した場合をいいます。また、時価を把握することが

極めて困難と認められる債券については、個別の債券ごとに、債権の貸倒見積高の算定方法に準じて減損額を算定して減損処理を行うことになります。

　なお、子会社株式および関連会社株式に関連して、日本公認会計士協会は監査委員会報告第71号「子会社株式等に対する投資評価引当金に係る監査上の取扱い」（2001年（平成13年）4月17日）を公表し、上述の簿価の付替えとなる減損処理の対象となったもの以外に、従来の会計慣行である投資損失引当金等の評価性引当金の計上について当面の取扱いとしてまとめています。そこで示されている引当金を計上するケースの概要は、以下のとおりです。

① 子会社株式等の実質価額が著しく低下していないが、ある程度低下したときに、健全性の観点から、これに対応して引当金を計上する場合
② 子会社株式等の実質価額が著しく低下したものの、回復可能性が見込めるとして減損処理を行わなかったが、健全性の観点から、将来予測の不確実性のリスクに備えて引当金を計上する場合

(2) 減損処理に係る分類方法

　減損処理の対象となる有価証券については、時価が把握できるかどうかにより、次のように分類を行うことになります。

a 時価が把握できる有価証券

　有価証券は保有目的区分により、評価方法が決められており、売買目的有価証券は時価が把握できる有価証券ですが、毎期時価評価し評価損益を認識しますので減損処理の対象にはなりません。

　したがって、それ以外の有価証券のうち時価が把握できるものについては、時価が著しく下落したときは、回復する見込みがあると認められる場合を除き、時価とその取得原価または償却原価との差額をⅣ分類とします。

b　時価を把握することが極めて困難と認められる有価証券

　時価評価の対象となっていない有価証券は、満期保有目的の債券、子会社・関連会社株式および時価のないその他有価証券です。時価を把握することが極めて困難と認められる株式については、発行主体の財政状態の悪化により実質価額が著しく低下したときは、当該実質価額とその取得原価との差額を減損額とし、当該減損額をⅣ分類とします。ただし、回復可能性が十分な証拠によって裏付けられる場合には、当該差額についてⅣ分類としないことができます。この場合には、減損処理も行わないことになります。

　また、時価を把握することが極めて困難と認められる債券について減損処理を要する場合は、償却原価法を適用したうえで、債権の予想損失額の算定方法に準じて減損額を算定し、当該減損額をⅣ分類とします。

　なお、減損処理が不要の状況であっても、当該債券の発行主体の財政状態等に基づき、債権と同様の方法により価値の毀損の危険性の度合いに応じて分類を行います。

（補足）

　Q119の（補足）参照。

　なお、上記 a 時価が把握できる有価証券の減損処理に関してですが、改正された「金融商品会計に関する実務指針」の91項において、「著しく下落した」か否かの判断に際しては、「期末前1カ月の市場価格の平均に基づいて算定された価額を用いることを妨げない。この期末前1カ月の市場価格の平均とは、原則として期末日以前1カ月の各日の終値（終値がなければ気配値）の単純平均値とする。当該方法の適用は、株式、債券等の有価証券の種類ごとに行うことができるが、毎期継続して適用することが要件となる。」とされています。

Q123

デット・エクイティ・スワップ（DES）により取得した株式はどのように分類されますか

 デット・エクイティ・スワップにより取得した株式は、時価で計上されるため、原則として、実行当初は当該株式の実質価額が帳簿価額を下回ることはないと考えられ、非分類となります。

解説

デット・エクイティ・スワップにより取得した株式の帳簿価額は、「デット・エクイティ・スワップの実行時における債権者側の会計処理に関する実務上の取扱い（実務対応報告書第6号）」（2002年（平成14年）10月9日企業会計基準委員会）（以下、「報告書」）に基づいて適正に算定する必要があります。

(1) デット・エクイティ・スワップの考え方

デット・エクイティ・スワップは、債権者側からみて債務者に対する債権を債務者の株式とする取引であり、債務者が財務的に困難な場合に、債権者側の合意を得た再建計画等の一環として行われる場合が多く、通常、債権者がその債権を債務者に現物出資することによって行われ、債権者が一定額の債権放棄を伴う場合もあります。

考え方としては、債権者がその債権を債務者に現物出資した場合、債権と債務が同一の債権者に帰属し当該債権は混同により消滅するため、債権者は当該債権の消滅を認識し、消滅した債権の帳簿価額とその対価として

の受取額との差額を当期の損益として認識します。取得した株式は、通常、債権とは異種の資産であり、新たな資産と考えられますので、その取得時の時価が対価としての受取額（譲渡金額）となります。

(2) 消滅した債権の帳簿価額

消滅した債権の帳簿価額は、取得原価または償却原価から貸倒引当金を控除した金額です。控除する貸倒引当金には、破綻懸念先等に対する個別貸倒引当金だけでなく、要管理先等に対する一般貸倒引当金のうち、当該債権に対応する部分も含まれます。また、債権者が一定額の債権放棄を行う場合には、当該債権放棄後の帳簿価額となります。

(3) 取得した株式の取得時の時価

取得時の時価は、取得した株式に市場価格があれば「市場価格に基づく価額」、市場価格がない場合には「合理的に算定された価額」となります。「合理的に算定された価額」は、債権放棄額、増資額などの金融支援額の十分性、債務者の再建計画等の実行可能性、取得する株式の条件等を考慮したうえで、類似の金融資産の市場価格を調整する方法、DCF法、理論値モデル等により算定することになります。この場合であっても、通常、デット・エクイティ・スワップは、債務者が財務的に困難な場合に支援の一手法として行われるため、債権者が取得する株式の時価は、消滅した債権の帳簿価額を上回ることはないと想定されます。すなわち、実行時点においては利益が発生するのは極めて例外的な状況に限られることに留意する必要があります。

(4) デット・エクイティ・スワップにより取得した株式の分類方法

以上のように、デット・エクイティ・スワップにより取得した株式の取得時の時価を適正に算定することによって、実行時における当該株式の実

質価額が、帳簿価額を下回るとは考えられませんので、実行時点の分類は、原則として非分類になります。

Q124

「擬似エクイティ的融資」「デット・デット・ス
ワップ（DDS)」とは何ですか。それは債務者区
分の判定にどのような効果があるのですか

 　　資本的調達手段が限られている中小・零細企業においては、事
業の基盤となる資本的性格の資金が債務の形で調達されているこ
とがありますが、このような融資を「擬似エクイティ的融資」と
いいます。また、このような状況下において、金融機関が、中
小・零細企業の要管理先債務者に対する債権を、債務者の経営改
善計画の一環として資本的劣後ローンへ転換することがあります
が、このような債務（債権）の交換を「デット・デット・スワッ
プ」といいます。

　　なお、債務者区分の判断にあたっては、一定の要件を満たすこ
とによって、当該資本的劣後ローンを債務者の資本とみなすこと
ができます。

解　説

(1)　擬似エクイティ的融資

　平成15年３月に金融庁から公表された「リレーションシップバンキング
の機能強化に関するアクションプログラム」において指摘されているよう
に、中小・零細企業の債務者区分にあたっては、日頃の債務者との密度の
高いコミュニケーションを通じて、その経営実態の適切な把握が必要であ
り、その特性に十分に留意する必要があります。中小・零細企業は、プラ

イベート・カンパニーであり情報公開は限定的で、また、株主、経営者、取引先等の関係者が限られているため、増資等の直接金融による資金調達を行うことが困難であることが多く、自己資本が大企業に比べて小さいという財務面の特性を有しています。設備資金、基本的な支払資金等についても、そのほとんどを金融機関からの借入で賄っているケースが見受けられます。このように中小・零細企業は、資金調達手段が限られており、事業の基盤となる資本的性格の資金が債務の形で調達されていることがあります。金融機関によるこのような資本的性格の融資を「擬似エクイティ的融資」といいます。

(2) デット・デット・スワップ

同アクションプログラムにおいて、中小企業金融の再生に向けた取組みとして、早期事業再生に向けた積極的な取組みが必要であり、その一つとして各金融機関に対し、事業再生にあたって、デット・エクイティ・スワップ（DES）、DIPファイナンス等の手法の積極的な活用が求められています。このような要請および(1)の中小・零細企業の融資形態の特徴を踏まえ、中小・零細企業の事業再生を円滑に行うため、債務者の経営改善計画の一環として、要管理先債務者に対する債権を資本的劣後ローンへ転換する手法が用いられることがあります。このように既存の債務（債権）を性格の異なる別の債務（債権）に転換することを「デット・デット・スワップ」といいます。

(3) 資本的劣後ローンの債務者区分における取扱い

「マニュアル別冊・中小企業融資編」では、資本的劣後ローンについて早期経営改善特例型と准資本型の2形態を取り上げています。いずれも一定の条件を満たすことにより、債務者区分の判断の検討にあたって、負債ではなく資本とみなすことができるとしています。資本的劣後ローンの引

当については、その特性を勘案し貸倒見積高を算定する必要があります
が、具体的には、公認会計士協会が公表している「資本的劣後ローン等に
対する貸倒見積高の算定及び銀行等金融機関が保有する貸出債権を資本的
劣後ローン等に転換した場合の会計処理に関する監査上の取扱い」(2004
年(平成16年)11月2日、最終改正2012年(平成24年)1月12日)に基づいて
行うことになります。

　資本的劣後ローン(早期経営改善特例型)を資本とみなすための条件は
以下のとおりです。

① 資本的劣後ローンについての契約が、金融機関と債務者との間で双方
　合意のうえ、締結されていること

② 契約内容に、原則として以下のすべての条件を付していること

　イ　資本的劣後ローンの返済(デフォルトによらない)については、資
　　本的劣後ローンへの転換時に存在する他のすべての債権および計画に
　　新たに発生することが予定されている貸出債権が完済された後に償還
　　が開始すること

　　(注)　経営改善計画が達成され、債務者の業況が良好となり、かつ、資本
　　　　的劣後ローンを資本とみなさなくても財務内容に特に問題がない場合
　　　　には、債務者のオプションにより早期償還することができる旨の条項
　　　　を設けることはさしつかえない。

　ロ　債務者にデフォルトが生じた場合、金融機関の資本的劣後ローンの
　　請求権の効力は、他のすべての債権が弁済された後に生ずること

　ハ　債務者が金融機関に対して財務状況の開示を約していること、およ
　　び金融機関が債務者のキャッシュフローに対して一定の関与ができる
　　権利を有していること

　ニ　資本的劣後ローンがその他の約定違反により、期限の利益を喪失し
　　た場合には、債務者が当該金融機関に有するすべての債務について、
　　期限の利益を喪失すること

なお、資本的劣後ローン（准資本型）の場合には、債務者区分等の判断において、上記資本的劣後ローン（早期経営改善特例型）の諸条件を満たしているか否かにかかわらず、資本とみなすことができます。資本的劣後ローン（准資本型）に該当するか否かは、貸出条件について、償還条件、金利設定、劣後性の観点から資本類似性を判断することになります。その考え方は、金融検査マニュアルの運用を示すFAQにおいて明らかにされています。

（補足）

　「検査マニュアル廃止後の融資に関する検査・監督の考え方と進め方」（令和元年12月、金融庁）と同時に公表されたパブリックコメントの結果によれば、「本文書は、金融検査マニュアルに基づいて定着した現状の引当実務を否定するものではありません。よって、資本性借入金に関しましても、その実態が資本性を有すると認められる場合には、これを自己資本とみなすことができるとの扱いについて、従前の整理が変わるものではありません。」（提出意見No.80、81、83）とされています。

Q125

自らの保証を付した私募債はどのように取り扱えばよいですか

 自らの保証を付した私募債は、自らの保証がついていない私募債と同様に適正な時価を把握し、保有目的区分に応じた適正な評価を行い、市場性・安全性に照らして分類を行います。

解 説

　自らの保証を付した私募債の査定にあたっては、債券の発行会社が破綻した場合に自らは保証が受けられないため、保証のついていない私募債と同様に時価を算出し、保有目的区分に応じて、減損処理の要否の判定を含めた適正な評価を行います（Q120参照）。

　私募債を含む債券は、市場価格がない場合であっても、将来キャッシュフローが約定されている場合には、「時価を把握することが極めて困難と認められる場合」は多くないと考えられています。私募債は、取引価格をブローカーや情報ベンダー等から入手することが困難と考えられるため、時価の算定は、利子率、残存償還期間、発行会社の信用格付等による理論価格、類似会社の比準価格などを用いることになります。

　なお、上述の時価の算定が困難な場合など、「時価の把握が極めて困難と認められる場合」には、債権と同様の方法により査定を行うことになります。すなわち、債券の発行会社の財務状況、資金繰り、収益力等により、利息の支払および償還の能力を判定して、その状況により債務者区分を行い、当該債務者区分に従い、利息の支払および償還の危険性または価

値の毀損の危険性の度合いに応じて資産分類を行うことになります。な
お、通常、私募債を引き受ける取引先には融資を実行していますので、貸
出金の査定にあわせて行うことになります。

（補足）

　Q119の（補足）参照。

Q126

ファンドについては、どのように分類されますか

 ファンドは有価証券の査定の方法に従い、適正な評価を行い、市場性・安全性に照らし、分類を行います。ファンドの査定にあたっては、その種類・内容・リスク特性等の特長を踏まえる必要があります。

解 説

　ファンドの査定は、有価証券の査定の方法に従って行う必要があります。すなわち、金融商品に関する会計基準等に従い、保有区分およびそれに応じた評価方法を適用し、分類する必要があります。また、減損会計を適用する必要の有無についても判定する必要があります（有価証券の査定については、Q119を参照してください）。

　なお、ファンドは、様々な内容の金融商品が組み込まれている場合があり、市場価格のない場合もあります。ファンドの査定にあたっては、その種類・内容・リスク特性等の特徴を踏まえて、必要に応じて購入先などから詳細な各種情報を入手し、金融機関が自らファンドの資産性や評価について検討する必要があります。

F　その他の資産

Q127

デリバティブ取引の分類方法について説明してください

 　デリバティブ取引の査定は、「金融商品に関する会計基準」等に基づき、適正な評価を行い、原則として債権と同様の方法により、価値の毀損の危険性の度合いに応じ分類を行います。

解　説

(1)　「金融商品に関する会計基準」の考え方

　デリバティブ取引の査定は、「金融商品に関する会計基準」等（Q119参照）に基づく適正な評価を行うことを基本とします。

　「金融商品に関する会計基準」等では、デリバティブ取引によって生じる債権および債務は時価評価を行い、評価差額は原則として当期の損益として処理することとしています。ただし、金利スワップについては、「金融商品に関する会計基準」等に定めるヘッジ会計において、ヘッジの要件を満たすヘッジ手段であると認められる場合には、時価評価しないことになっています。

(2)　デリバティブ取引の分類方法

　デリバティブ取引の査定は、金融商品会計基準に定めるデリバティブ取引の評価方法に従って行うことになります。具体的には、以下の区分によ

り、実施することになります。

① 時価評価が行われているもの

　適正な時価評価が行われているデリバティブ取引は、帳簿価額を非分類とします。

② 時価評価が行われていないもの

　時価評価が行われていないデリバティブ取引は、原則として、債権と同様の方法により、価値の毀損の度合いに応じて、分類することになります。

（補足）

　Q119の（補足）図表参照。

Q128

その他の資産は、どのように分類しますか

 　その他の資産（債権、有価証券以外）については、債権と異なって、資産そのものの価値、あるいは金融機関が保有すべき資産としてふさわしいかどうかが問題となりますので、特に価値の毀損の危険性の度合いが重要な検討事項となります。

解　説

　資産の査定にあたって検討すべき事項として、その他の資産にあっては、回収の危険性または価値の毀損の危険性の度合いが検討の中心となります。

　以下は、多くの金融機関でみられるその他の資産の一般的な査定基準です。

(1) 仮 払 金

　貸出金に準ずる仮払金（保証履行に基づき発生する求償債権）以外の仮払金とは、経費支出によるもの、出納現金不足によるもののほか、不動産担保競売費用（予納金など）、貸出に係る訴訟費用や担保設定費用など貸出金保全のための仮払支出、供託金・仮差押保証金の仮払い等があげられます。査定にあたっては、経費関係のものは、当年度分は非分類、過年度分は原則としてⅣ分類となり、出納現金不足に係る仮払金は当然のことながらⅣ分類となります。

　また、競売費用は原則としてⅡ分類、供託金、仮差押保証金は原則とし

て非分類となりますが、貸出金保全のための仮払支出は、当該貸出金の分類基準に準じて分類します。

(2) 出 資 金

出資金については、出資金という科目にとらわれることなく、資産性の有無、すなわち資産価値の有無を検討して査定を行うこととなります。

通常、非分類か、IV分類のいずれかの分類となります。IV分類となるものとしては、たとえば、商店街の運営組合に対する出資金など、投資としての回収を予定していないものが考えられます。

(3) 動産・不動産

動産・不動産の分類基準は、原則として営業用に供しているもの（営業用動産・不動産）は非分類、一方、営業用以外に供しているもの（所有動産・不動産）はII分類となります。なお、営業用かどうかは、現に処理している勘定科目ではなく、所有目的、実質的な用途などで判断します。したがって、職員の福利厚生の目的としているが、利用実績がほとんどないもの、現に営業目的に供されていないもの、今後、営業目的に供することが確実でないものについては、所有動産・不動産として分類する必要があります。

また、営業用動産・不動産、所有動産・不動産にかかわらず、「固定資産の減損に係る会計基準」（2002年（平成14年）8月9日企業会計審議会）の適用により減損処理を要する場合には、当該減損すべきとされた金額をIV分類とします。

(4) ゴルフ会員権

ゴルフ会員権の分類は、はじめに「金融商品会計に関する実務指針」（2000年（平成12年）1月31日、最終改正2019年（令和元年）7月4日日本公認

会計士協会）に基づき、減損処理の要否を判断し、有価証券の減損処理に係る分類に準じて行います。また、福利厚生用として保有しているものは非分類、その他のものは原則としてⅡ分類となります。

　しかしながら、経営主体の財務内容等の経営実態いかんがゴルフ場の運営を大きく左右することとなりますので、保有目的に関係なく、債権の分類基準に従って経営主体の債務者区分が要注意先および破綻懸念先とされている場合にはⅡ分類、実質破綻先および破綻先とされている場合で、ゴルフ場が利用できる状態にあればⅡ分類、不可能であればⅣ分類となります。

（補足）
　Q119の（補足）参照。

Q129

未収利息は、どのように分類しますか。破綻懸念
先、実質破綻先および破綻先に対する未収利息で
資産計上しているものは、すべて償却・引当を行
う必要がありますか

　未収利息（資産計上の未収利息）の査定は、貸出金の査定に沿
って回収の可能性の有無を判断しますが、破綻懸念先、実質破綻
先および破綻先に対する未収利息は原則として資産不計上としま
す。保全状況等による回収可能性を勘案して資産計上した未収利
息については、回収の危険性の度合いに応じて分類し、償却・引
当を行う必要があります。

解説

(1) 税務上の取扱いとの相違

　未収利息の取扱いにあたっては、従来、国税庁長官通達（昭和41年9月
5日付「金融機関の未収利息の取扱について」）によって処理してきたところ
ですが、検査マニュアルでは、破綻懸念先、実質破綻先および破綻先に対
する未収利息は、原則として資産不計上とすることとされています。この
点では、税法上の取扱いと財務管理上の取扱いが異なることとなります。

　以上のような取扱い上の相違から、破綻懸念先、実質破綻先および破綻
先に対する未収利息で資産に計上されている未収利息は、主に税法上の取
扱いに従って計上されたものといえます。したがって、原則として全額に
ついて償却・引当を行い、保全が確保されている場合には、回収の危険性

の度合いに応じて分類し、償却・引当を行う必要があります。

(2) 実務上の取扱い

いったん資産計上した未収利息の償却・引当については、日本公認会計士協会の実務指針（1997年（平成 9 年） 4 月15日、最終改正2012年（平成24年） 7 月 4 日「銀行等金融機関の資産の自己査定並びに貸倒償却及び貸倒引当金の監査に関する実務指針」）に基づき、各金融機関の償却・引当基準によって償却・引当を行うこととなります。

しかしながら、前述のように保全面、管理・回収面で元本に劣後していることや、検査マニュアルの考え方を踏まえると、原則として全額について償却・引当を行い、保全が確保されている場合には、回収の危険性の度合いに応じて分類し、償却・引当を行う必要があります。

3

償 却 ・ 引 当

Q130

償却・引当に関する検査は、どのような手順で行われますか

 償却・引当体制の整備等の状況等の検証および償却・引当基準の適切性の検証、いわゆるプロセス・チェックを十分に行ったうえで実際の償却・引当についての適切性の検証を行います。

解 説

具体的には償却・引当に関する検査の方法は、次のようになると考えられます。

① 償却・引当体制の整備等の状況等の検証

償却・引当基準の枠組みについて金融機能再生緊急措置法を含めた諸法規および金融検査マニュアルに対する準拠性、基準制定および改正の手続の妥当性、償却・引当の組織を含めた実施体制および監査部門の検証体制の妥当性、償却・引当結果の取締役会への報告手続、監査役、会計監査人の監査の状況等について検証します。

② 償却・引当基準の適切性の検証

金融機関の定めた基準が明確かつ妥当かどうか、金融機能早期健全化法の定める基準、金融検査マニュアル、会社法、企業会計原則等の関連

諸法規に準拠しているかどうかについて検証します。

③　償却・引当結果の適切性の検証

実際の償却・引当額の算定が、償却・引当基準に則って適切に行われているかを検証し、この過程で償却・引当体制の整備状況、償却・引当結果の取締役会への報告状況、監査役、会計監査人の償却・引当体制の監査の状況等の実際の状況を的確に把握します。

④　被検査金融機関、会計監査人との意見交換

検査の際に把握した問題点等について、被検査金融機関の考え方を十分に確認するとともに、必要に応じて被検査金融機関の立会いのもとで、直接、会計監査人の見解を確認するなどの意見交換を行います。

（補足）

金融庁は、「金融検査・監督の考え方と進め方（検査・監督基本方針）」（平成30年6月）を公表し、そのなかで金融検査マニュアルが果たしてきた一定の役割を認めつつもその別表を含めた廃止を明言しました。

同マニュアルの別表は自己査定及び償却・引当に関するチェックリストを定めています。いわゆる不良債権問題が金融検査・監督の主要なテーマであった時期を経過したことから、同マニュアルは役割を終えたものと考えられています。その趣旨は、金融機関が現状の実務を出発点によりよい実務に向けた創意工夫を進めやすくすることにあります。したがって、別表を含めた同マニュアルの廃止は、現時点で定着している金融機関の実務を否定するものではないことが明言されています。

金融庁は、「検査マニュアル廃止後の融資に関する検査・監督の考え方と進め方」（令和元年12月）を公表しました。

その趣旨は、いわゆるバブル崩壊時においては金融行政の最優先課題が不良債権問題への対処であり、これに対処するためには金融検査マニュアルに基づく一律の厳格な自己査定による償却・引当が有効であったもの

の、不良債権問題が一段落し、銀行融資を取り巻く環境が変化した現在においては、各金融機関の経営理念・戦略などの個性・特性に応じた検査・監督が必要であるとの認識にあります。

　具体的には、金融検査マニュアルに基づいて定着した主に過去の貸倒実績に基づいた償却・引当実務を同マニュアル廃止後においても否定しないとする一方で、足元や将来の情報に基づいたより的確な引当と早期の支援を可能とする方針を示しています。

Q131

一般貸倒引当金の引当額は、どのように算出するのですか

 　一般貸倒引当金については、正常先債権および要注意先債権について、信用格付の区分ごと（少なくとも債務者区分ごと）に算定された過去の貸倒実績率または倒産確率に基づき、将来発生が見込まれる予想損失率を求め、信用格付の区分ごと（少なくとも債務者区分ごと）の債権額に予想損失率を乗じて予想損失額を算定し、一般貸倒引当金として計上します。

　なお、要注意先債権についてはこの方法のほかにDCF法があります。

解説

(1)　算定の手順

　一般貸倒引当金の引当額は、一般的に以下の手順で算定します。

　なお、DCF法についてはQ133を参照してください。

① 　計算対象債権のグループの決定

② 　損失見込期間の決定

③ 　予想損失率の算定方法の決定

④ 　過去の貸倒実績率または倒産確率の算定

⑤ 　将来の損失発生の予測に基づく修正

⑵ 計算対象債権のグループの決定（信用リスクの実態を踏まえて）

「金融検査マニュアル」で示された自己査定および償却・引当のフレームワークは、次のとおりです。

信用格付⇨債務者区分⇨資産分類⇨償却・引当

上記フレームワークで重要な点は、資産の健全性の評定の最終的な目的である償却・引当と、金融機関が信用リスク管理を行うための手法である信用格付に結び付けられたことにあるといえます。債務者区分および資産分類が自己査定に該当しますが、償却・引当の準備作業と位置づけられ、信用格付から償却・引当までの手続の過程と考えることもできます。

金融機関にあっては、償却・引当に結び付いた信用格付の整備が必要になります。

このようなフレームワークのもとで、一般貸倒引当金の算定にあたっては、信用格付別または債務者区分別に遷移分析を用いて予想損失額を算定する方法が基本であり、各金融機関のポートフォリオの構成内容（債務者の業種別、債務者の地域別、債権の金額別、債務者の規模別、個人・法人別など）に応じて、一定のグループ別に予想損失額を算定するなど、各金融機関の債権の信用リスクの実態を踏まえて実施することが望ましいとされています。

⑶ 予想損失率

予想損失率は、経済状況の変化、融資方針の変更、ポートフォリオの構成の変化等を斟酌のうえ、過去の貸倒実績率または倒産確率に将来の予測を踏まえた必要な修正を行い、決定する必要があります。

また、経済状況が急激に悪化している場合には、貸倒実績率または倒産確率の算定採用にあたり、直近の算定期間のウェイトを高める方法、最近の期間における貸倒実績率または倒産確率の増加率を考慮し調整する方法

等により決定する必要があります。

　なお、「損失見込期間」および「過去の実績の算定」については、Q134
およびQ135を、「予想損失率」については、Q132を参照してください。

（補足）

　Q130の（補足）参照。

　「検査マニュアル廃止後の融資に関する検査・監督の考え方と進め方」
（令和元年12月）では、一般貸倒引当金の見積りにあたっての基本的考え方
を示しています。

　一般貸倒引当金の対象となる正常先および要注意先（含・要管理先）に
ついては、金融機関経営者の適切な判断により、リスク特性に応じた債権
群を別グループとしたうえで、過去実績に加えて、外部や内部の環境変化
など足元や将来の情報を集合的に引当に反映することも考えられるとし、
将来の見通しである以上、金融機関によって幅のある推計となりうるとし
ています。

Q132

予想損失率について説明してください

 一般貸倒引当金に計上する予想損失額は債権額に予想損失率を乗じて求めますが、予想損失率には貸倒実績率と倒産確率の考え方があります。

解 説

[金融検査マニュアルの考え方]

　一般貸倒引当金に係る予想損失額の算定にあたって、予想損失率の考え方には、貸倒実績率による考え方と倒産確率による考え方があります。

　それぞれの考え方は、以下の算式で表すことができます。

[基本的な考え方]

　予想損失額＝債権額×予想損失率

[貸倒実績率の考え方]

　予想損失額＝債権額×予想損失率

　　　　　＝債権額×貸倒実績率

　　　　　＝債権額×(貸倒償却等毀損額／債権残高)

[倒産確率による予想損失率の考え方]

　予想損失額＝債権額×予想損失率

　　　　　＝(債権額－回収見込額)×倒産確率

　　　　　＝債権額×(1－回収率)×倒産確率

　上記算式が示すとおり、貸倒実績率および倒産確率は予想損失率を具体

的に求めるための手法であるといえます。

また、貸倒実績率または倒産確率は過去の一定期間における貸倒償却等毀損額または倒産件数の発生割合によって求めますが、予想損失率の算定にあたっては、過去の貸倒実績率または倒産確率に将来の予測を踏まえた必要な修正を行い、決定する必要があります。

(1) 貸倒実績率と倒産確率

貸倒実績率が、母集団となる債権額から損失額がどれだけ出たかという金額ベースの考え方であるのに対し、倒産確率は母集団となる与信件数からどれだけ倒産件数が出たかという件数ベースの考え方です。

母集団の倒産割合を算出し、将来の予測を踏まえた必要な修正を行ったものが倒産確率です。それに母集団の債権額から回収見込額を除いた額、すなわち、非保全額を乗じることによって、予想損失額を求めます。回収見込額についても、個々の債権ごとに算定するのではなく、過去の回収実績、担保比率等によって算定された予想回収率を用いることもできます。

外部格付機関では各社の蓄積したデータに基づき、格付ごとの長期債の倒産確率、および回収率を発表しています。主に特定国の財政状況、経済状況、外貨繰り等に起因するリスクに対する備えである特定海外債権引当金の計上額の算定に倒産確率および回収率を用いている金融機関もあります。

(2) 正常先債権・要注意先債権の貸倒引当金の計上の留意点

ただし、正常先債権または要注意先債権の貸倒引当金の計上に倒産確率の考え方を用いる場合には、倒産件数には形式上の破綻が発生した破綻先だけではなく、実質破綻先へランクダウンした債務者の件数も含める必要があります。さらに破綻懸念先へランクダウンした債務者の件数について、たとえば、破綻懸念先となった件数に破綻懸念先の倒産確率を乗じて

算出した件数を倒産件数とする等、なんらかの形で倒産件数に反映させることが適当とされています。これは、貸倒実績率の算定にあたって、貸倒実績額に破綻先債権の償却・引当額だけでなく、実質破綻先債権、破綻懸念先債権に対する償却・引当額を含めることと同様の考え方です。

なお、検査マニュアルでは、予想損失額を貸倒引当金に計上する場合において倒産確率による方法を採用する場合、大口の損失が発生したことにより、貸倒実績率による方法により算定した予想損失額が倒産確率による方法で算出した予想損失額を上回ると見込まれる場合には、貸倒実績率による方法で計上することが望ましいとされています。

［金融検査マニュアル廃止後の考え方］

「検査マニュアル廃止後の融資に関する検査・監督の考え方と進め方」（令和元年12月）では、損失見込期間に見込まれる将来の外部環境の変化による影響を評価し、引当に反映する方法として、たとえば特定地域の賃貸不動産の空室率や賃料水準のようなミクロな指標、GDP成長率、金利、為替、失業率、住宅価格指数のようなマクロな指標の採用やそれらの組合せを提示しています。

すでに判明している足元の情報を適切に引当に反映したうえで、上記のような将来の指標の変動を予測して引当に反映することを選択肢として示しつつも、将来の情報は予測を伴うことから、合理的な根拠による裏付けを要求しています。

Q133

DCF法について説明してください

　DCF法（Discounted Cash-flow）とは、債権の経済価値を将来のキャッシュフローとの関係で把握しようとする方法であり、将来キャッシュフローを当初の約定利子率で割り引いた金額と債権の帳簿価額との差額について貸倒引当金を計上する方法です。
　当初、要管理先および破綻懸念先の与信額100億円以上の大口債務者については、DCF法の適用が望ましいとされていましたが、主要行に対しては、平成15年3月期から、大口債務者に対するDCF法の適用が要請されました。

解　説

(1)　DCF法の定義

　日本公認会計士協会の「金融商品会計に関する実務指針」（最終改正2019年（令和元年）7月4日）において、貸倒引当金の計上方法の一つとして、「債権の元本の回収及び利息の受取に係るキャッシュフローを合理的に見積もることができる債権について、債権の発生又は取得当初における将来キャッシュフローと債権の帳簿価額との差額が一定率となるような割引率を算出し、債権の元本及び利息について、元本の回収及び利息の受取が見込まれるときから当期末までの期間にわたり、債権の発生又は取得当初の割引率で割り引いた現在価値の総額と債権の帳簿価額との差額を貸倒見積高とする方法」が定められています。このように債権の経済価値を将来のキャッシュフローとの関係で把握しようとする方法がDCF法（Discounted

Cash-flow）です。

　なお、DCF法は、債権を時価で評価し直すために行われるのではなく、あくまでも債権の取得価額のうち当初の見積キャッシュフローからの減損額を算定することを目的としていることに留意する必要があります。

　具体的な適用にあたっては「銀行等金融機関において貸倒引当金の計上方法としてキャッシュ・フロー見積法（DCF法）が採用されている場合の監査上の留意事項」（2003年（平成15年）2月24日、日本公認会計士協会）を参照してください。

(2)　DCF法の特徴

　DCF法を従来の引当手法との比較でみると、以下の特徴があげられます。

a　動態的評価

　従来の引当手法は、過去の貸倒実績率や倒産確率に基づく予想損失率を用いた静態的な評価でしたが、DCF法では、債務者別の再建計画等に基づき、将来期待されるキャッシュフローを個別に見積もり、債権評価に反映させることのできる動態的な評価です。

b　現在価値への引直し

　従来の引当手法は、将来の経済価値を金利で割り引くという概念がないため、数年後の予想損失額もそのまま引当金として計上されますが、DCF法では、将来期待されるキャッシュフローを現在価値に引き直して所要引当金を算出します。

c　債権の残存期間にわたる評価

　従来の引当手法では、債権の残存期間にかかわらず固定的な見積期間（1年または3年）が採用されていますが、DCF法では、債権の残存期間を評価対象としています。

⑶ DCF法の適用手順

DCF法の適用手順の一例を示すと、以下のとおりです。

① 再建計画等に基づき、元本返済や利払い等の約定スケジュールを確認する。

② 債務者と同一の行内格付の遷移分析等により、シナリオ（将来の格付遷移予測）を設定（単一または複数）する。

③ シナリオごとに、行内格付における遷移状況の発生確率を推計する。

④ シナリオごとに、元本、利息、残債からの回収キャッシュフローを算出する。

⑤ 行内格付が下位に遷移した場合の残余財産キャッシュフローおよび担保処分額を算出する（下位に遷移するシナリオの場合）。

⑥ ④と⑤の回収キャッシュフローに割引率（発生当初の約定利子率）を用いて、シナリオごとに各年度別の現在価値を算出する。

⑦ ⑥で算出した回収キャッシュフローの現在価値を合算して、シナリオごとに債権評価額を算出する。

⑧ 債権評価額にシナリオごとの発生確率を掛ける。

⑨ ⑧で算出したシナリオごとの債権評価額を合算する。

⑩ 元本と⑨で算出した債権評価額との差額が貸倒引当金となる。

⑷ DCF法適用の留意事項

DCF法は、債務者の実態に即した債権評価を可能とする優れた評価方法ですが、再建計画等に基づいて将来キャッシュフローを見積もるため、不確実性が伴うという問題があります。したがって、DCF法適用にあたっては、合理的かつ客観的な証拠に裏付けられたものでなければならず、特に以下の点に留意する必要があります。

a 再建計画の実現可能性の検証

再建計画が合理的で十分に達成可能であり、その後もおおむね計画どお

り進捗していることが必要です。

なお、再建計画等が策定されていない場合であっても、金融支援計画や貸出条件変更契約等によりキャッシュフローを合理的に見積もることができる場合には、必要な調整を行ったうえでDCF法を適用することができます。

b 将来キャッシュフローの見積り

将来のキャッシュフローの見積りは、合理的で十分に達成が可能な前提、仮定およびシナリオに基づいた最善の予測であることが必要です。言い換えれば、キャッシュフローを合理的に見積もることができる債権にのみ、DCF法の適用が可能となります。

また、将来キャッシュフローの見積り、前提、仮定およびシナリオは、決算のつど見直すことが必要です。

c 不確実性の反映

合理的なキャッシュフローの見積可能期間は5年をメドとし、おおむね5年を超える将来キャッシュフローの見積りについては、合理的かつ客観的な反証がない限り、必要な調整を行い、将来の不確実性を反映させることが必要です。必要な調整とは、将来キャッシュフローの減額、将来キャッシュフローの見積期間の短縮、複数シナリオの設定、各シナリオの発生確率やシナリオの内容自体について不確実性の度合いを反映させることなどをいいます。ただし、破綻懸念先債権については、再建計画等に基づいて将来キャッシュフローを合理的に見積もることが可能な場合は見積可能期間は5年、それ以外の場合は3年が目安となります。

d 貸倒引当金の金額水準の検証

貸倒引当金は、決算日現在の債権に内包されている貸倒損失額を十分カバーするだけの水準でなければなりません。したがって、DCF法を適用して貸倒引当金が計上されている場合には、当該貸倒引当金を過去の貸倒実績率または倒産確率に基づき今後の一定期間における予想損失額を見込

む方法によって算出した金額と比較して合理的であることを確認する必要
があります。

(5) 要管理先に対するDCF法による貸倒引当金の取扱い

DCF法の採用により、要管理先債権については、過去の貸倒実績率等
に基づく包括的引当と、DCF法による個別的引当が併存することになり
ますが、信用リスクが同程度の要管理先債権に対する引当において、その
手法によって異なる引当区分となることは適当ではないことから、要管理
先債権に対する引当金は、DCF法による引当金を含め、一般貸倒引当金
として計上することになります。

(6) DCF法による引当額の税法上の取扱い

税法上、貸倒引当金は、個別評価対象債権に係る貸倒引当金と一括評価
対象債権に係る貸倒引当金があり、それぞれ算定方法を定め、損金算入限
度額を設けています。

a 税法上の扱い

税法上の貸倒引当金と会計上の貸倒引当金は、個別と一括に対象債権を
分けて算定する考え方および算定方法の考え方で類似したところはあるも
のの、たとえば、個別貸倒引当金を算定する対象債権の範囲の考え方、一
般貸倒引当金の実績率の算定方法等で大きく異なります。特に税法上は、
DCF法の考え方は取り入れられていませんので、会計上の独自の引当方
法といえます。

b 会計上の扱い

会計上の貸倒引当金は、一般貸倒引当金と個別貸倒引当金とからなり、
それぞれ資産査定・償却引当基準に基づき算定されます。

DCF法による引当額をはじめ、会計上の貸倒引当金繰入額は、直ちに
税法上の損金に算入されるものではありません。税法上の損金として扱わ

れる貸倒引当金繰入額は、税法の規定に従って算定された額が限度額となり、会計上の貸倒引当金がその限度額以内であれば、全額損金算入され、限度額を超過している場合には、限度額までが損金算入され、超過部分は限度超過額として損金算入されず、いわゆる有税間接償却の扱いとなります。

（補足）

　Q135およびQ142の［金融検査マニュアル廃止後の考え方］参照。

Q134

正常先に対する一般貸倒引当金は、どのように算出しますか

 正常先に対する債権に係る一般貸倒引当金は、正常先に対する債権の額に予想損失率を乗じて算出します。債権の平均残存期間に対応する今後の一定期間における予想損失額を見積もることが基本ですが、今後１年間の予想損失額を見積もっていれば妥当なものと認められます。

解 説

[金融検査マニュアルの考え方]

(1) 正常先に対する予想損失額の算定

正常先に対する債権に係る予想損失額は、正常先に対する債権額に正常先債権に対する予想損失率を乗じて算出されます。

予想損失率は、少なくとも過去３算定期間の貸倒実績率または倒産確率の平均値に基づき、過去の損失率の実績を求め、これに将来発生する損失見込みに係る必要な修正を行い算定します。

算定期間とは損失見込期間のことで、今後１年間の予想損失額を見込むということであれば、算定期間は１年ということになります。

検査マニュアルでは、予想損失率の算定に用いる過去の損失率について、過去の貸倒れ等における特殊な事情の影響を小さくするため、少なくとも３算定期間における各算定期間の貸倒実績率または倒産確率の平均値を用いることを示しています。

また、正常先に対する債権に対しては、債権の平均残存期間に対応する今後の一定期間における予想損失額を見積もることが基本ですが、今後1年間の予想損失額を見積もっていれば妥当なものと認められます。

(2)　正常先の一般貸倒引当金の予想損失額

　一般貸倒引当金における予想損失額は、対象債権グループの平均残存期間における予想損失額を算定することが原則です。貸倒引当金は債権に内在する種々の要素に起因して将来発生が見込まれる貸倒損失に備えるものであり、信用リスクが高くなるほど将来の貸倒損失の発生が高くなるため、予想損失額もより厳密に算出する必要があります。

　正常先に対する債権は、基本的には将来の回収の危険性がないと判断された債権ですが、貸倒損失の発生がまったくないということではなく、貸倒損失の発生の蓋然性が極めて小さいものであると考えられます。

　正常先に対する債権の予想損失額の見込期間を「今後1年間の予想損失額を見積もっていれば妥当なものと認められる」と示しているのは、貸倒損失の発生の蓋然性が極めて小さいため、損失見込期間は最小会計期間である1年間をみておけば、債権の回収可能性の評価として認められるということです。

［金融検査マニュアル廃止後の考え方］

　一般貸倒引当金の対象となっている正常先および要管理先を含む要注意先について、統計的に信用リスクを分析することで、融資ポートフォリオ全体として将来の損失に関する見積りの精度が高まると考えており、金融機関の経営陣の適切な判断によって特異なリスク特性を有する債権群を別グループとしたうえで、過去実績に加えて外部および内部の経営環境の変化などの足元および将来に関する情報を集合的な引当に反映する方法を提示しています。

また過去の情報に関しては、損失見込期間に係る1—3年ルール（Q136参照）が実務上定着していることから、これを否定しない立場を明確にしています。そのうえで、特定の与信先グループについて平均残存期間を採用することを認めています。

Q135

要注意先に対する一般貸倒引当金は、どのように算出しますか

 　要注意先に対する債権に係る一般貸倒引当金は、債権の平均残存期間に対応する今後の一定期間における予想損失額を見積もることが基本です。ただし、要注意先に対する債権を信用リスクの程度に応じ区分し、区分ごとに合理的な今後の一定期間における予想損失額を見積もっていれば妥当なものと認められます。たとえば、要管理先に対する債権について平均残存期間または今後３年間、それ以外の先に対する債権については、今後１年間の予想損失額を見積もる等です。なお、この方法のほかにDCF法があります。

解説

[金融検査マニュアルの考え方]

(1) 予想損失額の算定

　要注意先に対する債権に係る予想損失額は、要注意先に対する債権額に要注意先債権に対する予想損失率を乗じて算出されます。

　予想損失率は、少なくとも過去３算定期間の貸倒実績率または倒産確率の平均値に基づき、過去の損失率の実績を求め、これに将来発生する損失見込みに係る必要な修正を行い算定します。

　算定期間とは、損失見込期間のことで、今後３年間の予想損失額を見込むということであれば、算定期間は３年ということになります。

金融検査マニュアルでは、予想損失率の算定に用いる過去の損失率について、過去の貸倒等における特殊な事情の影響を小さくするため、少なくとも3算定期間における各算定期間の貸倒実績率または倒産確率の平均値を用いることを示しています。

　また、要注意先に対する債権に対しては、債権の平均残存期間に対応する今後の一定期間における予想損失額を貸倒引当金として計上することが基本です。

(2)　損失見込期間（算定期間）の考え方

　要注意先に対する債権を信用リスクの程度に応じた信用格付で区分している場合は、信用格付ごとに合理的と認められる一定期間の予想損失額を貸倒引当金として計上することができます。

　一般貸倒引当金における予想損失額は、対象債権グループの平均残存期間における予想損失額を算定することが原則です。

　貸倒引当金は、債権に内在する様々な要素に起因して将来発生が見込まれる貸倒損失に備えるものであり、信用リスクが高くなるほど将来の貸倒損失の発生が高くなるため、予想損失額もより厳密に算出する必要があります。

　要注意先に属する債務者の信用リスクの状況は、正常先に近い先から破綻懸念先に近い先までかなり幅の広いものといえます。要注意先は信用リスクの程度の幅が広いので、信用格付を採用する等、信用リスクの程度に応じて細分化して管理することが望まれます。

　信用リスクの程度の重いグループについては、予想損失額について厳密に算定する必要があり、原則どおり、平均残存期間を予想損失額の算定期間とするべきでしょう。延滞が発生している債権については、平均残存期間の算定にあたって実態を表したものとなることが必要です。

　一方、信用リスクの程度の軽い要注意先については、正常先とまではい

かなくとも将来貸倒損失の発生する蓋然性は低いものといえます。この場合には、より簡便な予想損失額の算定が認められると考えられます。正常先の予想損失額の算定と同様な方法を適用することも考えられるでしょう。

たとえば、要注意先に対する債権については、当該債務者の債権の全部または一部が要管理債権である債務者とそれ以外の債務者に細分化し、前者に対する債権については平均残存期間または今後3年間の予想損失額を見積もり、後者に対する債権については平均残存期間または今後1年間の予想損失額を見積もっている場合は、妥当なものと認められます。

(3) DCF法の適用

なお、要管理先の大口債務者についてはDCF法を適用することが望ましいとされています。DCF法については、Q133を参照してください。

[金融検査マニュアル廃止後の考え方]

Q134参照。

要管理債権を有する債務者のうち大口与信先等、集合的評価では捉えられない当該与信先の固有の事情が金融機関の経営に大きな影響を与えうるような場合には、DCF法により個別に引当を見積もることにより、見積りの精度が高まるものと考えられています。

Q136

平均残存期間を合理的に算出できない場合にはどうすればよいですか

 正常先については、今後１年間、要注意先については、今後３年間、要注意先を要管理先とそれ以外の先とに区分している場合は、要管理先については、今後３年間、それ以外の先については、今後１年間の予想損失額を算定し、貸倒引当金に計上することになります。

解 説

(1) 金融検査マニュアルにおける取扱い

正常先に対する債権および要注意先に対する債権については、当該債権の平均残存期間に係る予想損失額を貸倒引当金として計上することが原則となります。したがって、金融機関においては、信用格付の区分等、予想損失額を算定する債権の区分ごとに債権の平均残存期間の算定が可能であることが必要です。

平均残存期間の算定にはシステム対応が必要ですが、システム対応が十分でない等、平均残存期間が合理的に算出できない場合は、正常先に対する債権については今後１年間、要注意先に対する債権については今後３年間の予想損失額を算定することが必要となります。

なお、要注意先に対する債権について要管理先に対する債権とそれ以外の先に対する債権とに区分している場合には、要管理先に対する債権について今後３年間、それ以外の先に対する債権について今後１年間の予想損

失額を見積もっている場合には、妥当なものとして認められます。

(2) 日本公認会計士協会における検討結果

　金融再生プログラム（2002年（平成14年）10月30日）において、「主要行において、暫定的に定められている１年基準及び３年基準について、米国等の扱い等を踏まえ検討を行う」とされたことを受け、日本公認会計士協会（DCF等検討プロジェクトチーム）では、金融庁からの要請に基づき検討を行い、2003年（平成15年）２月24日にその検討結果を公表しました。

　それによると、

　「正常先債権については、今後１年以内に生じる損失見込額をもって貸倒引当金計上額とすることも、実務上問題は少ないと考えられる。

　要管理先債権に対して３年基準を廃止することの適否については、時間をかけ慎重に検討する必要があると考えられるが、銀行等金融機関においては、実態の貸出期間による貸出金等の平均残存期間の基礎データを十分に蓄積し、それに基づき日本の融資慣行の実態に合った平均残存期間を算定できる組織とシステムを早急に構築することが強く望まれる。その様な体制が構築されるまでの間は、３年基準の当面の取扱いを継続することは一定の合理性があるものと考えられる」

として、現行の引当金算定期間（正常先債権およびその他の要注意先債権：１年／要管理先債権：３年）について、当面、監査上妥当なものとして取り扱うこととされました。

［金融検査マニュアル廃止後の考え方］

　考え方の脚注４において「過去の情報に関しては、損失見込期間に関するいわゆる１―３年ルールが実務上定着しており、当局が当該実務を否定するものではない」としています。

Q137

一部の金融機関では、経済状況の変化等を踏まえ引当方法を工夫する動きがみられますが、どのような工夫の仕方がありますか

　金融検査マニュアルでは、経済状況が急激に悪化している場合の調整方法として、①直近の算定期間のウェイトを高める方法、②最近の期間における貸倒実績率または倒産確率の増加率を考慮し予想損失率を調整するなどの方法が示されています。このほか、③ポートフォリオの構成内容（債務者の業種別、地域別、規模別、個人・法人別、債権の金額別、保全状況別、商品の特性別など）に応じて、一定のグループ別に予想損失額を算定する方法、④算定期間（最低３算定期間）を長くする方法、⑤一定金額以上の要管理先債権にDCF法を採用する方法などがあります。

解　説

(1)　当局の課題認識

　最近のデフォルト率の推移をみると、中小企業金融円滑化法施行前年の平成20年（2008年）頃をピークに低下傾向にあります。

　これは、中小企業金融円滑化法により政策的に倒産が抑制されたことが大きく影響していると考えられ、このようなデフォルト率を機械的に適用するだけでは潜在的な信用コストに対応できないことになります。とりわけ、円安が地方の中小企業者のコストアップ要因になっていることに加え、今後予想される米国の金利引上げに伴い、国内外の市場のボラティリ

ティが高まり、わが国の実体経済に悪影響を及ぼす懸念もあることから、金融庁では潜在的な信用コストを適切に貸倒引当金に反映させる工夫が必要ではないかと考えています。

日銀でも、「足もとの信用コスト、引当率や、資本配賦等に活用される信用リスク量は、長期時系列的にみてかなり低い水準となっている。(中略)過去の実績に反映されていない先行きの変化要因を適切に織り込んでいくことが望ましい。とくに、今後、金融機関が産業力強化や地方創生に取り組んでいく過程では、新たな成長分野における事業リスクの顕在化、事業の再生・再構築に伴う金融支援、産業の新陳代謝などに伴って、金融機関の直面する信用リスクやコストが従来とは構造的に変化していく可能性にも留意が必要である」(金融システムレポート2015年4月号)と指摘しています。

(2) 足元の状況や将来の予測を引当に反映する方法

金融検査マニュアルでは、予想損失額の算定にあたっては、少なくとも過去3算定期間の貸倒実績率または倒産確率の平均値に基づき、過去の損失率の実績を算出し、これに将来の損失発生見込みに係る必要な修正を行い、予想損失率を求めることとされています。

また、経済状況が急激に悪化している場合の調整方法として、①直近の算定期間のウェイトを高める方法、②最近の期間における貸倒実績率または倒産確率の増加率を考慮し予想損失率を調整するなどの方法が示されています。このほか、③ポートフォリオの構成内容(債務者の業種別、地域別、規模別、個人・法人別、債権の金額別、保全状況別、商品の特性別など)に応じて、一定のグループ別に予想損失額を算定する方法、④算定期間(最低3算定期間)を長くする方法、⑤一定金額以上の要管理先債権にDCF法を採用する方法などがあります。

そのため、まずは将来の信用コストアップに備えた今後の対応とし、以

下のような検討が必要です。

① 足元の引当率・信用リスク量の分析と、地域経済状況の変化を踏まえた貸倒実績率の今後の推移の見極め

② 引当率の調整方法の検討（監査法人との協議）

③ いつ、またはどのような状況になったときに引当率を調整するのか（監査法人との協議）

(3) 金融機関における引当方法の工夫状況

日銀の調査によると、平成27年（2015年）度決算までに、地域銀行の96.2%、信用金庫で80.9%の先が、なんらかの形で引当方法を見直しています（次表参照）。

［金融検査マニュアル廃止後の考え方］

金融検査マニュアル廃止後において、主に以下のような事例が考えられるとしています。

○集合的に見積もることが適切な債権に関するグルーピングの例

・債務者区分のなかでのグルーピング（業種、地域、資金使途、貸出商品、メイン先、非メイン先、与信額、内部格付等）

・債務者区分を横断するグルーピング（景気変動等の影響を受けて債務者区分が変動しやすい貸出先を切り出して別グループで評価）

○個社に帰属しない足元や将来の情報の引当への反映の例

・新たにミドルリスク先融資を推進する方針とした場合などにおいては、該当する貸出先を切り出してグルーピング

・新たに地元から離れた地域での融資を推進する方針を採用した場合に、該当する貸出先を切り出してグルーピング

・新たに再生支援態勢を強化して、要注意先のうち一定のグループの貸出先を支援対象とした場合に、他の貸出先よりも経営改善が進みやす

くなった場合には、該当する貸出先を切り出してグルーピング

・特定地域の不動産賃貸業に注力する場合において、その業種が景気変動の影響を受けやすい場合には、該当業種の貸出先を切り出してグルーピングしたうえで、過去の貸倒実績率をベースに、足元や将来の外部環境の変化による影響を見込んで引当率を調整

・経営改善支援先に対しては条件変更も含めて長期的な関係を維持する方針の金融機関が地元の重要な産業である漁業者を継続的に支援しているケースにおいて、足元の兆候や過去の統計等から貸出の損失見込期間内に不漁が合理的に見込まれる場合には、当該セグメントを切り出してグルーピングし、不漁による損益の影響を見込んで引当率を算出

・特定地域で大規模災害が発生した場合に、その影響が見込まれる地域の貸出先をグルーピングして、過去の災害発生時の貸倒実績情報を収集し、追加的な引当計上、および過去の災害時の貸倒実績率で通常の貸倒実績率に代替

・新製品の普及による既存製品の製造業者の受注減少が見込まれる場合、その影響を被る貸出先をグルーピングして影響の度合いに応じて引当に反映

見直しの内容
〔地域銀行〕

(先、%)

	正常先		その他要注意先		要管理先		破綻懸念先	
	先数	構成比	先数	構成比	先数	構成比	先数	構成比
算定期間数の拡大	20	52.6	20	38.5	21	38.9	20	26.7
1算定期間の長期化	0	0.0	5	9.6	1	1.9	0	0.0
過去の引当率との比較	5	13.2	5	9.6	6	11.1	14	18.7
引当率の下限設定	2	5.3	2	3.8	4	7.4	18	24.0
リスクに応じた区分の細分化	5	13.2	19	36.5	0	0.0	1	1.3
DCF法の導入	0	0.0	4	7.7	12	22.2	11	14.7
DCF法の対象先拡充	0	0.0	5	9.6	17	31.5	19	25.3
CF控除法の導入	0	0.0	0	0.0	0	0.0	9	12.0
CF控除法の対象先拡充	0	0.0	0	0.0	0	0.0	8	10.7
その他	14	36.8	17	32.7	14	25.9	11	14.7
見直しを実施した先計(注)	38	100.0	52	100.0	54	100.0	75	100.0

(資料) 1. 日本銀行金融システムレポート別冊「地域金融機関における貸倒引当金算定方法の見直し状況(2017年4月)」(以下、同じ)
　　　　2. 2010年度以降に見直しを実施した86行ベース

〔信用金庫〕

(先、%)

	正常先		その他要注意先		要管理先		破綻懸念先	
	先数	構成比	先数	構成比	先数	構成比	先数	構成比
算定期間数の拡大	25	67.6	24	47.1	29	50.0	22	18.0
1算定期間の長期化	1	2.7	2	3.9	2	3.4	3	2.5
過去の引当率との比較	4	10.8	5	9.8	7	12.1	13	10.7
引当率の下限設定	8	21.6	8	15.7	11	19.0	31	25.4
リスクに応じた区分の細分化	0	0.0	4	7.8	0	0.0	5	4.1
DCF法の導入	0	0.0	3	5.9	6	10.3	12	9.8
DCF法の対象先拡充	0	0.0	0	0.0	0	0.0	2	1.6
CF控除法の導入	0	0.0	0	0.0	1	1.7	28	23.0
CF控除法の対象先拡充	0	0.0	1	2.0	0	0.0	9	7.4
その他	4	10.8	11	21.6	10	17.2	28	23.0
見直しを実施した先計(注)	37	100.0	51	100.0	58	100.0	122	100.0

(注) 2010年度以降に見直しを実施した144庫ベース。複数回答であるため、内訳とは一致しない。

引当方法見直しの合理性・客観性を確保するための工夫事例

主な課題	主な対策	恣意性を排除し、合理性・客観性を確保するための工夫事例
現行の算定期間等ではクレジットサイクルを捕捉できない	算定期間数の拡大	自身が保有する貸出金の平均残存期間を参照し算定期間数を拡大。
		景気基準日付から算出した最長の、あるいは平均的な景気循環年数を参照し算定期間数を拡大。
	1算定期間の長期化	金融円滑化法施行前の貸倒実績率と、1算定期間の年数を長期化した際の足もとの貸倒実績率とを比較し、おおむね同等の貸倒実績率水準となる1算定期間の年数を検証し設定。
	過去の引当率等と比較し、高い値を採用	過去全期間の貸倒実績率の平均値と直近3算定期間の貸倒実績率を比較し、いずれか高い値を採用。
		貸倒実績率に基づく引当率と倒産確率に基づく引当率を比較し、いずれか高い値を採用。
事業計画や経営改善計画等の進捗度合い対比、債務者区分のランクダウンリスクが高まっている ―あるいは― 融資方針等の変更に伴い、過去の実績には反映されないリスクやコストの発生可能性を勘案する必要がある	リスクに応じた引当の区分の細分化	「実現可能性の高い抜本的な経営再建計画」等によりその他要注意先としている債務者で、かつ債務超過先では、要管理先と同程度のデフォルト率となっていることを検証し、要管理先の貸倒実績率を適用。
		その他要注意先のうち、経営改善計画が策定されている債務者と、それ以外の債務者では、デフォルト率に明確な格差があることを検証し、別区分化。
		その他要注意先のうち創業支援先を別区分化。
		新たに取扱いを開始した融資商品は、既存の貸出と比べてデフォルト率が高いため、別区分化。
		地域別（地元、それ以外等）のデフォルト率に明確な格差があることを踏まえ、地域別に区分。
		業種特性を勘案し、不動産賃貸業等を別区分化。
	DCF法、CF控除法の適用	金額基準と債務者基準（同一債務者区分に一定期間滞留等）双方を満たす先にDCF法を適用。
		与信額や債務償還年数が一定の基準に抵触する債務者のうち、特定業種についてCF控除法を適用。
		自身で規定するグループ別与信限度額や大口与信先管理基準の金額基準とDCF法の適用基準とを統一。
		いったんDCF法を適用した先は、正常先に区分変更するまでDCF法の適用を継続。

Q138

「十分な資本的性質が認められる借入金」に対する貸倒引当金は、どのように引き当てるのですか

「十分な資本的性質が認められる借入金」に対する貸倒引当金は、回収可能性に基づき貸倒見積高を算定し計上する必要があります。具体的には、日本公認会計士協会から公表された「資本的劣後ローン等に対する貸倒見積高の算定及び銀行等金融機関が保有する貸出債権を資本的劣後ローン等に転換した場合の会計処理に関する監査上の取扱い」に基づいて行うことになります。

解説

金融検査マニュアルに掲げられている「十分な資本的性質が認められる借入金」（以下、「資本的劣後ローン等」）とは、貸出条件の面において資本類似性をもつ借入金で、新規融資の場合だけでなく、既存の借入金を転換した場合であっても、資本に準じた借入金として、資産査定における債務者区分の検討にあたって、負債ではなく資本とみなすことができます。

貸出条件は、基本的には、償還条件、金利設定、劣後性といった観点から資本類似性を判断することになります。

金融機関が資本的劣後ローン等について貸倒引当金を計上する場合には、公認会計士協会が公表している「資本的劣後ローン等に対する貸倒見積高の算定及び銀行等金融機関が保有する貸出債権を資本的劣後ローン等に転換した場合の会計処理に関する監査上の取扱い」（2004年（平成16年）11月2日、最終改正2012年（平成24年）1月12日）（以下、「実務指針」）に基づ

いて行うことになります。

　実務指針では、以下のような区分により貸倒見積高の算定方法を示しています。どのような方法で行うかは、個々の金融機関において合理的な判断基準を設け判断することになりますが、当該基準は文書化し、継続的に適用することが求められます。なお、具体的な算定にあたっては、実務指針を参照してください。

(1)　**法的破綻時の劣後性**（以下、「劣後性」）**を有する場合**

①　発生が見込まれる損失見積額により貸倒見積高を算定する方法（原則法）

　　イ　倒産確率および劣後性を考慮した倒産時損失率に基づく予想損失率により算定する方法

　　ロ　元本の回収および利息の受取りに係るキャッシュフローを劣後性を考慮して合理的に見積もり、DCF法により算定する方法

　　（簡便法…予想損失率を、劣後性を勘案して合理的に見積もることができない場合等、原則法によることが実質的に困難な場合）

　　ハ　当該債務者に対する金銭債権全体について、優先・劣後の関係を考慮せずに算定された倒産確率および倒産時損失率に基づく予想損失率を用いて算定する方法

　　ニ　当該債務者に対する金銭債権全体について、優先・劣後の関係を考慮せずに算定された予想損失率を用いて算定する方法

②　時価を把握することが極めて困難と認められる株式または種類株式の評価に準じて貸倒見積高を算定する方法

(2)　**劣後性を有しない場合**

　資本的劣後ローン等を資本とみなし、適正な自己査定手続により決定された債務者区分等に応じて、予想損失額を算定する。なお、貸倒見積高の

算定にあたって、法的破綻時の回収は劣後しない点を考慮する必要がある。

(3) 資本的劣後ローン等以外の債権の場合

原則として、適正な自己査定手続により決定された債務者区分等に応じて、予想損失額を算定する。

(4) 資本的劣後ローン等を有しない金融機関の保有する債権の場合

経営改善計画等その他の条件を踏まえ、資本的劣後ローン等が与える影響を適切に考慮して適正な自己査定手続により決定された債務者区分等に応じて、予想損失額を算定する。

（補足）

Q124の（補足）参照。

Q139

債務者の既存の借入金を「十分な資本的性質が認められる借入金」に転換する場合における税務上の取扱いについて説明してください

A 「十分な資本的性質が認められる借入金」への転換が更生計画認可の決定等に準ずる事由に該当する場合には、更生計画認可の決定等と同様の計算により算定された貸倒引当金の繰入限度額について、税務上、損金の額に算入することができます。

解 説

　債務者の既存の借入金を「十分な資本的性質が認められる借入金」に転換した場合の、債権者である金融機関における税務上の貸倒引当金の適用の取扱いが明らかにされています。

　関連法令は以下のとおりです。

・法人税法52条（貸倒引当金）

・法人税法施行令96条１項１号ニ（貸倒引当金勘定への繰入限度額）

・法人税法施行規則25条の２（更生計画認可の決定等に準ずる理由）

(1)　貸倒引当金繰入額の損金算入が認められる事由

　債権者たる金融機関において、更生計画の認可の決定等法令の規定による整理手続によらない関係者の協議決定の場合にも、一定の事由に該当する場合は、対象となる貸出金について、貸倒引当金繰入額の損金算入が認められます。

次の場合は、一定の事由に該当します。

① 「債権者集会の協議決定」で合理的な基準により、債務者の負債整理を定めているもの

② 「行政機関、金融機関その他第三者のあっせんによる当事者間の協議により締結された契約」で、その内容が①に準ずるもの

　合理的な基準とは、基本的には、すべての債権者についておおむね同一の条件で負債整理の内容が定められていることをいいます。たとえば、利害が対立する複数の債権者の合意により負債整理の内容が定められている場合は、一般的に「合理的な基準」として取り扱われます。また、少額債権について、他の債権より有利な定めをする場合も「合理的な基準」の範疇に含まれると考えられます。

　具体的には、以下のケースが考えられます。

・実質債務超過の状態にある債務者に係る「債権者集会の協議決定」または「行政機関、金融機関その他第三者のあっせんによる当事者間の協議により締結された契約」において、負債整理が合理的な基準に基づいて行われ、債権者が債務免除とともに弁済期限の延長を行ったもの

・実質債務超過の状態にある債務者に係る「債権者集会の協議決定」または「行政機関、金融機関その他第三者のあっせんによる当事者間の協議により締結された契約」において、負債整理が合理的な基準に基づいて行われ、他に債務免除を行った大口の債権者が存在する一方で、少額債権者が債務免除を行わずに弁済期限の延長のみを行ったもの

・特定調停において、大部分の債権者が特定調停手続に参加し、負債整理が合理的な基準に基づいて行われ、いずれの債権者も債務免除は行わないものの、一定の金融支援を行う一方で、弁済期限の延長を行ったもの

　なお、これらの事由に該当しない場合には、法人税法の規定に基づき個別に判断することになります。

⑵ 損金算入限度額の計算

損金算入限度額は、上記の事由で、弁済期限の延長が行われた「資本性借入金」の額のうち、当該事由の生じた日の属する事業年度終了の日の翌日から5年を経過する日までに弁済されることとなっている金額以外の金額となります。すなわち、6年目以降に弁済される金額については、当該事業年度の所得の計算上、貸倒引当金勘定への繰入れにより、損金の額に算入することができます。なお、担保権の実行その他による取立てまたは弁済の見込みがあると認められる部分の金額を除きます。

Q140

プロジェクトファイナンスの債権に対する貸倒引当金は、どのように引き当てるのですか

 プロジェクトファイナンスの債権については、当該債権の回収の危険性の度合いに応じて、予想損失額を合理的に見積もり、貸倒引当金に計上します。

解 説

　プロジェクトファイナンスとは、ノンリコース・ローンのように、特定のプロジェクト（事業）に対するファイナンスであって、そのファイナンスの利払いおよび返済の原資を原則として当該プロジェクトから生み出されるキャッシュフロー（収益）に限定し、そのファイナンスの担保を当該プロジェクトの資産に依存して行う金融手法です（Q93参照）。プロジェクトファイナンスに対する債権については、回収の危険性の度合いに応じて、みなし債務者区分を付して分類を行い、予想損失額を合理的に見積もる必要があります。

　プロジェクトファイナンスの債権に対する予想損失額の見積りについては、利払いおよび回収の原資が特定のプロジェクトから生み出されるキャッシュフローに依存するという特性から、DCF法が適しているといえます。要管理先、破綻懸念先の大口債権以外では、DCF法を適用しないことが考えられますが、その場合には自己査定において付された債務者区分に基づき、他の貸出金と同様の償却・引当基準を適用することも考えられます。

また、プロジェクトファイナンスは個々の特性が強いこともあり、単に貸倒実績がないことをもって、引当を行わないことは認められませんので留意が必要です。

Q141

資産等の流動化に係る債権に対する貸倒引当金は、どのように引き当てるのですか

 　資産等の流動化によりオフバランス化された債権を、信用リスクの全部または一部をオフバランス化した金融機関が抱えている場合には、流動化の対象となった原債権を債権と同様の方法により分類し、当該金融機関が抱えている信用リスク部分を価値の毀損の危険性の度合いに応じて分類し、予想損失額を合理的に見積もり、偶発損失引当金または貸倒引当金を計上します。

解　説

　一般的に、金融機関等の債権のオフバランス化を目的とした債権流動化等の手法では、原債権は、一定の条件下、元利金が優先的に支払われる優先債権とその他の劣後債権とに区分され、オフバランス化を図る金融機関には、劣後債権だけがオンバランスとして残ることになります。この場合には、優先・劣後の条件にもよりますが、オフバランス化した原債権の信用リスクの多くを劣後債権が抱えることになり、劣後債権を保有する金融機関は、自己査定のつど、自己が抱える信用リスクを査定する必要があります。

　劣後債権の自己査定および償却・引当は、多くの金融機関では、オフバランス化した原債権について、債務者区分を行い、債務者区分に基づいて資産分類を行い、そして、債務者区分、資産分類を踏まえて償却・引当を行う方法で実施しているものと考えられます。したがって、正常先、要注

意先に対する損失見込額は、それぞれの債務者区分ごとの予想損失率により偶発損失引当金または一般貸倒引当金に計上され、破綻懸念先、実質破綻先および破綻先に対する損失見込額は、個別に算定された金額を偶発損失引当金または個別貸倒引当金として計上されるものと考えられます。

Q142

破綻懸念先に対する貸倒引当金は、どのように算出しますか

　破綻懸念先に対する債権については、原則として、個別債権ごとに自己査定においてⅢ分類とされた額のうち、損失の発生が見込まれる部分について予想損失額として個別貸倒引当金に計上します。なお、大口債務者についてはDCF法を適用することが望ましいとされています。

解　説

(1) 予想損失額の算出方法

　破綻懸念先に対する債権については、自己査定においてⅢ分類とされた額のうち、損失の発生が見込まれる額を予想損失額として個別貸倒引当金に計上する必要があります。

　予想損失額の算出方法は、以下のとおりです。

① 破綻懸念先債権のⅢ分類額に予想損失率を乗じて求めた額を予想損失額とする方法（合理的に見積もられたキャッシュフローにより回収可能な部分を除いた残額を予想損失額とする方法を含む）

　この方法には予想損失率について、倒産確率を用いる方法と、貸倒実績率を用いる方法とがあります。

② 売却可能な市場を有する債権について、合理的に算定された当該債権の売却可能額を回収見込額とし、債権額から回収見込額を控除した残額を予想損失額とする方法

③　DCF法

⑵　破綻懸念先が相当数の場合

なお、債務者区分が破綻懸念先とされた債務者数が相当数にのぼり、個別債務者ごとに担保等による保全状況を勘案のうえ償却・引当額を算定することが困難であると認められる金融機関にあっては、一定金額以下の破綻懸念先に対する債権について、グループごとに同一の予想損失率を適用し、予想損失額を貸倒引当金として計上することができます。

この場合に、グループごとに予想損失率を適用する一定金額以下の破綻懸念先に対する債権の範囲は、各金融機関の資産規模および資産内容に応じた合理的範囲にとどめることが必要となります。

また、この場合の予想損失額は、グループごとの債権額総額に対し、予想損失率を乗じて算定することになります。

⑶　DCF法の適用

なお、破綻懸念先の大口債務者については、DCF法を適用することが望ましいとされています。

DCF法については、Q133を参照してください。

［金融検査マニュアル廃止後の考え方］

破綻懸念先、実質破綻先、破綻先に対する債権に関しては、個別に引当を見積もることが適切としています。このうち破綻懸念先については、現状の実務において定着した下記4つの方法をあげていますが、倒産した場合に金融機関の健全性や収益に与える影響が大きいと認められる大口与信先に対しては、個別に将来のキャッシュフローを見積もる方法が信用リスクの実態を引当に反映しやすいとしています。

・予想損失率法（個別の債権ごとに担保・保証等による回収見込額を考慮した

うえで、貸倒実績率等の確率を用いる方法（現状実務の予想損失率の算出では今後3年分で足りるとしていますが、より長期にわたる損失発生が見込まれる場合にはその期間の損失を見込むことも認められています））

・DCF法
・キャッシュフロー控除法（個別の債権ごとに担保・保証等による回収見込額を考慮したうえで、合理的に見積もられた将来のキャッシュフローにより回収可能な部分を除いた残額を予想損失額とする方法）
・債権額から市場における売却可能見込額を減じる方法

Q143

破綻懸念先について予想損失率によって貸倒引当金を計上する場合に、その金額はどのように算出しますか

 　　原則として、破綻懸念先に対する債権について、自己査定において Ⅲ 分類とされた額に対し、予想損失率を乗じた額を予想損失額として貸倒引当金に計上します。

解　説

　破綻懸念先に対する債権の予想損失額を予想損失率によって算出する場合の考え方は、①倒産確率によるものと、②貸倒実績率によるものとがあります。

　それらの考え方は、以下の算式で表すことができます。

```
［倒産確率による考え方］
　　予想損失額＝Ⅲ分類額×予想損失率
　　　　　　　＝Ⅲ分類額×倒産確率×（1－回収見込率）
［貸倒実績率による考え方］
　　予想損失額＝Ⅲ分類額×予想損失率
　　　　　　　＝Ⅲ分類額×貸倒実績率
　　　　　　　＝Ⅲ分類額×基準期間の貸倒償却等毀損額／基準期間の期首
　　　　　　　　のⅢ分類額残高
```

　予想損失額を予想損失率で算定する場合には、今後 3 年間の予想損失額

を見積もっていれば妥当と認められるとされています。

　すなわち、倒産確率による場合には、3年間を算定期間として、破綻懸念先から実質破綻先および破綻先となった件数に基づき倒産確率を算定し、加えてその場合の破綻懸念先のⅢ分類額からの回収可能と見込まれた額に基づき回収見込率を算定する必要があります。

　また、貸倒実績率による場合には、3年間を基準期間とした破綻懸念先債権のⅢ分類額に係る貸倒償却等毀損額に基づいて算定する必要があります。金融検査マニュアルにおいても、予想損失率の算定に用いる過去の損失率について、少なくとも3算定期間における各算定期間の倒産確率または貸倒実績率の平均値を用いることとしています。

　なお、破綻懸念先に対する債権の担保掛目を超えた部分はⅢ分類額であり、別途、回収を見込むことはできません。

Q144

実質破綻先・破綻先に対する償却・引当は、どのように行いますか

 　実質破綻先および破綻先に対する債権については、自己査定においてⅢ分類およびⅣ分類とされた額の全額を予想損失額として、個別貸倒引当金として計上するか、貸倒償却します。

解説

　実質破綻先および破綻先に対する債権については、自己査定において、

① 　優良担保の処分可能見込額および優良保証等により保全されている部分を非分類

② 　一般担保の処分可能見込額および一般保証による回収が可能と認められる部分、清算配当等により回収が可能と認められる部分をⅡ分類

③ 　優良担保および一般担保の担保評価額と処分可能見込額との差額をⅢ分類

④ 　上記以外の回収の見込みがない部分をⅣ分類

としています。

　このうちⅢ分類とされた額およびⅣ分類とされた額について、全額を償却または引当額とする必要があります。

　いわゆる、担保掛け目を超えた部分についてはⅢ分類ですが、その全額の償却または引当が必要であることが明らかにされています。

　優良担保についても、検査マニュアルでは、国債について95％、政府保証債について90％等、担保掛け目を示していますので注意を要します。

なお、一般担保の評価額の精度が十分に高い場合は、担保評価額を処分可能見込額として全額Ⅱ分類とすることができます。この場合には、担保評価額全額について償却または引当の対象になりません。

Q145

民事再生手続の申立先、認可決定先への債権の償
却・引当において、税務上の取扱いはどうなりま
すか

 民事再生手続に係る債権の償却・引当は旧和議法の和議手続の
場合と同様に、直接償却ならびに貸倒引当金繰入れにおける形式
基準要件として取り扱われます。

解説

　民事再生手続は、和議法に代わる法的な再建手続と位置づけられてお
り、税法上も基本的には、旧和議法による和議手続に代わる形式基準要件
に該当するものとして扱われます。具体的には、法人税法施行令96条１項
ならびに法人税基本通達９―６―１の各規定が改定され、以下のような取
扱いとなります。

① 　民事再生手続の申立てが行われた場合

　　当該債務者への金銭債権のうち、実質的に債権とみられない部分の金
　額および担保権の実行や金融機関または保証機関による保証債務の履行
　その他により取立て等の見込みがあると認められる金額を除いた回収不
　能見込額の50％相当額を、貸倒引当金へ繰り入れる（法人税法施行令96
　条１項３号規定による）。

② 　民事再生手続による再生計画の認可決定があった場合

　　イ 　当該債務者への金銭債権のうち、再生計画認可決定のあった事業年
　　　度終了の日の翌日から５年を経過する日までに弁済をすることとなっ

ている金額以外の金額で、担保権の実行その他により取立て等の見込みがある部分を除いた金額を貸倒引当金へ繰り入れる。すなわち、それは、再生計画認可決定後5年以内の弁済予定額を除いた再生債権の弁済予定額および将来の債権カットが予定されている部分等である（法人税法施行令96条1項1号規定による）。

ロ　再生計画認可決定により切り捨てられることとなった債権額は、その認可決定のあった日の属する事業年度において直接償却する（法人税基本通達9—6—1(1)による）。

Q146

個人債務者再生手続において、再生計画で弁済されない部分の債権償却の取扱いは、どのようになりますか

 個人債務者再生手続による再生計画で、弁済が計画されていない債権部分は免除されることとなり、免除額は原則として、その計画認可決定があった事業年度において、直接償却することができます。また、ハードシップ免責があった場合の免除額についても、その免責決定があった事業年度で、直接償却ができると考えられます。

解 説

(1) 弁済条件

小規模個人再生手続においては、無担保の再生債権につき、再生債務者は将来の継続的または反復的収入を財源として、再生債権の5分の1以上の金額を、原則3年間、特別の事情があるときは5年以内で弁済を図るものとされています。一方、給与所得者等再生手続では、再生債務者の2年分の可処分所得以上の金額か再生債権の5分の1以上の額のうち大きいほうの金額を、原則3年間、特別の場合は5年以内に弁済するものとされています。

これらにより、弁済できない再生債権部分については、再生計画上で免除を受けることになります。小規模個人再生手続や給与所得者等再生手続は、申立書や再生計画案、返済総額算出表など、所定の書類様式に従って

処理されるように工夫されており、免除額も自動的に算定されます。

(2) 手　続

　再生計画の認可決定により免除が確定した債権額については、再生手続の本則の場合と同様に、法人税基本通達 9 — 6 — 1(1)の規定により、その免除確定事実が発生した事業年度において直接償却することができます。ただし、免除条項に、「3 年間の弁済が終わったとき」というような条件がつけられた場合には、直接償却の時期は当該条件が成就する事業年度まで延期され、その間は法人税法施行令96条 1 項 1 号による間接償却（貸倒引当金繰入れ）しかできないことになります（同法施行令96条 1 項 1 号は、長期間に分割払いされまたは弁済猶予される金銭債権のうち 5 年以内の弁済予定額以外の金額の間接償却を認めています）。

　再生計画による弁済期間は長くとも 5 年間なので、5 年を超える弁済予定部分の間接償却は発生しません。また、本特則による再生計画認可決定前においては、回収不能見込額の50％を、法人税法施行令96条 1 項 3 号により間接償却することができます。

　なお、住宅資金特別条項の対象となる住宅ローンについては、その全額の弁済が予定されているものなので、債務者別の債権償却の対象とはなりません。

(3)　ハードシップ免責

　小規模個人再生手続や給与所得者等再生手続においては、再生計画認可決定後、債務者の責めに帰さない理由により再生計画を遂行することができなくなった場合に、再生計画による弁済ができない残債務を免責する制度が置かれています。ハードシップ免責といわれるものですが、破産手続上の破産免責に対応する制度であり、その要件は次のようになっています。

① 債務者に帰責事由がなく、再生計画の遂行が極めて困難となったこと

② 再生計画の変更をすることも極めて困難なこと

③ 再生計画で弁済が予定されている再生債権の4分の3以上が、すでに弁済されていること

④ 仮に破産手続が行われた場合における推定配当額以上の弁済が終了していること

　再生債務者が、前記の要件をすべて満たす場合に、裁判所は再生債権者の意見を聴いたうえで、免責の決定をします。

　ハードシップ免責により免除された再生債権については、それが発生した事業年度において、法人税基本通達9―6―1(4)による直接償却が可能と考えられます。

Q147

更生手続等において更生計画等が認可され債務者区分を上位遷移させた債務者への債権の償却・引当は、どうなりますか

 　　更生計画等の認可決定が行われた債務者については、破綻懸念先と判断してさしつかえありません。さらに、一定の要件が必要ですが、更生計画等が合理的であり、実現可能性が高いものと判断される場合には要注意先と判断することができます。これらの債務者の償却・引当は、債務者区分および回収の危険性に応じた資産分類に基づき、他の破綻懸念先または要注意先と同様の償却・引当基準により行うことになります。

解　説

(1) 債務者区分の判断基準

　会社更生法、民事再生法等の手続開始の申立てが行われた債務者は、法的・形式的な経営破綻の事実が発生している債務者であり、債務者区分は破綻先に区分されることになります。そのなかでも、更生計画等の認可決定が行われた債務者については、破綻懸念先と判断してさしつかえありません。さらに、それらの債務者のうち、一定の要件を満たしている場合には、更生計画等が合理的であり、その実現可能性が高いものと判断し、当該債務者は要注意先と判断してさしつかえありません。

　一定の要件とは、更生計画等の認可決定後、当該債務者の債務者区分が原則としておおむね 5 年以内に正常先となる計画であり、かつ、更生計画

等がおおむね計画どおりに推移すると認められるものであることです。

　また、当該債務者の債務者区分が5年を超えおおむね10年以内に正常先となる計画となっている場合で、更生計画等の認可決定後一定期間が経過し、更生計画等の進捗状況がおおむね計画以上であり、今後もおおむね計画どおりに推移すると認められる場合、債務者区分を要注意先としてさしつかえありません。

　なお、更生計画等の計画期間終了時点の債務者区分は原則として正常先となることが必要ですが、当該債務者が金融機関等の再建支援を要せず、自助努力により事業の継続性を確保することが可能な状態となる場合は、計画期間終了時点の債務者区分が要注意先であってもさしつかえありません。

⑵　回収の危険性に応じた資産分類

　このような更生計画等の認可決定後、当該債務者区分の見直しを行っている場合には、それぞれの債務者区分に基づき、回収の危険性の度合いに応じて資産分類を行う必要があります。

　償却・引当は、他の破綻懸念先または要注意先と同様の償却・引当基準に基づき実施される必要があります。

　一定の要件を満たし、要注意先に区分された債務者については、通常、要注意先のうち要管理先に区分されることになり、一定の大口債務者については、DCF法を適用することが望まれます。

Q148

要管理先の中小企業等のうち、金融機関が再生支援中の債務者グループを、他と区別して当該債権の引当率に格差を設けることができる要件は何ですか

 　債務者区分が要管理先の中小・零細企業のうち、金融機関が十分な態勢のもと、企業・事業再生に向けた支援等の取組みを実施し、その実績、データが存在している債務者については、それ以外の債務者と区別してグルーピングし、引当率に格差を設けることができます。

解説

　中小・零細企業の債務者区分の判断にあたっては、金融機関自らが、日頃の債務者との密度の高いコミュニケーションを通じて、経営実態の適切な把握に努めることが重要であり、さらに、継続的な企業訪問等を通じた経営実態の十分な把握、きめ細かな経営相談・経営指導等を通じた積極的な企業・事業再生への取組みといった金融機関による十分な債務者への働きかけの状況が重要となります。

　「マニュアル別冊・中小企業融資編」の検証ポイントにおいて、こうした金融機関による債務者への積極的な働きかけ、企業・事業再生支援の効果が将来的には、金融機関の信用リスクの減少をもたらし、引当率の低減をもたらすものと考えられるとしています。そして、債務者区分が要管理先に対する引当率の算出にあたって、金融機関が十分な態勢のもと、企

業・事業再生に向けた支援等の取組みを実施し、その実績、データが存在している債務者については、それ以外の債務者と区別してグルーピングし、引当率に格差を設けることができるとしています。

　引当率に格差を設ける場合に、金融機関に求められる企業・事業再生支援に向けた積極的・組織的な取組みに係る態勢の具体的な要件は、以下のとおりです。

① 　金融機関が企業・事業再生に向けた積極的・組織的な取組み、たとえば、継続的な企業訪問、中小企業診断士等の専門性を有する者の養成、再生支援チームによる再生計画の策定等を実施していること。

　　なお、企業・事業再生に向けた支援等の取組みに係る業務の実績を業務日誌等の業務記録に明確に記録しておく必要があります。また、再生支援チームによる再生計画の策定にあたっては、根拠資料の整備等、その実施状況等を明確にする資料の整備が必要となります。

② 　企業・事業再生に向けた支援等を実施する金融機関の債務者選定基準が明確にされており、当該基準が恣意的なものでないこと。

③ 　引当率の算定（今後３年間の予想損失額見積り）にあたっては、十分な母集団が確保されており、最低限１年間のデータが蓄積されていること。

（補足）
　Q137の［金融検査マニュアル廃止後の考え方］参照。

Q149

特定海外債権引当金は、どのように算出しますか

特定海外債権引当金の対象となる債権に、特定国の財政状況、経済状況、外貨資金繰り等に起因する将来発生が見込まれる予想損失率を乗じて予想損失額を算出し、特定海外債権引当金として計上します。

解説

(1) 対象となる債権

　外国政府等、外国の民間企業および海外の日系企業等に対する債権がある場合に、当該債権のある国に対し、当該国の財政状況、経済状況、外貨繰りの状況等に応じて特定海外債権引当金の対象となる国（以下、「特定国」）を決定し、特定国の外国政府等、外国の民間企業および海外の日系企業等に対する債権のうち、特定海外債権引当金の対象となる債権を明確にする必要があります。

　なお、下記の事実が生じている場合、当該国を特定国とし、特定海外債権引当金の対象債権にする必要があります。

① 当該国の政府、中央銀行、政府関係機関または国営企業（以下、「政府等」）に対する民間金融機関の貸出金（以下、「政府等向け民間貸出資金」）の元本または利息の支払が1カ月以上延滞していること

② 政府等向け民間貸出金について、決算期末前5年以内に、債務返済の繰延べ、主要債権銀行間一律の方式による再融資、その他これらに準ずる措置（以下、「債務返済の繰延べ等」）に関する契約が締結されていること

③　政府等向け民間貸出金について、債務返済の繰延べ等の要請を受け、契約締結に至らないまま1カ月以上経過していること

④　政府等向け民間貸出金について、上記に掲げる事実が近い将来に発生することが見込まれること

⑤　当該国に住所または居所を有する自然人もしくは当該国に主たる事務所を有する法人に対する民間金融機関の貸出金について、上記①～③に類する事実が発生していること、または近い将来に発生することが見込まれること

⑥　その他、カントリー・リスクの評価に影響を及ぼすことが見込まれる事象

(2) 特定海外債権引当金計上額の算定

特定国の財政状況、経済状況、外貨資金繰り等を起因とする対象債権の予想損失額を特定海外債権引当金として貸倒引当金とは別に計上します。したがって、特定海外債権引当金は、個々の債務者またはプロジェクトの債権に対する信用リスクに備えるもの、すなわち、貸倒引当金とは別の概念であり、特定国の経済状態等から生じる個々の債権の回収に係るリスクに備えるものといえます。

予想損失額は、対象債権に予想損失率を乗じて求めます。予想損失率の算定にあたっては、特定国の財政状況、経済状況、外貨資金繰りの状況等を勘案し、国別の信用リスクの程度を測り決定する必要があります。

なお、一般的には予想損失率を算定するうえで外部格付機関が公表している国別信用格付、格付ごとのデフォルト率、回収率を参考にしています。予想損失額は、以下の算式で求めることになります。

予想損失額＝対象債権額×予想損失率
　　　　　＝対象債権額×デフォルト率×(1－回収率)

Q150

特定債務者支援引当金の計上基準について説明してください

 経済的困難に陥った関連ノンバンク等特定債務者に対し、その再建を図るため、債権放棄、現金贈与等の方法により支援を行う場合、支援に伴い発生が見込まれる損失額を特定債務者支援引当金に計上します。

解 説

⑴ 経営改善計画の合理性の検討

経済的困難に陥っている関連ノンバンク等の特定債務者に対し、支援を行う場合、経営改善計画の合理性の検討が必要になります。その際の判断の留意点として、利益計画の実現可能性、支援金融機関の同意の可能性、計画終了時における債務者の状況の見込み等があげられます。

第一の点としては、利益計画が実現可能なベースで作成されているかどうかです。経営改善計画中の企業は、支援者からの資金、業務獲得等の面で支援が得られやすいという利点がありますが、経営方針に対する意思決定手続が複雑になり、事業転換等重要な経営判断に柔軟性を欠く場合があると考えられます。長期の利益計画は、業種、企業規模等企業環境に応じて、その実現性を慎重に判断することになります。

第二の点、支援金融機関の同意の可能性ですが、この点についても経営計画が実現可能かどうかで判断することになります。支援を前提にしているため、経営改善に向けた支援態勢ができていなければ経営改善計画の実

現はできなくなりますので、相当に高い程度で金融機関の支援の同意があることが必要です。

第三の点、計画終了後の債務者の状況ですが、当該債務者が計画終了時に自助努力により事業の継続性を確保することができる状況であることが必要と考えられます。計画終了時に追加の支援が必要となる状況では、合理的な経営改善計画とはいえないでしょう。

経営改善計画が合理的と判断される場合に、当該計画で示された支援に伴い発生が見込まれる損失額について特定債務者支援引当金として計上することが必要になります。

なお、支援の内容が債権放棄である場合において、当該債務者の債務者区分が破綻懸念先で、支援に伴う損失見込額が債権の範囲内であり、かつ、当該損失見込額が少額で特定債務者支援引当金を設定する必要性に乏しいなど合理的な根拠がある場合には、個別貸倒引当金として計上することもできます。

⑵　連結対象子会社の場合

金融機関の関連ノンバンクやグループ内保証会社を含む連結対象子会社等（以下、「連結対象子会社等」）が経済的困難に陥っている場合、具体的な支援計画がなくとも当該金融機関が支援していくことになる場合があります。

経済的困難に陥っているかどうかの判断をするためには、連結対象子会社等の財務状況等を的確に把握する必要があります。そのためには、資産を当該金融機関の資産査定と同様の方法により査定し、Ⅳ分類額およびⅢ分類額について当該金融機関と同様の償却・引当基準を適用し、所要償却・引当額を算出し、実態を表した財務状況を把握します。当該所要償却・引当額と当該連結対象子会社等の自己資本を比較して、経済的困難に陥っているかどうかの判定をすることになります。

そして、経済的困難に陥っている連結対象子会社等に対する支援必要額を算定し、特定債務者支援引当金を計上することになります。

　具体的には、当該所要償却・引当額から当該連結対象子会社等の自己資本および今後見込めるキャッシュフローを控除した額が支援必要額となります。今後見込めるキャッシュフローについては、経営改善計画がある場合にはその計画が合理的であれば当該計画期間を見込めますが、支援計画を作成していない場合には合理的な利益計画によって見込むことになり、見込期間は5年程度になると考えられます。

　なお、支援の内容が債権放棄になると見込まれる場合において、当該連結対象子会社等の債務者区分が破綻懸念先で、支援に伴う損失見込額が債権の範囲内であり、かつ、当該損失見込額が少額で特定債務者支援引当金を設定する必要性に乏しいなど合理的な根拠がある場合には、当該支援必要額について個別貸倒引当金として計上することもできます。

Q151

その他の偶発損失引当金の計上基準について説明してください

 債権流動化によりオフバランス化を図った債権の信用リスク等、当期以前の事象に起因し、将来損失の発生が見込まれ、その金額を合理的に見積もれる場合には、偶発損失引当金を計上します。

解 説

　貸倒引当金、特定債務者支援引当金等以外にも当期以前の事象に起因し、将来損失の発生が見込まれ、その金額を合理的に見積もることができる場合には、損失見込額を引当金に計上する必要があります。たとえば、債権流動化によりオフバランス化を図った債権について、優先・劣後構造により、信用リスクが金融機関に残存している場合には、当該信用リスクについて、将来負担することが見込まれる損失額を合理的に見積もり、偶発債務引当金等として計上する必要があります。具体的には、対象となる原債権を金融機関の基準に基づき、資産査定を実施し、債務者区分ごとの予想損失額を算定します。その他、訴訟等により補償が見込まれ、賠償金額が合理的に見積もられる場合等にも偶発損失引当金の計上が求められます。なお、引当金の名称はその性質を示す適当な名称が望まれます。また、引当金計上対象先に、その他のオンバランス債権等がある場合等で、損失見込額が少額で新たな引当金を設定する重要性に乏しい等、合理的な根拠がある場合には、貸倒引当金として計上することも認められます。

Q152

有価証券の償却・引当は、どのように行いますか

 「金融商品に関する会計基準」に基づいて有価証券の評価を行い、その評価結果により資産分類を行い、その後、分類に従った償却・引当を行います。

解説

　有価証券の償却・引当は、「金融商品に関する会計基準」（1999年（平成11年）1月22日企業会計審議会、最終改正2019年（令和元年）7月4日企業会計基準委員会）に基づいて評価を行い、その評価結果を償却・引当に反映させることになります。同基準に関連して日本公認会計士協会から、実務上の指針として「金融商品会計に関する実務指針」（2000年（平成12年）1月31日、最終改正2019年（令和元年）7月4日）、さらにその具体的な取扱いとして「金融商品会計に関するQ&Aについて」（2000年（平成12年）9月14日、最終改正2019年（令和元年）7月4日）が公表されています。

　以下、これらを総称して「金融商品会計基準」とします。

(1) 金融商品会計基準

　金融商品会計基準では、有価証券について保有目的区分、時価の把握の可否、および減損処理の要否により、会計処理が決められていくことになります。その概要は、Q119およびQ122を参照してください。

(2) 金融検査マニュアルにおける償却・引当

金融検査マニュアルでは有価証券の評価について、Ⅲ分類とされた部分のうち予想損失額に相当する額を損失見込額として引当金に計上し、Ⅳ分類とされた部分を損失見込額として直接償却するか、または引当金に計上するとしています。

金融商品会計基準において減損処理方法が明確にされ、有価証券の減損は、引当金方式ではなく簿価の付替処理ですので、直接償却することになります。また、子会社株式および関連会社株式の投資評価引当金については引当金処理となります。なお、売買目的有価証券および時価のあるその他有価証券の時価評価（減損処理を除く）は、各年度の決算の定型処理として機械的に評価されることになりますので、帳簿価額が非分類となります。

なお、有価証券の分類方法についてはQ119、Q120を参照してください。

（補足）

Q119およびQ122の（補足）参照。

Q153

自らの保証を付した私募債の償却・引当は、どのように行いますか

 　自らの保証を付した私募債は、自らの保証がついていない私募債と同様に適正な時価を把握し、保有目的区分に応じ、減損の要否の判定を含めた適正な評価を行い、資産分類に従った適正な償却・引当を行います。

解　説

　自らの保証を付した私募債の査定にあたっては、債券の発行会社が破綻した場合に自らは保証が受けられないため、保証のついていない私募債と同様に時価を算出し、保有目的区分に応じて、減損処理の要否の判定を含めた適正な評価を行います（Q120、Q122参照）。

　私募債は、通常、時価が把握できると考えられますので、時価評価を行い、保有目的区分に応じた会計処理が行われます。時価評価後の帳簿価額は非分類とされるため、償却・引当の問題はありませんが、減損処理を行う場合は、Ⅳ分類とされた部分を直接償却します。「時価を把握することが極めて困難と認められる場合」は多くはないとされていますが、この場合には、時価評価は行わないため、債権と同様の査定を行い、Ⅳ分類とされた部分は引当計上または直接償却、Ⅲ分類とされた部分は引当計上することになります。

（補足）

　Q119の（補足）参照。

Q154

動産・不動産の償却は、どのように行いますか

 動産・不動産については、営業用、非営業用にかかわらず、固定資産の減損会計を適用し、減損すべきとされたⅣ分類の部分を直接償却します。

解 説

　固定資産の減損については、「固定資産の減損に係る会計基準」（2002年（平成14年）8月9日企業会計審議会）およびそのガイドラインである企業会計基準適用指針第6号「固定資産の減損に係る会計基準の適用指針」（2003年（平成15年）10月30日、最終改正2012年（平成24年）5月17日企業会計基準委員会）に基づき実施することになります。以下、これらを総称して「固定資産の減損会計」とします。

　動産・不動産については、自己査定において、営業用、非営業用にかかわらず、固定資産の減損会計を適正に適用して、減損すべきとされた金額をⅣ分類とし、Ⅳ分類とされた部分を減損損失として直接償却します。

　なお、減損会計の適用は、資産の減損が認識されたときに行いますので、自己査定と時期が異なる場合がありますが、自己査定の前に減損損失が認識されていれば、当該資産の帳簿価額はすでに減額されていますので、あらためて減損すべきとされる金額、すなわち、Ⅳ分類は生じないことになります。

　固定資産の減損会計において、固定資産の減損損失の認識と測定はおおむね次の手順で行われます。

① 減損の兆候

　　資産または資産グループ（以下、「資産等」）に減損が生じている可能性を示す事象がある場合には、当該資産等について減損を認識するかどうかの判定を行う。

　　減損の兆候としては、たとえば、以下の事象が考えられる。

・資産等が使用されている営業活動から生ずる損益またはキャッシュフローが、継続してマイナスとなっているか、あるいは、継続してマイナスとなる見込みであること。

・資産等が使用されている範囲または方法について、当該資産または資産グループの回収可能価額を著しく低下させる変化が生じたか、あるいは、生ずる見込みがあること。

・資産等が使用されている事業に関連して、経営環境が著しく悪化したか、あるいは、悪化する見込みがあること。

・資産等の市場価格が著しく下落したこと。

② 減損損失の認識

・減損の兆候のある資産等について、これらが生み出す割引前のキャッシュフローの総額が帳簿価額を下回る場合には、減損損失を認識する。

・割引前キャッシュフローを見積もる期間は、資産等の経済的残存使用年数と20年のいずれか短いほうとする。

③ 減損損失の測定

　　減損損失を認識すべきであると判定された資産等については、帳簿価額を回収可能価額まで減額し、当該減少額を減損損失として当期の損失とする。

　　このほかに、固定資産の減損会計には、将来キャッシュフローの見積方、使用価値の算定に際して用いられる割引率、資産のグルーピングの取

扱い、共用資産の取扱い、のれんの取扱い等が具体的に示されています。動産・不動産の減損処理にあたっては、固定資産の減損会計を参照してください。

Q155

オフバランス資産は、どのように分類・引当をしますか

 債権と同様に債務者区分、資産分類を行い、その結果に基づき
償却・引当を行うのが原則となります。

解 説

金融検査マニュアルでは信用リスクについて、貸出金のみならず、信用
リスクを有する資産およびオフバランス項目（市場取引に係る信用リスクを
含む）について、統合的に管理する体制が必要であるとしています。

オフバランス項目は、コミットメントライン等貸借対照表には計上され
ていない信用リスクのある取引ということができます。各金融機関は自己
査定を行うべきオフバランス項目の範囲を明確にし、自己査定および償
却・引当の方法、手続等について基準を定めておく必要があります。

(1) 自己査定

はじめに、自己査定対象額を決める必要があります。自己査定および償
却・引当は信用リスクの計測作業ですので、信用リスクとして査定をすべ
き額が自己査定対象額です。すなわち、担保、保証等がない場合に債務者
が破綻したときに被る損失額、たとえば、貸出金であれば貸出額、債務保
証であれば保証額が、自己査定対象額となります。したがって、コミット
メントラインでは約定額ということになります。

そして、債務者区分および資産分類については、債権と同様の方法に従

って実施することになります。通常、オフバランス項目の約定先に対して貸出金がある場合が多いので、その場合には、当該貸出金の債務者区分を適用し、徴求している担保、保証について貸出金と共通であれば、貸出金とともに資産分類を行います。オフバランス項目の約定先に対して貸出金がない場合には、債務者区分から行うことになります。

なお、債権流動化等の方法によって、債権のオフバランス化を図っているもののうち、信用リスクが完全に第三者に転嫁されずに信用リスクの全部または一部が残存している場合には、債権流動化等の対象となった原債権を債権と同様の方法で分類したうえで、残存している信用リスク部分を価値の危険性の度合いに応じて分類します。

(2) 償却・引当

オフバランス項目の償却・引当については、自己査定の結果、Ⅲ分類とされた部分のうち予想損失額に相当する額およびⅣ分類とされた部分の全額を予想損失額として偶発損失引当金等に計上します。

なお、オフバランス項目が同一約定先に複数あり、自己査定対象額が資産側と負債側に存在する場合に、取引の基本約款等において相殺を行える条件が付されている場合には、資産側および負債側のそれぞれの金額を相殺した後の予想損失額を偶発損失引当金に計上することになります。

Q156

税効果会計とは何ですか。有税償却とどのような関係があるのですか

　税効果会計は、「会計上の収益又は費用と課税所得計算上の益金又は損金の認識時点の相違等により、会計上の資産又は負債と課税所得計算上の資産又は負債の額に相違がある場合に、法人税その他利益に関連する金額を課税標準とする税金（以下、法人税等）の額を適切に期間配分することにより、法人税等を控除する前の当期純利益と法人税等を合理的に対応させることを目的とする手続」です。

　有税償却は会計上損失ですが、課税所得計算上は損金ではありませんので、認識時点の相違する項目として典型的なものです。

解　説

(1)　定　義

　法人税等は、税効果会計を適用しないと、当期の法人税等として納付すべき額（以下、「納付すべき税額」）が税金費用として計上されてしまうことになります。たとえば、有税償却等があり、その有税償却等が単に会計上と課税所得計算上の認識時点の相違から生じている場合には、会計上の税金費用は、課税所得から算定される納付すべき税額ではなく、有税償却等が発生した期に有税償却等を反映した会計上の利益に対する費用として計上することが合理的と考えられます。税効果会計は、このように取引または事象の認識時点の相違等により、会計上の利益と課税所得に差異がある

場合に、会計上認識すべき税金費用と納付すべき税額との差異について繰延処理を行うことにより、税額を適切に期間配分する会計手続です。

(2) 経理処理

税効果会計を適用すると、繰延税金資産および繰延税金負債が貸借対照表に計上され、納付すべき税額および税効果会計適用による法人税等調整額が損益計算書に計上されることになります。繰延税金資産は、有税償却、有税評価損等による将来減算一時差異および将来の課税所得と相殺可能な繰越欠損金が算定の基礎となり、将来の法人税等の支払額を減額する効果があり、法人税等の前払額に相当します。繰延税金負債は、土地評価差額（評価益）、利益処分方式による特別償却等による将来加算一時差異が算定の基礎となり、将来の法人税等の支払額を増額する効果があり、法人税等の未払額に相当します。

繰延税金資産の計上にあたっては、回収可能性について十分に検討し、慎重に決定しなければなりません。金融検査マニュアルにおいても、「資本勘定に算入される税効果相当額（＝繰延税金資産見合い額）が、税効果会計に関する会計基準・実務指針の趣旨を踏まえ適正に計上されているか」に留意するとしており、繰延税金資産の計上に厳格な根拠を求めています。

なお、適用する税率は決算日において国会で成立している税法等に規定されている税率によります（「税効果会計に係る会計基準の適用指針」（1998年（平成10年）5月12日、最終改正2018年（平成30年）2月16日企業会計基準委員会第46項、第47項））。

(3) 税効果会計適用における有税償却の取扱い

繰延税金資産の回収可能性の判断については、企業会計基準委員会から公表された企業会計基準適用指針第26号「繰延税金資産の回収可能性に関

する適用指針」（2015年（平成27年）12月28日、最終改正2018年（平成30年）2月16日）により行われることになりますが、そこでは、課税所得の発生状況、税務上の欠損金の状況、一時差異等のスケジューリングの状況等により企業を五つに分類し、その分類に従った繰延税金資産の計上額の取扱いを示しています。金融機関にあっては、貸出金等の有税償却が一時差異の多くを占めると考えられますので、有税償却の無税化スケジュールの作成が重要となります。

Q157

部分直接償却とは何ですか

 実質破綻先および破綻先の担保・保証付債権に対するⅣ分類金額について貸倒償却として債権額から直接控除する手続です。

解 説

(1) 定　義

平成10年（1998年）10月6日に全国銀行協会連合会（当時）から「担保・保証付債権の貸倒償却の取扱について（ご連絡）」が出されました。これが、いわゆる部分直接償却の取扱いであり、従来貸倒引当金に計上していた担保・保証付債権のⅣ分類金額について直接減額が認められ、その経理処理および注記の方法が定められています。

なお、金融商品に関する会計基準では、その注解10「破産更生債権等の貸倒見積高の処理について」において、破産更生債権等の貸倒見積高は、原則として貸倒引当金として処理し、債権額または取得価額から直接減額することもできるとしており、部分直接償却の取扱いと同様といえます。

(2) 経理処理

経理処理は、資産の自己査定により回収不可能または無価値と判定した担保・保証付債権について、原則として、債権額から担保の評価額および保証等により回収が可能と認められる額を控除した残額（Ⅳ分類金額）を貸倒償却として債権額から直接減額します。

また、当該経理処理を行った場合は、決算期末において直接減額してい

る金額を「取立不能見込額として債権額から直接減額している」旨貸倒引当金の会計方針に含めて注記する必要があります。

　なお、当該経理処理は、会計上は貸倒償却ですが、税務上は個別評価の貸倒引当金勘定への繰入れとして扱われます。この場合にも、上述の注記を財務諸表に行うこと、さらに、総勘定元帳および確定申告書において、税務上は個別評価の貸倒引当金勘定への繰入れであることを明らかにすることが条件となります。

　このように部分直接償却は、会計上の取扱いと税務上の取扱いが異なるため、適用にあたっては、それぞれの取扱いに基づく帳簿を作成する必要があります。

4

自己資本比率等

Q158

税効果会計に基づく繰延税金資産見合い額の適正な自己資本への計上について説明してください

 　税効果会計適用に伴う繰延税金資産見合い額は、自己資本（純資産の部の剰余金）になりますので、税効果会計に係る会計基準等に基づき、適切に計上されている必要があります。

解 説

(1)　税効果会計とは

　税効果会計は会計上の収益または費用と課税所得計算上の益金または損金の認識時点の相違等により、会計上の資産または負債と課税所得計算上の資産または負債の額に相違がある場合に、法人税等の額を適切に期間配分することにより、法人税等を控除する前の当期純利益と法人税等を合理的に対応させることを目的とした会計処理です。

　税効果会計を適用すると、繰延税金資産および繰延税金負債が貸借対照表に計上されますが、金融機関の場合、一般的には、貸出金等に係る有税償却、有価証券等の有税評価損等の将来減算一時差異があるため、繰延税金資産が計上されることになるでしょう。

(2) 繰延税金資産の扱い

　繰延税金資産は、将来の課税所得の発生により、法人税等の支払を減額する効果があるとして計上が認められる資産です。したがって、計上にあたっては、税効果会計に係る会計基準（1998年（平成10年）10月30日企業会計審議会）をはじめ、企業会計基準適用指針第26号「繰延税金資産の回収可能性に関する適用指針」（2015年（平成27年）12月28日、最終改正2018年（平成30年）2月16日企業会計基準委員会。以下、「適用指針」）に従い、その回収可能性を十分に検討する必要があります。

　上記会計基準の注解では、「繰延税金資産は、将来減算一時差異が解消されるときに課税所得を減少させ、税金負担額を軽減することができると認められる範囲内で計上するものとし、その範囲を超えるものについては控除しなければならない」としています。

　「適用指針」では、繰延税金資産の回収可能性を、企業の収益力に基づき、将来の一時差異等加減算前の課税所得の見積額により判断する場合に、企業を分類要件に基づき五つに分類し、当該分類に応じて回収が見込まれる繰延税金資産の計上額を決定する取扱いを示しています。その概要は以下のとおりです。

① 分類1に該当する企業の取扱い

〈分類の要件〉

　次の要件をいずれも満たす企業

　・過去（3年）および当期のすべての事業年度において、期末における将来減算一時差異を十分に上回る課税所得が生じている。

　・当期末において、近い将来に経営環境に著しい変化が見込まれない。

〈繰延税金資産の計上額〉

　原則として、繰延税金資産の全額について回収可能性があるものとする。

② 分類2に該当する企業の取扱い

〈分類要件〉

次の要件をいずれも満たす企業

・過去（3年）および当期のすべての事業年度において、臨時的な原因により生じたものを除いた課税所得が、期末における将来減算一時差異を下回るものの、安定的に生じている。

・当期末において、近い将来に経営環境に著しい変化が見込まれない。

・過去（3年）および当期のいずれの事業年度においても重要な税務上の欠損金が生じていない。

〈繰延税金資産の計上額〉

・一時差異等のスケジューリングの結果、繰延税金資産を見積もる場合、当該繰延税金資産は回収可能性があるものとする。

・なお、原則として、スケジューリング不能な将来減算一時差異に係る繰延税金資産について、回収可能性がないものとする。ただし、スケジューリング不能な将来減算一時差異のうち、税務上の損金の算入時期が個別に特定できないが将来のいずれかの時点で損金に算入される可能性が高いと見込まれるものについて、当該将来のいずれかの時点で回収できることを企業が合理的な根拠をもって説明する場合、当該スケジューリング不能な将来減殺一時差異に係る繰延税金資産は回収可能性があるものとする。

③ 分類3に該当する企業の取扱い

〈分類要件〉

分類4の要件のうち、過去（3年）において重要な税務上の欠損金の繰越期限切れとなった事実がある場合、および当期末において重要な税務上の欠損金の繰越期限切れが見込まれる場合を除き、次の要件をいずれも満たす企業

・過去（3年）および当期において、臨時的な原因により生じたものを除いた課税所得が大きく増減している。

・過去（3年）および当期のいずれの事業年度においても重要な税務上の欠損金が生じていない。

〈繰延税金資産の計上額〉

・将来の合理的な見積可能期間（おおむね5年）以内の一時差異等加減算前課税所得の見積額に基づいて、当該見積可能期間の一時差異等のスケジューリングの結果、繰延税金資産を見積もる場合、当該繰延税金資産は回収可能性があるものとする。

・なお、5年を超える見積可能期間においてスケジューリングされた一時差異等に係る繰延税金資産が回収可能であることを企業が合理的な根拠をもって説明する場合、当該繰延税金資産は回収可能性があるものとする。

④　分類4に該当する企業の取扱い

〈分類要件〉

次のいずれかの要件を満たし、かつ、翌期において一時差異等加減算前課税所得が生じることが見込まれる企業

・過去（3年）または当期において、重要な税務上の欠損金が生じている。

・過去（3年）において、重要な税務上の欠損金の繰越期限切れとなった事実がある。

・当期末において、重要な税務上の欠損金の繰越期限切れが見込まれる。

〈繰延税金資産の計上額〉

・翌期の一時差異等加減算前課税所得の見積額に基づいて、翌期の一時差異等のスケジューリングの結果、繰延税金資産を見積もる場合、当該繰延税金資産は回収可能性があるものとする。

・なお、将来の一時差異等加減算前課税所得を見積もる場合、将来において、5年超にわたり一時差異等加減算前課税所得が安定的に生じることを企業が合理的な根拠をもって説明するときは、分類2に該当するものとして取り扱う。

・また、将来の一時差異等加減算前課税所得を見積もる場合、将来においておおむね3年から5年程度は一時差異等加減算前課税所得が生じることを企業が合理的な根拠をもって説明するときは、分類3に該当するものとして取り扱う。

⑤　分類5に該当する企業の取扱い

〈分類要件〉

　次の要件をいずれも満たす企業

・過去（3年）および当期のすべての事業年度において、重要な税務上の欠損金が生じている。

・翌期においても重要な税務上の欠損金が生じることが見込まれる。

〈繰延税金資産の計上額〉

・原則として、繰延税金資産の回収可能性はないものとする。

　なお、分類要件に示された要件のいずれも満たさない企業は、過去の課税所得、税務上の欠損金の推移等を総合的に勘案して、各分類要件からの乖離度合いの最も小さいと判断されるものに分類するとされています。繰延税金資産の計上にあたっては、「適用指針」を十分に検討のうえ、適用することが求められます。

Q159

自己資本比率に基づく早期是正措置制度とはどのようなものですか

 　早期是正措置は、金融機関経営の健全性を確保するため、自己資本比率に基づいて、監督当局が必要な措置を講じる制度です。是正措置は、自己資本比率の水準に応じて、四区分に分けられています。

解　説

早期是正措置

　早期是正措置は、金融機関経営の健全性を確保するため、自己資本比率という客観的な基準に基づいて監督当局が必要な是正措置を迅速かつ適切に講じて、金融機関経営の早期是正を促していくための制度です。

　自己資本比率が一定水準以下となった場合には、次頁の表のように、第一区分、第二区分、第二区分の二、第三区分の四つの区分に応じた是正命令が発動されます。なお、内部格付手法を用いる国内基準行は、国際統一基準行とみなして普通株式等ティア１比率が適用されることになります。

区　分	国際統一基準	国内基準	命　令
非対象区分	・普通株式等ティア１比率： 　4.5%以上 ・ティア１比率： 　6％以上 ・総自己資本比率： 　8％以上	4％以上	
第一区分	・株式等ティア１比率： 　2.25%以上 　4.5%未満 ・ティア１比率： 　3％以上 　6％未満 ・総自己資本比率： 　4％以上 　8％未満	2％以上 4％未満	経営改善計画（原則として資本増強に係る措置を含む）の提出およびその実行の命令
第二区分	・普通株式等ティア１比率： 　1.13%以上 　2.25%未満 ・ティア１比率： 　1.5%以上 　3％未満 ・総自己資本比率： 　2％以上 　4％未満	1％以上 2％未満	資本増強に係る合理的と認められる計画の提出・実施、配当・役員賞与の禁止または抑制、総資産の圧縮または増加の抑制等の措置の命令
第二区分の二	・普通株式等ティア１比率： 　0％以上 　1.13%未満 ・ティア１比率： 　0％以上 　1.5%未満 ・総自己資本比率： 　0％以上 　2％未満	0％以上 1％未満	自己資本の充実、大幅な業務の縮小、合併または銀行業の廃止等の措置のいずれかの選択および当該措置の実施の命令
第三区分	・普通株式等ティア１比率： 　0％未満 ・ティア１比率： 　0％未満 ・総自己資本比率： 　0％未満	0％未満	業務の全部または一部の停止命令

Q160

早期警戒制度（収益性改善措置の改正）とはどのようなものですか

 早期警戒制度は、将来にわたる収益性・健全性の観点から懸念のある金融機関に対するモニタリングの制度です。その実施は、金融機関の意見を十分に踏まえ、理解を得ながら行われます。

解 説

早期警戒制度

「早期警戒制度」は、持続可能な収益性・将来にわたる健全性についてモニタリングを行い、早期の経営改善を促す制度です。

具体的には、

① 貸出金利息、預金利息、有価証券利息配当金、役務取引等利益、経費等の足下の傾向が継続すると仮定した場合の将来（おおむね5年以内）のコア業務純益（除：投資信託解約損益）やストレス事象を想定した自己資本比率を算出し、

② ①が一定の水準を下回る銀行に対して、銀行自らが想定する将来の収益や自己資本の見通しについて総合的に妥当性を検証し、

③ ②の結果、たとえば、将来の一定期間（おおむね5年以内）に、コア業務純益（除：投資信託解約損益）が継続的に赤字になる、または最低所要自己資本比率を下回ることが見込まれる銀行に対し、検査等を実施したり、報告徴求命令、必要な場合には業務改善命令を発出する、

とされています。

金融検査マニュアル廃止後における
信用リスク・資産査定管理態勢

2020年3月26日　第1刷発行
2021年7月1日　第2刷発行
（1999年5月20日　初版発行）

編　者　一般社団法人 金融財政事情研究会

発行者　加藤　一浩

〒160-8520　東京都新宿区南元町19
発　行　所　一般社団法人 金融財政事情研究会
企画・制作・販売　株式会社きんざい
出　版　部　TEL 03(3355)2251　FAX 03(3357)7416
販売受付　TEL 03(3358)2891　FAX 03(3358)0037
URL https://www.kinzai.jp/

校正：株式会社友人社／印刷：株式会社太平印刷社

ISBN978-4-322-13533-6